山西大同大学基金资助

山西大同大学博士科研启动经费项目资助

知库

历史与文化

—

宋代孔庙释奠诗文研究

高　震　著

中国书籍出版社

China Book Press

图书在版编目（CIP）数据

宋代孔庙释奠诗文研究/高震著 . -- 北京：中国
书籍出版社，2021. 12
ISBN 978-7-5068-8862-2

Ⅰ.①宋…　Ⅱ.①高…　Ⅲ.①孔庙—祭祀—祭文—研
究—中国　Ⅳ.①K892. 98

中国版本图书馆 CIP 数据核字（2021）第 268158 号

宋代孔庙释奠诗文研究

高　震　著

责任编辑	毕　磊	
责任印制	孙马飞　马　芝	
封面设计	中联华文	
出版发行	中国书籍出版社	
地　　址	北京市丰台区三路居路 97 号（邮编：100073）	
电　　话	（010）52257143（总编室）　　（010）52257140（发行部）	
电子邮箱	eo@ chinabp. com. cn	
经　　销	全国新华书店	
印　　刷	三河市华东印刷有限公司	
开　　本	710 毫米×1000 毫米　1/16	
字　　数	222 千字	
印　　张	13	
版　　次	2022 年 4 月第 1 版	
印　　次	2022 年 4 月第 1 次印刷	
书　　号	ISBN 978-7-5068-8862-2	
定　　价	85. 00 元	

前　言

释奠作为中国古代的一种祭祀仪式由来已久，"三代"之时尽管祭奠对象还未固定，但礼行于学的学礼性质已十分明显。汉代以来因儒家思想的地位不断上升，孔子渐成奉祀对象。至唐肃宗上元元年（760），释奠始专指对文宣王孔子、武成王姜太公分别代表的文庙、武庙系统之祭祀。依托形成于唐代的"庙学"基础，孔庙释奠这一学礼仪式得以践行千年。作为国家"道统"象征的孔庙看似处于静止状态，但作为道统传承标志性符号的孔庙附享制度却始终处于动态的演变过程中。唐宋以来逐渐确立了四配、十二哲、先贤、先儒的孔庙附享制度，这一动态进程映射出古代"治统"控制与影响之下儒家主流思想的演变轨迹与发展历史，同时也成就了孔庙释奠礼所承载的丰富内涵。封建皇权、儒家思想的相互关系，经孔庙释奠进一步演化为治统、道统间的互动作用；而释奠礼既是治统与道统的联系之一，同时又是二统相互作用的表现形式之一。

宋朝被视为古代华夏文化造极之时代，同时又是孔庙释奠礼制进程之关键环节。宋代文人围绕孔庙释奠进行了大量的诗文创作，诸类释奠文体创作近30种、900余篇，其中既含四言颂、赞、乐章，以及五言、七言近体诗歌组成的释奠诗歌系统。同时亦有由诏、制、御笔、御批、奏、疏、状、表、札子、赋，以及记、序、跋、论、议、志、仪、碑文、讲义等组成的释奠文系统。可谓形式多样、内容丰富。作为礼乐文学的有机组成部分，相对于静态形式的礼典仪注，释奠诗文以其特有的文学动态性、形象性更便于多角度、多层次地对这一礼仪形式的诸多层面与丰富内涵予以体现。重视并系统研究孔庙释奠诗文，将有助于加深对孔庙释奠这一传统礼乐形式的体察和认知。基于此，本课题尝试采用"文史结合"的研究方法，将宋代孔庙释奠诗文作为研究对象。充分应用目前史学相关成果为文学研究服务，注重文学创作对历史现象的印证与诠释；同时立足文学本位，在礼乐文学的研究范畴中着重审视宋代孔庙释奠这一礼乐文化现象。

全书划分为五章。第一章主要从纵向历时角度对释奠制度进行审视，两节内容分别探讨释奠孔子在宋前的制度沿革和宋代的礼制新变。第二章共三节，主要从横向共时的角度审视宋代释奠礼的诸多施用情境与仪式意涵。分别就中央国学、地方庙学不同等级空间下，释奠礼所呈现出的诸般礼乐情境与仪式意涵展开论述，并特别关注朱熹对释奠礼制完善所做出的贡献。第三章共两节，分别突出"乐""礼"。前一节重在论述宋代释奠文宣王乐章的撰制背景、施用阶段、文体特征。同时与唐代进行对比，通过祭孔乐章认识封建帝王对"制礼作乐"的格外重视。第二节主要依据乐章仪节的描述而"由乐观礼"，进一步了解祭孔仪式步骤及其传达出的礼乐建设、雅颂传统等深层涵义。第四章共三节主要围绕释奠文展开。将《全宋文》中所收录的近 30 种文体、600 余篇释奠文按照文体性质、内容特征、功能作用等划分为君臣沟通之诏制奏议类文体、人"神"交流之祝告祭奠类文体、反映孔庙释奠之其他类文体，并就此分析论述。第五章三节内容主要围绕释奠诗歌展开。第一节探讨由宋代历朝君臣分撰的近 200 首四言韵语式赞。第二节重点分析论述《全宋诗》中反映孔庙释奠情境的 29 首五七言近体诗歌。第三节就 8 首宋人释奠致斋诗歌进行分析阐述。综合而言，第三、四、五章系专就具体的文体类型，分别对释奠乐章、释奠文、释奠诗进行系列探讨。

宋代孔庙释奠的目的是政治的，但效果却是文化的。一方面，祭文、祝文等释奠文创作确实存在程式化倾向，为推动仪式进行的诏奏类公牍创作确以实际功用为目的，甚至无文学色彩可言；然而从另一角度讲，这亦是礼乐文学、仪式文体创作的特有印迹，不能因为文学色彩不足就忽视甚至否定对此类文体的研究。同时，宋代文人围绕孔庙释奠创作的告先圣文、谒庙文、辞庙文，以及五言和七言释奠、致斋类诗歌又体现出鲜明的文学特质与艺术效果。尤其在有宋一代文人的有心探索与用力尝试之下，各类释奠文体创作不仅反映了宋朝礼备乐举、崇儒右文的时代风貌，呈现出释奠仪式的诸般礼乐情境与丰富仪式意涵，同时亦映射出斯时文人真实的创作心理与多样之情感体验。

目　录
CONTENTS

绪　论

一、研究现状及选题意义

（一）学术史回顾及问题的提出

唐宋以来，地方上每有新学落成，时人称述其景象多为"庙貌恢宏"。称"学"为"庙"主要缘于中国古代的庙学传统，而将学校与庙相联系主要缘于圣人孔子。"庙"特指"孔庙"，"学"代称"儒学"，"庙学合一"的最终确立是以唐太宗贞观四年（630）诏天下州县皆立孔庙为标志。国家下令天下府州县学皆设立学校，且每一所学校须立孔庙，孔子因此得以通祀天下，这就是所谓的"庙学制"。而同样与孔子密切联系的"释奠"制度则较"庙学制"为时更早，早在先秦儒家经典如《周礼》《礼记》对"释奠"之事已多有记载。《礼记·文王世子》载："凡学，春官释奠于其先师，秋冬亦如之。凡始立学者，必释奠于先圣先师。"① 等。《说文·采部》云："释，解也。从采，采，取其分别物也，从睪声。"② 本意为分辨，引申为放下、依次陈列。《说文·丌部》曰："奠，置祭也。从酋，酋，酒也；下其丌也。礼有奠祭者。"③ 本义为置酒进行祭祀，引申为安放、进献。由此不难推断"释奠"即为陈列贡品以祭神，郑玄亦解释为"释奠者，设荐馔酌奠而已，无迎尸以下之事"④。三代之时尽管释奠礼之祭奠对象还未有所固定，但是礼行于学的学礼性质已十分明显。汉朝之后独尊儒术，当释奠对象逐渐固定之后，孔子成为释奠的主角。隋唐的儒学立国、科举取士，加之培养人才的学校不断兴盛

---

① （汉）郑玄注，（唐）孔颖达疏，龚抗云整理《礼记正义》卷二十，北京大学出版社1999年版，第630页。
② （汉）许慎撰，（宋）徐铉校定《说文解字》卷二，中华书局1963年版，第28页。
③ （汉）许慎撰，（宋）徐铉校定《说文解字》卷五，中华书局1963年版，第99页。
④ （汉）郑玄注，（唐）孔颖达疏，龚抗云整理《礼记正义》卷二十，北京大学出版社1999年版，第630页。

发展，赖于统治者政治措施，庙学制度最终确立；也正是依赖于庙学的存在，使得释奠这一学礼仪式得以践行千年。尽管唐宋释奠还包括武成王，但无论就其被奉祀的隆盛程度还是时空范围而言都远不及孔子。正如韩愈《处州孔子庙碑》所言："自天子至郡邑守长通得祀而遍天下者，唯社稷与孔子为然。……所谓生人以来未有如孔子者。"[1]

作为国家"道统"象征的孔庙看似处于静止状态，但作为"道统"传承标志性符号的孔庙附享制度却始终处于动态的变化发展过程中。唐代以来，孔庙"经过历代的增添更换，逐渐确立了四配、十二哲、先贤、先儒等附享名称，形成了配享、从享、从祀的附享系列，至 1919 年附享人物多达 172人"[2]。附祀制度下圣贤名单的变动折射着古代"治统"影响乃至控制下儒家主流思想的演变轨迹与发展历史，同时也成就了孔庙释奠礼所承载的丰富内涵。

邹昌林著《中国礼文化》一书认为"礼"的概念有狭义和广义之分，"狭义的礼，主要指约定俗成的仪轨活动方式。而广义的礼则是一个无所不包的概念，是物质文化和精神文化之总名。……从源头讲，中国文化就是混而为一地保留在一个称之为'礼'的习俗系统中的。"[3] 唐代以来，孔庙释奠礼作为国之常祀而被列入历代官修正史礼志中，属于吉礼范畴。就国家层面来说，其所受之尊崇程度自然不言而喻。不仅历代的正史礼乐志对释奠礼如此重视，一系列的国家礼典、政书、类书均对释奠礼在帝国礼制系统中的重要地位予以体现，如《大唐开元礼》《政和五礼新仪》《通典》《宋会要》《文献通考》，等等。时至清代，更是出现了郎廷极《文庙从祀先贤先儒考》、洪若皋《释奠考》等专门就孔庙释奠制度进行考证研究的史学著作。近现代以来随着学科门类的不断细化，当释奠礼再次被纳入学者的研究视野中时，无论审视角度、认知维度抑或研究的规模及深度都较以往呈现出新的面貌。

台湾学者自 20 世纪 70 年代起就已着手于古代学礼研究，尤其对释奠制度的审视可谓用力颇深。继陶希圣《武庙之政治社会的演变——武成王庙、关帝庙、关岳庙》（《食货月刊》1972 年 8 月复刊第二卷，第五期）开启武庙研究的局面之后，以高明士《唐代的释奠礼制及其在教育上的意义》（《大陆杂志》1980 年 11 月第 61 卷第 5 期）、《隋唐庙学制度的成立与道统的关系》

---

① （唐）韩愈撰，马其昶校注，马茂元整理《韩昌黎文集校注》卷七，上海古籍出版社 2014 年 2 月第 2 版，第 547 页。

② 孔喆《孔子庙附享的历史演变》，《孔子研究》2011 年第 4 期，第 85 页。

③ 邹昌林《中国礼文化》，社会科学文献出版社 2000 年版，第 329–330 页。

（《台湾大学历史学报》1982 年 12 月第 9 期）、《书院祭祀空间的教育作用》（《国际儒学研究》第 3 辑，国际儒学联合会编，中国社会科学出版社 1997 年版）、《东亚教育圈形成史论》（上海古籍出版社 2003 年版）、《庙学与东亚传统教育》（《唐研究》2004 年第十卷，荣新江主编，北京大学出版社 2004 年版）、《天下秩序与文化圈的探索：以东亚古代的政治与教育为中心》（上海古籍出版社 2008 年版），黄进兴《圣贤与圣徒》（北京大学出版社 2005 年版）、《优入圣域：权力、信仰与正当性（修订版）》（中华书局 2010 年版）等论著为代表，亦形成了孔庙释奠研究的新格局。同时，对同属于东亚汉文化圈的古代朝鲜半岛、日本、越南等地孔庙释奠制度的研究也逐渐被我国台湾学者和海外学者纳入视野。

由于历史政治等原因，相对而言 70 年代的大陆学界对孔庙释奠之研究略显沉寂。直至进入新世纪，伴随着儒学的复兴，孔子研究日趋热门，孔庙释奠也逐渐被纳入研究视野而成为学者关注的对象。客观而言，21 世纪以来大陆学界在孔庙释奠研究领域的确有所进展，取得了一定成果。但同时也存在不少问题，如目前对孔庙释奠的研究多限于单篇论文，缺少成系统、成规模的专著论述。而且研究视野相对狭窄，多从"史"的角度着眼入手，诸如在中国古代教育史、礼制史、宗教史方面着力较多，而于文学层面，尤其是立足于"礼乐文学"① 层面对孔庙释奠的相关文体创作进行审视者可谓寥寥。此种研究规模与研究比重上的"失衡"现象值得深思，且亟待改观。

以下就各类既有研究成果作以分析总结，然需要指出的是各个类别的划分并非绝对。就某部著作或某篇文章而言，其论述反映的主题内容可能并不单一，学科间的交叉时有发生，故下列类别的划分主要是基于该文章（论著）的主要研究倾向而言的。

1. 教育史角度，从教育史角度出发对孔庙释奠进行审视，首先体现在台湾学者高明士的一系列"学礼"研究成果上。例如其《唐代的释奠礼制及其

---

① 关于"礼乐文学"，杨晓霭先生在《试论礼乐文学的义化传承价值——以宋代为范例的研究》（《西北师大学报（社会科学版）》2008 年第 6 期）一文中对"礼乐文学"有所定义，即："用于礼仪与以反映'礼乐'为主要内容的各类文学作品，统称作'礼乐文学'。"陈戍国先生《礼文学正名、祛惑与有关原则》（《湖南大学学报（社会科学版）》2012 年第 6 期）一文中对"礼文学"进一步诠释，尤其强调礼文学需具备的两个要素："一、必须是文学，不是哲学、经济学等区别于文学的其他社会科学，更不是自然科学；二、必须与礼有关，反映礼制礼典礼义或礼俗。就具体作品而言，用比较大的篇幅说明礼制、阐述礼义、描述礼典或礼容而富生动性、形象性的各体文章，或用情节、形象反映礼制或礼俗的文学作品。"

在教育上的意义》（《大陆杂志》1980 年 11 月第 61 卷第 5 期）、《隋唐庙学制度的成立与道统的关系》（《台湾大学历史学报》1982 年 12 月第 9 期）、《书院祭祀空间的教育作用》（《国际儒学研究》第 3 辑，国际儒学联合会编，中国社会科学出版社 1997 年版）、《东亚教育圈形成史论》（上海古籍出版社 2003 年版）、《庙学与东亚传统教育》（《唐研究》2004 年第十卷，荣新江主编，北京大学出版社 2004 年版）、《天下秩序与文化圈的探索：以东亚古代的政治与教育为中心》（上海古籍出版社 2008 年版）等著作主要围绕宋以前之汉唐时期的传统东亚教育特质而展开，尤其立足于唐代形成的"庙学制"及庙学传统的生发演绎。同时着眼传统东亚汉文化圈内诸国的儒学教育，揭示出孔庙释奠的"庙学"特质，继而使得东亚古代学礼与传统儒学教育经由释奠礼而紧密相连。同样依托于古代教育史对孔庙释奠进行研究的还有盖金伟《论"释奠礼"与唐代学校教育》（《新疆师范大学学报（哲学社会科学版）》2007 年第 4 期），艾红玲、陈成国《古代学校对礼制的传播》（《社会科学家》2009 年第 7 期），以及周保平《书院的布局及释奠、释菜之礼——以河南书院庙学为视阈》（《首都师范大学学报（社会科学版）》2011 年第 3 期）。其中盖文通过对唐代地方释奠施行情况的考察，论证唐朝的官学教育并不发达，提出"真正承担起盛世教育主体的应该是广大的私学"这一论断。此外高明士《隋唐的学礼》、周愚文《宋代的学礼》（以上二文均收入《东亚传统教育与学礼学规》一书，高明士编，华东师范大学出版社 2008 年版）二文亦立足古代教育，于学礼论述中对孔庙释奠礼有所涉及。由以上研究成果不难发现，就教育史角度对孔庙释奠进行审视的相关论著主要依托于唐代的"庙学制"而展开论述，对唐以后历代孔庙释奠的研究则略显不足。

2. 礼制史角度，从史学层面对孔庙释奠进行审视的系列成果中，尤以礼制史角度为著，故该领域研究成果所占比重也最为突出。既有历时的朝代研究，也有共时的空间地域研究；既对具有地方特色的书院释奠礼进行考察，亦将同属东亚汉文化圈的古代朝鲜半岛、日本、越南等地所行之释奠礼纳入研究范畴。我国台湾学者黄进兴《圣贤与圣徒》（北京大学出版社 2005 年版）一书从权力、学术、宗教三个维度考察二千年余年的孔庙从祀制度，全书虽由单篇论文组成，但研究的方法视角往往新颖独到。例如将孔庙"从祀制"与西方基督教"封圣制"进行对比研究，又如对明世宗嘉靖九年改制孔庙的深度透视，以及将古典小说《野叟曝言》之创作与孔庙文化相联系等，均能独辟蹊径、发人深省。其《优入圣域：权力、信仰与正当性（修订版）》（中华书局 2010 年版）一书则从儒家道统意识与封建政统力量二者间的互动作用着眼，以考察历代王朝的释奠礼。通过对孔庙释奠的礼制变更，以进一步揭示传统社会中文化与政治的相互作用。此外，台湾学者李纪祥《前孔子时代的古释奠礼考释》（《文史哲》2012 年第 2 期）一文以先秦儒家经籍及其注、疏为考察对象，重点探讨释奠礼在孔子之前时代的施行。董金裕《订定孔子释奠典礼仪节刍议》（《国际儒学研究》第十七辑，国际儒学联合会编，九州出版社 2010 年版）则通过考察清代之前的释奠孔子礼仪，进一步引出对台湾地区现行祭孔仪节的检讨与建议。

以上为近年来台湾学界就礼制史层面对孔庙释奠所进行的系列研究，与此同时，大陆史学界凭借雄厚的研究队伍且借助于地缘等优势亦取得丰硕的研究成果。世纪之交，陈成国撰著的《中国礼制史》分秦汉、魏晋南北朝、隋唐五代、宋辽金夏、元明清等五卷，先后由湖南教育出版社出版。这一大部头的礼制史著作，几乎每一卷册都辟有章节对历代释奠制度予以介绍，使得孔庙释奠礼作为"国之常祀"的重要地位得以凸显。丰宗国所著《孔庙释奠制度研究》（华夏出版社 2011 年版）作为"孔氏家族史研究"系列丛书之一，首次以通史眼光对上古至当代的孔庙释奠制度演变进行研究，同时还介绍了韩国、日本、美国及东南亚的释奠孔子现状。在着重挖掘中国礼仪文化、乐舞文化的同时，还从政治内涵、文化意蕴以及宗教意识三个方面揭示了祭孔仪式所涵盖的理论价值。董喜宁《孔庙祭祀研究》（湖南大学历史学 2011 年博士学位论文）亦从宏观着眼，以享祭者、献祭者、祭品礼器、乐舞仪注等诸多层面为切入点，对历代祭孔礼仪予以了详尽考述。而由刘绪兵、房伟所著《文庙释奠礼仪研究》（中华书局 2017 年版）一书不仅着眼于文庙释奠礼仪的历代制度沿革、思想文化内涵，还就这一礼仪形式在当代世界的延续予以考察、反思，并提出系列构想，颇多发人深省之论。

此外，就某一朝代或某一历史时期的释奠制度进行研究的有：郭炳洁《从释奠礼的演变看汉魏六朝"师"政治地位的变化》（《学术交流》2011 年第 7 期），刘军《北朝释奠礼考论》（《史学月刊》2012 年第 1 期），夏志刚《南北朝释奠推行模式比较》（《闽江学刊》2013 年第 3 期），盖金伟、孙钰华《论"释奠礼"与唐代文化权威的构建》（《新疆大学学报（哲学人文社会科学版）》，2007 年第 1 期），朱溢《唐代孔庙释奠礼仪新探——以其功能和类别归属的讨论为中心》（《史学月刊》2011 年第 1 期），徐洁《金代祭礼研究》（吉林大学历史学 2012 年博士学位论文），吉恩煦《明代北京释奠礼流变考略》（首都师范大学历史学 2011 年硕士学位论文），孙豪《清代平阳府实施国家祀典礼乐考述——以文庙释奠礼乐为例》（《中国音乐学》2011 年第 2 期），丰宗国《明清孔庙释奠礼仪及其特征比对》（《济宁学院学报》2015 年第 1 期），分别涉及汉魏六朝、唐、金、明、清代的释奠礼。而由朱溢所著《事邦国之神祇：唐至北宋吉礼变迁研究》（上海古籍出版社 2014 年 9 月版）一书将"释奠礼仪"作为第五章专门论述，且将武庙释奠礼涵盖其中，一定程度上填补了当前学界从礼制史角度就宋代释奠进行专题研究的空白。就释奠制度某一层面进行研究的有：房伟《文庙祀典及其社会功用——以从祀贤儒为中心的考察》（曲阜师范大学历史学 2010 年硕士学位论文）、孔喆《孔子庙附享的历史演变》（《孔子研究》2011 年第 4 期），这两篇文章主要着重于对孔庙附享和从祀制度进行专项考察。陈东《释奠制度与孔子崇拜》（《国际儒学研究》第十五辑，国际儒学联合会编，九州出版社 2007 年版），王洪军、李淑芳《唐代尊祀孔子研究——祭孔祀奠礼乐研究》（《齐鲁文化研究》2007 年第六辑）二文则侧重于释奠礼与孔子地位的关系研究。又如殷慧《朱熹道统观的形成与释奠仪的开展》（《湖南大学学报（社会科学版）》2010 年第 3 期）、白雪松《浅谈〈大唐开元礼〉中的释奠礼》（《理论界》2011 年第 3 期）二文则属个案研究，前者注意到朱熹及其思想对释奠礼制开展所起到的作用；后者则以《大唐开元礼》为切入点，就特定礼典中的释奠内容进行研究。同时，围绕帝国礼制系统中孔庙释奠的礼制嬗变，就现代文化建设予以省察的则有杨朝明《礼制"损益"与"百世可知"——孔庙释奠礼仪时代性问题省察》（《济南大学学报（社会科学版）》2009 年第 5 期）、常会营《祭孔释奠"改制"思想研究》（《衡水学院学报》2013 年第 5 期）、王霄冰《祭孔礼仪的标准化与在地化》（《民俗研究》2015 年第 2 期）等三篇文章，其中多论及祭孔释奠的改制应遵循孔子主张的"损益"原则，这对现代祭孔礼仪的改制创新颇有启示。

3. 宗教史角度，如李申选编的《释奠孔子文献与图说》（国家图书馆出版社 2012 年版）、林海极选编的《献给神祇的诗歌》（国家图书馆出版社 2010 年版）。二书均系李申主编的"儒教资料类编丛书"系列，旨在借助记载历代祭孔仪式的文献、图说反映古代祭孔历史，以进一步申明"儒教"主题。尤其是《释奠孔子文献与图说》一书所收录的主要为先秦以来至清代相关典籍中有关释奠孔子的文献资料，以历代正史"礼乐志"、官修礼典"吉礼"中的释奠部分为主要文献来源；同时还收录有部分文人别集中的孔庙碑文、释奠祭文类创作，以及保存在历代文献中用于释奠的礼器、祭器、服饰、舞容等图片资料。尽管属于选编性质，且材料收罗有限，但将文献以时代顺序编排并按照内容予以分类，这就为后之学者从文学本位审视孔庙释奠提供了一定的文献资料。

4. 政治史角度，就政治史、党争史等层面对孔庙释奠进行审视的成果并不太多，且主要体现在对域外释奠制度的研究。一为韩国学者柳银珠所著之《国尚师位：历史中的儒家释奠礼》（宗教文化出版社 2013 年版），作者将汉唐礼制影响下的古代朝鲜半岛作为研究区域，着眼于该地历史进程中不同时代释奠礼的演变与特征，通过"学政互动"的研究视角，重点对该地域特有的政治环境所引起的文庙从祀运动之意义及其带动释奠礼的本土化进程进行审视，可谓独到创新之处。另一篇为李月珊《近世日本的孔子祭礼——以释奠为中心》（山东大学日语语言文学 2012 年硕士学位论文），该文将日本近世时期幕府统治下对释奠所进行的改革纳入研究视野，通过释奠的兴衰发展以揭示日本儒学的命运和幕府文治政策的演变，并强调了释奠作为"国家"礼仪对维护幕府统治所起到的强化作用。

5. 艺术学角度，21 世纪以来就艺术学角度对孔庙释奠诸层面进行考察的，主要集中反映在音乐研究领域对祭孔乐舞的审视。早期较具代表性的是由江帆、艾春华合著的《中国历代孔庙雅乐》（中国国际广播出版社 2001 年版），该书以丰富的史料文献，较为全面系统地论述了历代孔庙雅乐的歌词、曲谱、乐器以及乐舞编排，从中国古代音乐史的角度重点对历代孔庙释奠的歌、乐、舞状况予以反映。而该著作的可贵之外还在于重点梳理并讨论了唐以来收录在历代正史"乐志"中的祭孔乐章，由于从音乐角度而言，释奠乐章声诗兼属"歌词"性质，故在该书中得以特别重视。而从学术层面将释奠乐舞研究推向纵深者，则主要集中体现于近五年来学界陆续推出的系列学术论文。如张咏春《与文庙释奠礼有关的"雅乐"和"俗乐"》（《人民音乐》2015 年第 1 期）一文率先通过辨析释奠孔子所用的"雅乐"和"俗乐"，旨在区分二者性质，澄清其间混淆，以求加深对释奠礼音声形式的进一步认知。此后，诸如刘砚月《"文化惯性"与"雅俗冲突"：论元代地方儒学释奠雅乐的重建》（《湖南大学学报（社会科学版）》2016 年第 2 期）、董喜宁《元代释奠乐章考论》（《史学月刊》2017 年第 1 期）、高震《礼乐相成：宋代释奠孔子乐章与仪节》（《人民音乐》2017 年第 6 期）、车延芬《明代文庙佾舞舞谱的比较研究》（《北京舞蹈学院学报》2020 年第 2 期）、洪江《儒化、俗化——清代庙学释奠礼乐与洞经音乐的相互影响》（《中国音乐学》2020 年第 2 期）等文章均着眼于某一具体朝代的乐舞探讨。此外，台湾学者蔡秉衡《论文庙释奠奏乐图的流变》（《南京艺术学院学报（音乐与表演）》2018 年第 1 期）一文则是充分利用存世的孔庙释奠奏乐图，通过考察乐队编制与乐器位置，从图谱、图像学的视角重点考察了古今释奠礼乐的繁简变迁历程。

6. 文学角度，就笔者目力所及，从文学角度对释奠进行研究的文章目前只有钟涛《魏晋南北朝的释奠礼与释奠诗》（《文史知识》2009年第4期）、张哲《献给神祇的歌：释奠孔子文研究》（《文化遗产》2014年第6期）两篇。前者在魏晋南北朝玄学和佛学迭相兴盛的背景下，通过释奠诗的产生强调儒学在当时朝廷政治和教育中的特殊地位。同时将释奠诗创作同当时国家祭礼中的会宴赋诗风气相联系，特别注意到释奠诗这一独特的诗歌题材。然此文篇幅有限，文中征引释奠诗作也只有颜延之一首且仅系魏晋南北朝时期。后者特别注意到释奠文这一题材，分别论述了释奠文的文体特色、文化意蕴及当代启示。但该文所谓的"释奠文"仅为释奠文范畴中的祭文一类，实为狭义上的释奠文。因此，从文学角度对孔庙释奠诸层面予以审视并深入研究，可谓空间颇大而又任重道远。

魏晋以来历朝历代有关孔庙释奠主题的诸类文体创作数量众多、体裁多样，以封建社会文化造极之赵宋一代为例，围绕释奠孔子的诸多创作除四言颂、赞，乐章，五言、七言近体诗歌组成的释奠诗歌系统外，还有由诏、制、御笔、御批、奏、疏、状、表、札子、赋，以及记、序、跋、论、议、志、仪、碑文、讲义等组成的释奠文系统，各类文体近30种，创作数量达900余篇，可谓形式多样、内容丰富。然而到目前为止此类研究却基本处于空白状态，之所以如此，一方面可能是由于历史政治等原因造成当代学界对孔庙释奠的相对"陌生"；另一方面就仪式本身而言，相较于对礼乐施用于天下之政治效用的强调，作为祭孔仪式所产生的各类文体创作往往因仪式性或社会功用性较强、文学性较弱而未能得到研究者应有的重视。

需要强调的是孔庙释奠的目的是政治的，但它的效果却是文化的。诸类释奠文体创作中，例如祭文、祝文创作确实存在程式化倾向，为推动仪式进行的诏奏疏表类公牍创作确实是以实际功用目的为首，甚至几乎没有多少文学色彩可言。然而上述现象并不能够概括所有释奠文体创作之特征，程式化、实用性确实为某些文体的显著特征，然而从另一角度讲这亦是礼乐文学、仪式文体创作的特有印迹。这是客观存在的，不能因为文学色彩不足就忽视甚至否定对此类文体的研究。同时，古代文人围绕孔庙释奠创作的告先圣文、谒庙文、辞庙文，以及五言和七言释奠类、致斋类诗歌等恰恰体现出鲜明的文学特质与艺术效果。尤其在华夏民族文化极盛的赵宋王朝，在文人的有心探索与用力尝试之下，各类释奠文体创作不仅反映了宋代礼备乐举、崇儒右文的时代风貌，呈现出释奠仪式的诸般礼乐情境与仪式意涵，亦映射出当时文人的创作心理与情感体验。

基于此，本研究特将宋代孔庙释奠诗文作为研究对象。

（二）选题目的及意义

作为国之常祀的孔庙释奠礼随朝代更替而不断改制发展，若仅从现存礼典、史志入手对其进行制度层面的研究，则多易陷入孤立、割裂的生硬局面而忽略事物发展过程中的细节性与衔接性。

作为礼乐文学的有机组成部分，相对于静态形式的礼典仪注，释奠诗文以特有的文学动态性、形象性更便于从多角度对这一礼仪形式的诸多层面与丰富内涵予以体现。重视并系统研究孔庙释奠诗文，不仅有助于加深对孔庙释奠这一传统礼乐形式的认知体察，同时亦将对礼乐文学乃至古典文学研究领域的开拓与繁荣起到推动作用。因此，立足于文学本位从礼乐文学的角度对现存数量较为可观的释奠诗文予以全面而系统之审视，这是十分必要的。

二、概念界定及章节安排

（一）概念的界定

释奠作为中国古代较早的礼仪形式本与学校教育相关，然而作为其祭祀对象的"先圣""先师"在先秦时期却无确指，即并不固定于某一人或某几人。直至唐肃宗上元元年（760），释奠始专指对文宣王孔子、武成王姜太公分别代表的文、武庙系统之祭祀而言；然而武成王释奠于明朝洪武二十年（1387）遭到废除，此后"释奠"一词乃成为孔庙祭祀的专利。宋代处于唐、明之间，所行释奠之礼自然涵盖文、武二庙。因本研究只将释奠孔子之诗文创作作为研究对象，故研究中所言"释奠"均无涉武成王。此外，于礼仪规格方面略逊于释奠礼的释菜仪式以及宋代儒官文士不定时的谒孔仪式，由于其同被用于祭祀先圣孔子等人，故本研究亦将其纳入孔庙释奠礼之研究范畴，但在行文论述中将视情况而予以具体区分。

相对于以姜太公为主祀之"武庙"系统，宋代"文庙"一般指享祀孔子等儒家圣贤的庙宇场所。然而中国古代历史进程中所形成的"文庙"却又属另一个系统，例如具有道教神仙色彩的文昌宫、梓潼宫、魁星阁等均可被称为"文庙"，且确曾被归于文庙系统而被民间广泛祭祀。有鉴于此，本研究只称"孔庙"而不用"文庙"之称。

（二）章节的安排

除绪论、结语之外，全文主体内容大致划分为以下五章。

第一章分为两节，分别探讨释奠孔子在宋代之前的制度沿革和宋代以来的礼制新变。第一节重点论述唐代以来所形成的"庙学"传统，第二节侧重论述宋代在"庙学制"基础上所施行的一系列礼制创举以及所反映出的国家意识。要之，第一章是从纵向历时的角度对释奠制度进行审视。

第二章分为三节，分别就中央国学、地方庙学在不同等级空间下，释奠仪式所呈现出的诸种礼乐情境与仪式意涵进行论述。重点突出孔庙释奠作为国之常祀，其情境内涵在宋代所得到的延展与扩充；并特别强调朱熹对释奠礼制完善所做出的重要贡献。相对于第一章，本章内容主要从横向共时的角度审视孔庙释奠礼在宋代的诸多施用情境与仪式意涵。

第三章分两节，其中第一节内容主要强调"乐"，即侧重论述宋代释奠文宣王乐章的撰制背景、施用阶段、文体特征；同时与唐代进行对比，通过祭孔乐章体察封建帝王对"制礼作乐"的重视程度。第二节主要依据有宋一代乐章仪节的具体描述而"由乐观礼"，以进一步了解祭孔仪式步骤及其传达出的礼乐建设、雅颂传统等深层涵义，相对而言该节内容更突出"礼"。

第四章共三节。宋代围绕孔庙释奠所创作的近 30 种文体组成了"释奠文"系统，《全宋文》中所录的近 600 篇释奠文依据文体性质、内容特征、功能作用等可划分为以下三类：第一类为君臣沟通之诏制奏议类文体，多为君臣因释奠推行、礼制改革而作的诏令、公牍性质的实用文体。第二类为人"神"交流之祝告祭奠类文体，此类文体均属于祝祭系统，仪式性较强，而且较诏制奏议类文体表现出一定的文学性。第三类为反映孔庙释奠之其他类文体，具体包括记、序、跋、论、议、志、仪、学记、碑文、图记、讲义等；这一类文体尽管是对孔庙释奠礼的间接、侧面反映，然其数量颇为可观，同为释奠文系统之重要组成部分。对以上三大类文体的论述分析分别对应于此章的三节内容。

第五章计三节内容主要围绕释奠诗歌系统而展开。具体而言，第一节主要探讨由宋代历朝君臣分撰的近 200 首四言韵语式"文宣王及七十二子赞"。第二节重点分析论述《全宋诗》中收录的近 30 首孔庙释奠情境诗歌，虽数量不多，然其内涵意蕴颇为丰富。同时，据其主题又大致可分为中央国学释奠诗、地方庙学释奠诗、依韵奉和类释奠诗等三大类。第三节则主要就 8 首宋人释奠致斋诗歌进行分析。第二、三节所涉及的近40首五言、七言近体诗歌以极强的文学特性从场面描写、心理映现、功德歌颂，以及崇儒理想、治世愿望等不同层面多重角度地诠释出孔庙释奠礼仪的方方面面，不仅是释奠诗歌创作中的精华，同时也系释奠文体类型之研究重点所在。

综言之，第三、四、五章是专就具体的文体类型，分别对释奠乐章、释奠文、释奠诗所进行的系列探讨。

三、研究重点与研究方法

（一）研究重点

本研究将与宋代孔庙释奠相关的各类文体创作作为研究对象，一方面就孔庙释奠诗文之文体创作本身进行论述，具体包括文体类别、文体特征、文体功能以及相关体裁间的联系与对比研究；另一方面则是对各类文体创作所反映出的丰富意蕴进行分析，主要是对释奠过程中礼乐情境、仪式意涵的多角度、多层次描写予以揭示。以上两个方面为全文研究之重点所在。

（二）研究方法

基于文学本位，在中国古代"礼乐文学"这一研究视域下着重审视宋代孔庙释奠这一礼乐文化现象。通过对宋代孔庙释奠诗文的详细解读与重点论述，以充实、丰富礼乐文学研究诸层面。同时，力求从文学文本研究的角度对以往其他学科领域（如礼制史、教育史、音乐史等）的相关论述予以补充和匡正。基于此，本研究拟采用的主要研究方法如下。

1. 文学与史学相结合。利用丰富的史料记载及图像文献了解并熟悉诸类文体创作之多元背景，充分应用目前史学相关成果为文学研究服务。同时注重文学创作对历史现象的印证与诠释，即"以文证史""以诗证史"，以求对文学现象的阐述更为客观、论证更为充分。

2. 文献学与文艺学相结合。以文献学为基础，充分利用目录索引等工具书全面搜集相关材料，立足于文本的时代特征、文体差异，对相关文学作品和史料文献予以细致梳理、认真辨析。同时亦合理采用数据统计、列表、考证等方法进行辅助研究，将文献考证与文本分析相结合，将资料考订与理论阐述相结合，以求全面归纳总结特定礼乐仪式现象所映射出的政治意蕴、时代风尚、文体特征、士人心态等丰富内涵。

第一章

"二统"意识，"三代"理想：释奠制度沿革与新变

"祭祀是古代宗教活动的核心，也是宗教本质的集中体现"①。释奠作为古代的一种祭祀仪式由来已久。因为"整个古礼是一个以自然礼仪为源头，以社会礼仪为基础，以政治等级礼仪为主干的原生道路的文化系统"②。三代释奠自然属于"古礼"范畴之一，因以"自然礼仪"为源头而具有浓厚宗教特质仍居于首要地位，这显著区别于唐宋时期释奠仪式所呈现出的以"政治等级礼仪""社会礼仪"为主，以"自然礼仪"为次。随着古代社会的封建化进程，作为"三代"时期释奠仪式首要的宗教本质逐渐减弱，但并未失去；"三代"之后，尤其是唐宋以后借助这一具有宗教色彩的仪式却诠释出新的意旨。仪式中的原始自然属性减弱，宗教性仪式的履行更加突出了"国家"主题，仪式本身的政治社会性已为首要。当儒家思想成为古代国家的主导后，释奠的内涵也就逐渐围绕儒家思想演绎展开。当然一种国家思想的确立离不开皇权的予以确认，而在儒家的一系列理论之中，"郊祀与宗庙是皇帝祭祀的中心，因为它们象征着皇权的来源"③。因此，封建皇权、儒家思想通过释奠再次体现出其间的联系，进一步演化为治统（政统）、道统（文统）④、释奠三者间的互动作用。释奠礼既是"治统"与"道统"的联系之一，又是二统相互作用的表现形式之一。

治统（政统）、道统（文统）、宗教经由释奠仪式相互联系，倘若将四者简化为相互独立的个体，个体之间将由六条关系链连接而形成一个有机的系

---

① 林海极选编、标点《献给神祇的诗歌》，国家图书馆出版社 2010 年版，第 23 页。

② 邹昌林《中国礼文化》，社会科学文献出版社 2000 年版，第 154 页。

③ 雷闻《郊庙之外：隋唐国家祭祀与宗教》，生活·读书·新知三联书店 2009 年版，第 13 页。

④ 在中国文学思想史上，韩愈首次全面系统地提出了"道统"与"文统"问题，参见张毅《宋代文学思想史（修订本）》，中华书局 2006 年 6 月第 2 版，第 23 页。著者在书中进一步阐述道："自宋初以来，儒、道、释三教合流已不可逆转，因而'道统'问题就显得特别重要。所谓'道统'就是要确立儒家思想的正统地位，强调道德教化的重要，在政治上这有利于加强封建王权的专制统治，但却不利于文学的发展。"第 48 页。

统。为便于阐述，特将这四者及其间关系图示如下：

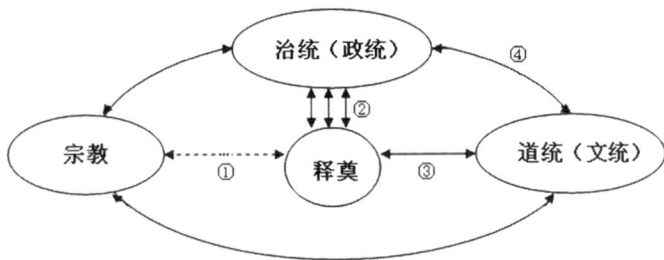

图 1.1 治统（政统）、道统（文统）、宗教、释奠相互联系示意图

系统中看似相互独立的个体之间又彼此联系、相互作用，孔庙释奠这一礼仪形式既是整个系统链的中枢关键，同时个体间的互动作用又借助这一礼仪形式集中体现。六组关系链中，相互作用最为显著者有四（分别用①②③④表示）。随着国家的封建化进程，皇权、治统地位渐趋崇高，相应体现在祭祀仪式上表现为宗教性的减弱与国家政治涵义的加强，然而祭礼宗教性的减退并不等于消失，显性的仪式表现本身承载与传递的实为隐性的国家涵义。释奠礼不同于其他祭礼，形式内容的儒家色彩与教育特质一开始就奠定了与道统的趋同关系；作为与治统相对的道统代表着皇权、君权的对立面，封建帝制下治统、道统间始终存在的矛盾对立通过孔庙释奠再次建立，而互动作用亦借这一仪式得以体现。

现象的分析不能脱离于其依存的生发环境，更不可孤立于周围的各种联系。文学现象，包括礼乐文学现象的探讨同样不可忽视相应的"文学生态"环境与礼乐文化背景，本研究对孔庙释奠诗文的相关探讨即尝试基于上述环境和背景展开研究。

第一节 "二礼"仪式释名与宋前礼制沿革

一、《礼记》《周礼》所见"释奠"之原始含义

《说文·采部》云："释，解也。从采，采，取其分别物也，从睪声。"①

---

① （汉）许慎撰，（宋）徐铉校定《说文解字》卷二，中华书局 1963 年版，第 28 页。

本意为分辨，引申为放下、依次陈列。《说文·丌部》曰："奠，置祭也。从酋，酋，酒也；下其丌也。礼有奠祭者。"① 本义为置酒进行祭祀，后引申为安放、进献。由此不难推断"释奠"即为陈列贡品以祭神，郑玄亦解释为"释奠者，设荐馔酌奠而已，无迎尸以下之事"②。与释奠相联系的还有"释菜"，欧阳修在作于宋仁宗宝元二年（1039）的《襄州谷城县夫子庙记》中说："释奠、释菜，祭之略者也。古者士之见师，以菜为挚，故始入学者必释菜以礼其先师。其学官四时之祭，乃皆释奠。释奠有乐无尸；而释菜无乐，则其又略也，故其礼亡焉。而今释奠幸存，然亦无乐，又不遍举于四时，独春秋行事而已"③。可见"释菜"在礼仪规格上略逊于释奠。

释奠，亦称"舍奠"。作为我国较早的礼仪之一，在先秦典籍中已有出现。关于这一仪式的最早记载主要为《礼记》与《周礼》④，二书中有关"释奠"的内容如下：

①　天子将出征，类乎上帝，宜乎社，造乎祢，祃于所征之地。受命于祖，受成于学。出征执有罪，反，释奠于学，以讯馘告。（《礼记·王制》卷十二，第371页）

②　凡学，春官释奠于其先师，秋冬亦如之。凡始立学者，必释奠于先圣先师。及行事，必以币。凡释奠者，必有合也，有国故则否。凡有大合乐，必遂养老。（《礼记·文王世子》卷二十，第630-631页）

③　天子视学，大昕鼓征，所以警众也。众至，然后天子至，乃命有司行事，兴秩节，祭先师、先圣焉。有司卒事反命。始之养也。适东序，释奠于先老。遂设三老、五更、群老之席位焉。（《礼记·文王世子》卷二十，第649页）

④　大会同，造于庙，宜于社，过大山川，则用事焉；反行，舍奠。（《周礼·春官·大祝》卷二十五，第673页）

⑤　甸祝掌四时之田表貉之祝号。舍奠于祖庙，祢亦如之。（《周礼·

---

① （汉）许慎撰，（宋）徐铉校定《说文解字》卷五，中华书局1963年版，第99页。

② （汉）郑玄注，（唐）孔颖达疏，龚抗云整理《礼记正义》卷二十，北京大学出版社1999年版，第630页。文中所引《礼记》原文，皆据此本。

③ （宋）欧阳修著，洪本健校笺《欧阳修诗文集校笺·居士集》卷三十九，上海古籍出版社2009年版，第1009页。

④ （汉）郑玄注，（唐）贾公彦疏、赵伯雄整理《周礼注疏》，北京大学出版社1999年版。文中所引《周礼》原文，皆据此本。

春官·甸祝》卷二十六，第 685 页）

由上述记载可知，先秦时期释奠的对象主要是先圣、先师、先老。而释奠原因大致有四：一为因时行礼；二为新立学，皆以示尊师之道；三为养老，以示孝敬；四为会同征伐，以行祝告之事。前三项皆和风俗教化有关，后一项则与军事战争相联系。就释奠行礼时间而言，既有四季"常祀"，也有因事而临时举行之情况。行礼地点或为学，或为庙，《礼记》中称"学""序"，都属于学校性质；《周礼》则为"宗庙"。由此可见先秦时期无论文治武功俱行"释奠"，所谓"国之大事，在祀与戎"①。释奠礼不仅作为"祀"而行，且施之于"戎"，是当之无愧的"国之大事"。至于"释菜"，又名"舍菜""舍采""祭菜"等，作为一种祭祀礼仪则主要与古代的学校教育相关：

①（仲春之月）上丁，命乐正习舞，释菜。天子乃帅三公、九卿、诸侯、大夫亲往视之。（《礼记·月令》卷十五，第 478 页）

② 始立学者，既兴器用币，然后释菜。不舞，不授器。乃退，傧于东序，一献，无介语可也。（《礼记·文王世子》卷二十，第 633 页）

③ 大学始教，皮弁祭菜，示敬道也。（《礼记·学记》卷三十六，第 1055 页）

④ 春入学，舍采，合舞；秋颁学，合声。（《周礼·春官·大胥》卷二十三，第 603-604 页）

联系后世之春秋丁祭、兴学行礼以及唐宋时期文武二庙皆行释奠的历史情况，都不难见出后世对先秦释奠礼某些特征的继承与因革。然而先秦时期所谓的"先圣""先师"均无确指，并不固定于某一人或某几人，此一特征显著区别于后世释奠，尤其是明清时期专指孔庙而言之释奠礼。"凡祭祀之礼，天神曰祀，地祇曰祭，宗庙人鬼曰享，至圣文宣王、昭烈武成王曰释奠。"② 可见"释奠"作为国家祭祀活动中的一种，在唐宋时期专指对以文宣王孔子和武成王姜太公分别为代表的文、武庙系统之祭祀而言。

---

① 杨伯峻编著《春秋左传注（修订本）》，中华书局 2009 年 10 月第 3 版，第 861 页。

② （宋）郑居中等《政和五礼新仪》卷一《序例·辨祀》，景印文渊阁四库全书，台湾商务印书馆 1986 年版，第 647 册，第 134 页。

二、宋前释奠仪式之礼制沿革

作为国家"道统"象征的孔庙看似处于静止状态，然作为"道统"传承标志性符号的孔庙附享制度却始终处于动态的变化发展过程之中。附祀制度下圣贤名单的变动映射着古代"治统"影响乃至控制下，儒家主流思想的演变轨迹与发展历程，孔庙释奠"经过历代的增添更换，逐渐确立了四配、十二哲、先贤、先儒等附享名称，形成了配享、从享、从祀的附享系列，至1919 年附享人物多达 172 人"①。

鲁哀公十六年夏四月己丑（周敬王四十一年，公元前 479 年），七十三岁的孔子卒于鲁国。时鲁哀公亲自吊唁，并谀之曰："旻天不吊，不憖遗一老，俾屏余一人以在位，茕茕余在疚。呜呼哀哉尼父！无自律。"② 汉初，"高皇帝过鲁，以太牢祠焉。诸侯卿相至，常先谒然后从政"③。汉高祖刘邦以太牢之礼祭奠孔子，是为史乘所载大一统帝国形成后的首位帝王。帝王影响所至，诸侯卿相从政之前亦皆行谒拜，国家尊孔之仪当肇端于此。之后如东汉光武帝、明帝、章帝均遣官以太牢致祭孔子，加之汉代独尊儒术，孔子作为儒家学派的创始人，其所受尊崇与日俱增。"明帝永平二年（公元 59 年）三月，上始帅群臣躬养三老、五更于辟雍。行大射之礼。郡、县、道行乡饮酒于学校，皆祀圣师周公、孔子，牲以犬"④。这是孔子被奉祀于学校最早的明确记载，但此时孔子的身份乃为"先师"，"先圣"则是同被奉祀的周公，可见东汉前期是以周公为主祀。东汉永平十五年（公元 72 年）三月明帝过鲁，"幸孔子宅，祠仲尼及七十二弟子"⑤，这是首开弟子从祀于师的先例⑥。东汉后期，祢衡作《颜子碑》曰："亚圣德，蹈高踪；游洙泗，肃礼容；……配圣馈，图辟雍；纪德行，昭罔穷。"⑦ 由"配圣馈，图辟雍"可见在东汉后期颜回以"亚圣"的面貌配享孔子，学校主祀已由周公变为孔子。曹魏政权建立后，齐王正始二年（241）春二月，"帝初通《论语》，使太常以太牢祭孔子

---

① 孔喆《孔子庙附享的历史演变》，《孔子研究》2011 年第 4 期，第 85 页。
② 杨伯峻编著《春秋左传注（修订本）》，中华书局 2009 年 10 月第 3 版，第 1698 页。
③ （汉）司马迁《史记》卷四十七《孔子世家》，中华书局 1959 年版，第 1945-1946 页。
④ （南朝宋）范晔《后汉书》礼仪志四，中华书局 1965 年版，第 3108 页。
⑤ （南朝宋）范晔《后汉书》卷二，中华书局 1965 年版，第 118 页。
⑥ 参见黄进兴《圣贤与圣徒》，北京大学出版社 2005 年版，第 54 页。
⑦ （明）梅鼎祚编《东汉文纪》卷二十五，景印文渊阁四库全书，台湾商务印书馆 1986 年版，第 1397 册，第 525 页。

于辟雍，以颜渊配"①。这表明三国曹魏时期以孔子为主祀，并进一步确立了颜回的配享地位，且持续至隋代而犹未变。

魏晋南北朝时期，尽管孔子、颜渊奉祀于学校的地位已经确定，但对孔子时而称"先圣"，时而又为"先师"，尊称仍不固定。需要指出的是尽管魏晋南北朝时期社会动荡严重、朝代更迭频繁，但释奠制度却于此三百余年间得到了不断的发展和完善。东晋太元九年（384），孝武帝听从尚书谢石上书所奏，"选公卿二千石子弟为生，增造庙屋一百五十五间"②。据高明士先生考证，此处"庙屋"当含孔子庙、国子学等，即认为这是自汉武帝兴太学以来首次在学校园地建置孔庙的记录③。然而正史中明确记录孔庙由曲阜走出之时间，当系北魏孝文帝太和十三年（489）七月"立孔子庙于京师"④ 之事，时京师为平城（今山西大同）。孔庙诞生于曲阜以外的京师，虽在当时还未出现第三处，但这历史性的一步实预示着百年之后唐王朝"庙学制"的到来。诚如台湾学者黄进兴所指出："虽然孔庙从祀制于东汉明帝祀孔子并及七十二弟子，已启其端。但包含'从祀'与'配享'成套的附祭制度，则须俟唐玄宗开元年间，方见完整的运作。"⑤

初唐百年是古代释奠制度的巨大变革发展期，其间周公一度恢复主祀地位，但在经历多次论辩廷议之后终于确立了"圣孔师颜"的孔庙配享制度，孔门十哲、七十二弟子以及左丘明等从祀地位得到确立并强化，使得"从祀制"初具规模。关于孔庙释奠的这一系列演变历程，特据《新唐书·礼乐志》相关记载条例如下：

> 武德二年，始诏国子学立周公、孔子庙；七年，高祖释奠焉，以周公为先圣，孔子配。……（太宗贞观二年）乃罢周公，升孔子为先圣，以颜回配。四年，诏州、县学皆作孔子庙。
>
> （贞观）二十一年，诏左丘明、卜子夏、公羊高、榖谷梁赤、伏胜、高堂生、戴圣、毛苌、孔安国、刘向、郑众、贾逵、杜子春、马融、卢植、郑康成、服虔、何休、王肃、王弼、杜预、范宁二十二人皆以配享。
>
> 永徽中，复以周公为先圣，孔子为先师，颜回、左丘明以降皆从祀。

① （晋）陈寿《三国志·魏书》卷四，中华书局1959年版，第119页。
② （梁）沈约《宋书》卷十四"礼志四"，中华书局1974年版，第365页。
③ ［台湾］高明士《东亚教育圈形成史论》，上海古籍出版社2003年版，第52-53页。
④ （北齐）魏收《魏书》卷七下，中华书局1974年版，第165页。
⑤ 黄进兴《圣贤与圣徒》，北京大学出版社2005年版，第54-55页。

显庆二年，太尉长孙无忌等言："《礼》：'释奠于其先师。'若《礼》有高堂生，《乐》有制氏，《诗》有毛公，《书》有伏生。又《礼》：'始立学，释奠于先圣。'郑氏《注》：'若周公、孔子也。'故贞观以夫子为圣，众儒为先师。且周公作礼乐，当同王者之祀。"乃以周公配武王，而孔子为先圣。

总章元年，太子弘释奠于学，赠颜回为太子少师，曾参少保。……（睿宗太极元年）加赠颜回太子太师，曾参太子太保，皆配享。

（玄宗开元八年）乃诏十哲为坐象，悉豫祀。曾参特为之象，坐亚之。图七十子及二十二贤于庙壁。①

玄宗开元八年（720）始诏"十哲"豫祀，"十哲"即孔门四科，"德行：颜渊，闵子骞，冉伯牛，仲弓。言语：宰我，子贡。政事：冉有，季路。文学：子游，子夏"②。这十人皆为孔子生前的得意门生。曾参虽未曾被列入"四科"，但以孝道著称，故特为设坐像并位于"十哲"之次。至于七十子及二十二贤，则仅仅是图像于庙壁。开元二十七年（739）诏谥孔子为"文宣王"，颜渊为"兖公"，"十哲"中另九人为侯，曾参及"七十子"（时为六十七人）封伯。颜回以下坐像图壁、封侯封伯，可谓预享有序且等级森严，孔庙"从祀制"至此初具规模。

至于武庙释奠制度，亦为唐代首创。唐玄宗开元十九年（731）始置太公尚父庙，以留侯张良配享，并模仿孔庙以古名将十人为"十哲"，每年仲春、仲秋上戊之日致祭。且规定"出师命将，发日引辞于庙。……天宝六载，诏诸州武举人上省，先谒太公庙"③。肃宗上元元年（760）尊太公为"武成王"，比玄宗开元二十七年（739）孔子封"文宣王"迟二十一年。尽管祀典比拟文宣王，但毕竟不属于天下通祀性质，故其尊崇程度实难与孔子比肩，且肃宗上元元年因天下旱灾，武庙曾一度遭受罢祀。此后的德宗贞元二年（786），刑部尚书关播奏请革去武成王庙"亚圣十哲"之名；贞元四年（788）兵部尚书李纾又以"太公述作止《六韬》，勋业著一代，请祝辞不进署，改昭告为敬祭，留侯为致祭，献官用太常卿以下"④。李纾以太公勋业只为一代，难与百世所宗的孔子相匹，故乞降低武庙祭祀规格，这一提议在当

---

① （宋）欧阳修，宋祁等《新唐书》卷十五"礼乐五"，中华书局 1975 年版，第 373-375 页。
② （宋）朱熹《四书章句集注·论语集注》卷六，中华书局 2012 年 2 月第 2 版，第 124 页。
③ （宋）欧阳修，宋祁等《新唐书》卷十五"礼乐五"，中华书局 1975 年版，第 377 页。
④ （宋）欧阳修，宋祁等《新唐书》卷十五"礼乐五"，中华书局 1975 年版，第 379 页。

时深得百官拥护。此外，当时更有甚者主张罢去上元追封立庙，只在磻溪立祠，遣有司以时祭祀即可。最终因左领军大将军令狐建等二十四人以"兵革未靖，宜右武以起忠烈。今特贬损，非劝也"① 为由，才将武成王爵位保住，但自此只以上将军、大将军、将军为三献，并且其余规格皆以李纾所奏为准。与唐朝文宣王的尊崇日盛相比，武成王释奠之飘摇波折可谓反差强烈。

第二节　宋代对"庙学制"的承传与"附享制"的创新

一、"庙学"承传与"三代"回溯

宋代地方上每有新学落成，时人对其景象描述多称"庙貌恢宏"。称"学"为"庙"主要源于中国古代的庙学传统，而将学校与庙宇相联系则主要缘于圣人孔子。"庙"特指"孔庙"，所谓"学，古也。庙于学以祀孔子，后世之制也"②。"庙学合一"的最终确立当以唐太宗贞观四年（630）下诏天下州县皆立孔庙为标志。国家下令天下州学、县学皆设立学校，且每一所学校须立孔了庙；孔了因此得以通祀天下，这就是所谓的"庙学制"。高明士先生解释庙学制为："所谓庙学制，指于学校内建置圣庙，并在圣庙举行学礼而言。"③"所谓'庙学'的制度化，主要有两项特征：一是全国学校园地到县学为止，规定必须建置孔子庙；一是'学'制与'庙'制的完备。前者，即中央到地方县学普遍完成庙学制，是在唐太宗贞观四年（630）。"④ 庙学制及释奠武成王制度在唐代的确立乃系礼制史上的大事件，尤其是"庙学制"在全国范围内的推广施行更是古代教育发展史上的大事件。此一制度直至近代教育制度兴起方日渐寝废，因此可以说"庙学制"几乎是伴随着封建制度的结束而终止。

当释奠对象逐渐固定后，孔子便成为主角。在隋唐儒学立国、科举取士，

---

① （宋）欧阳修，宋祁等《新唐书》卷十五"礼乐五"，中华书局 1975 年版，第 380 页。

② 《太平州学记》，（宋）张孝祥撰，彭国忠校点《张孝祥诗文集》卷十三，黄山书社 2001 年版，第 164 页。

③ ［台湾］高明士《东亚教育圈形成史论》，上海古籍出版社 2003 年版，第 78 页。

④ ［台湾］高明士《庙学与东亚传统教育》，该文收入荣新江主编《唐研究》2004 年第十卷，北京大学出版社 2004 年版，第 234 页。

加之培养人才之学校不断兴盛发展之背景下，凭借统治者的政治措施，庙学制度最终得以确立。同时也正是有赖于庙学的存在，进而使得释奠这一学礼仪式得以践行千年。庙学制度进一步使释奠成为孔门专利，尽管唐宋时期的释奠礼还包括释奠武成王，但无论就其被奉祀的隆盛程度抑或时空范围而言，均远不能同孔子相比。正如韩愈《处州孔子庙碑》所言："自天子至郡邑守长通得祀而遍天下者，唯社稷与孔子为然。而社祭土，稷祭谷，句龙与弃乃其佐享，非其专主，又其位所不屋而坛；岂如孔子用王者事，巍然当座，以门人为配，自天子而下，北面跪祭，进退诚敬，礼如亲弟子者？……所谓生人以来未有如孔子者，其贤过于尧舜远者，此其效欤？"[1] 宋朝建立后致力于礼乐制度建设，尤其对孔子之尊崇丝毫不逊于此前的任何朝代，继而使得孔庙释奠制度有了更进一步的完善。在此过程中，也自然会使承唐而行的庙学之制得到更为充分的发展。所谓化民成俗必由学，行之礼乐，践之庙学，赵宋王朝的庙学盛景通过时人汪藻（1079-1154）之言即可见一斑：

> 夫子之没，千有余年，守文之君，当途之士，所以讲求而祀之者不为不至，然未有如本朝之盛者也。方其盛时，庙学之兴，溢乎四海之外。虽蛮夷戎狄之国，莫不知吾夫子之尊。[2]

"先王之道，礼乐可谓盛矣"[3]，即是说礼乐乃是先王治理天下最重要之手段，故"王者功成作乐，治定制礼"[4]。礼乐建设的终极目的是实现一种理想秩序，而这过程中最为关键的乃在于教化之施行。换言之，学校教育在其中承担着核心角色。宋朝统治者对礼乐建设的重视与努力不逊色于之前的任何朝代，所谓的"汉唐盛世"并非赵宋统治者治国理邦之终极目标，无论是宋代帝王抑或广大士人阶层，均普遍有一种强烈的文化自信和文化自觉——对三代之风的企及回归。因为只有具备这种文化自觉方有可能使"华夏民族

---

① （唐）韩愈撰，马其昶校注，马茂元整理《韩昌黎文集校注》卷七，上海古籍出版社2014年2月第2版，第547页。

② 汪藻《镇江府重修州学大成殿记》，《全宋文》，第157册，第254页。

③ （汉）郑玄注，（唐）孔颖达疏，龚抗云整理《礼记正义》卷三十九《乐记》，北京大学出版社1999年版，第1146页。

④ （汉）郑玄注，（唐）孔颖达疏，龚抗云整理，《礼记正义》卷三十七《乐记》，北京大学出版社1999年版，第1091页。

之文化，历数千载之演进，造极于赵宋之世"①。而将这种抽象的理想反映于具体文化建设上，对教育的重视即为一显著特征。对学校建设的不遗余力自然与其崇儒右文的治国策略有关，但一个历史时期中的国家政策又何尝不是斯时普遍文化心理的集中体现。宋人对文教的重视体现为学校在全国普及，对儒学的尊崇表现为孔庙的州县遍立，二者之结合即为"庙学"。由此可见，"庙学制"在宋代的实施与推行并非是对前朝制度的简单延续。在此种文化自觉下对"道统"的热忱执着，正源自宋人理性冷静的文化心理；同时又正是在这种发达的特定教育环境中，培育出当时文人特有的文化性格，进而才能够演绎出与唐代截然不同的"宋型文化"。

比庙学制更早的"释奠"制度于三代之时尽管祭奠对象还未固定，但是礼行于学的学礼性质已十分明显。"所谓'学礼'，秦蕙田在《五礼通考》卷一六九《嘉礼》'学礼'条案云：'古礼经有《学礼》一篇，见于《大戴礼》，《贾谊新书》所引，惜其文不传。'……关于天子临学之礼，今已无文，……天子的《学礼》，散见于礼经，可知有视学、养老及释奠之礼。"② 清人秦蕙田于"嘉礼"范畴中特别强调"学礼"，尽管历代所修正史之礼志部分所含"五礼"中虽无"学礼"之名，但在秦氏看来，《学礼》所含之内容却被后世继承践行。

赵宋对孔子之尊崇不仅体现于"庙学制"的施行，宋代礼典中的吉、嘉、宾、军、凶五礼中的前三礼皆可见孔圣迹象，如孔庙释奠属"吉礼"，而同样包含有谒圣祭孔仪式的视学礼、养老于太学礼、乡饮酒礼则皆属"嘉礼"。为显示先王崇德向贤之意而录孔子后裔，名曰"录先圣后"特颁之于"宾礼"（关于孔圣后裔在宋代所受之褒誉，详见表1.1 宋代录先圣后编年表）。尊孔右儒之意反映于三礼之间，以"释奠"为最；而释奠礼交叉行之于吉、嘉二礼，又以吉礼为上。交叉重叠之间却又格外分明，本为相互独立的吉、嘉、宾三礼因先圣孔子的影响而彼此产生联系，这在正史礼志之中当为仅有之现象。

孔子在宋代不仅被奉祀于儒学，还曾一度以先师身份被释奠于算学、书学、画学以及医学。早在宋徽宗崇宁三年（1104）六月壬子，"都省言：'窃以算数之学其传久矣。《周官·大司徒》以乡三物教万民，而宾兴之。三曰六

---

① 《邓广铭〈宋史职官志考证〉序》，陈寅恪《金明馆丛稿二编》，生活·读书·新知三联书店2001年版，第277页。
② ［台湾］高明士《东亚教育圈形成史论》，上海古籍出版社2003年版，第23页。

艺：礼、乐、射、御、书、数，则周之盛时，所不废也'"①。于是遂置书学、画学、算学，以示企慕三代之意。"大观三年，礼部、太常寺请以文宣王为先师，兖、邹、荆三国公配享，十哲从祀；自昔著名算学者画像两庑，请加赐五等爵，随所封以定其服"②。之后，尽管算学释奠改以黄帝为先师，且书学、画学、医学也因反复废置而使得释奠仪式间行间断；但在儒学之外以孔子为主祀而行释奠之礼，则实为宋代首创。

表 1.1　宋代录先圣后（孔子嫡裔受封赏）编年表（960-1279）

帝王	时间	代次	人物	记事	典据
太祖	乾德四年（966）七月	四十四代	孔宜	以孔子四十四代孙宜为曲阜县主簿。宜举进士不中，因上书述其家世，特命之。	《续资治通鉴长编》卷七，第174页
太宗	太平兴国二年(977)春正月乙亥		孔世基	赐乡贡进士孔世基同本科出身，褒先圣之后也。	《续资治通鉴长编》卷十八，第395页
	太平兴国三年(978)十月	四十四代	孔宜	司农寺丞孔宜知星子县回，献所为文，上召见，问以孔氏世嗣，擢右赞善大夫，袭封文宣公。辛酉，诏免袭封文宣公家租税。③	《续资治通鉴长编》卷十九，第435页

---

① （清）黄以周等辑注，顾吉辰点校《续资治通鉴长编拾补》卷二十四，中华书局2004年版，第815页。

② （元）脱脱等《宋史》卷一百五"礼志八"，中华书局1977年版，第2551-2552页。

③ 关于孔子后裔历代封号，据《续资治通鉴长编》卷一百七十九（（宋）李焘撰，中华书局2004年9月第2版，第4324页）所载孔子之后袭封者，汉魏曰褒成、褒圣、尊圣侯，晋、宋为奉圣侯，北魏崇圣侯，北齐恭圣侯，北周、隋为邹国公，唐初曰褒圣侯，开元二十七年（739）为文宣公。宋初承袭仍为文宣公，至仁宗至和二年（1055）以"祖谥不可加后嗣"，诏改文宣公为衍圣公。哲宗元祐元年（1086）改"衍圣公"为"奉圣公"；后恢复"衍圣公"之称，并沿用至清朝。

帝王	时间	代次	人物	记事	典据
真宗	至道三年(997)九月戊寅	四十五代	孔延世	以长葛县令孔延世为曲阜县令,袭封文宣公,并赐《九经》及太宗御书、祭器,加银帛而遣之。诏本道转运使、本州长吏待以宾礼。	《续资治通鉴长编》卷四十二,第881页
	景德四年(1007)八月	四十六代	孔圣佑	赐孔子四十六世孙圣佑同学究出身,圣佑,延世子、宜孙也。	《续资治通鉴长编》卷六十六,第1482页
	大中祥符元年(1008)八月癸巳	四十六代	孔圣佑	诏封祀日文宣王四十六世孙、同学究出身圣佑令衣绿,次京官陪位。	《续资治通鉴长编》卷六十九,第1554页
	大中祥符元年(1008)十一月戊午朔	四十六代	孔圣佑	(幸曲阜县谒文宣王)赐其家钱三十万,帛三百匹。以四十六世孙、同学究出身圣佑为奉礼郎,近属授官及赐出身者六人。	《续资治通鉴长编》卷七十,第1574页
	大中祥符二年(1009)正月	四十五代	孔勖	以孔宜子殿中丞勖知曲阜县,兼检校先圣庙,赐绯鱼。辞日赐帛,月给如通判例。	《续资治通鉴长编》卷七十一,第1591页
	天禧五年(1021)二月庚午	四十六代	孔圣佑	以光禄寺丞圣佑袭封文宣公,知仙源县事。	《续资治通鉴长编》卷九十七,第2243页

帝王	时间	代次	人物	记事	典据
仁宗	景祐二年(1035)八月戊寅	四十五代	孔勖	秘书监孔勖分司南京,专领文宣王祠庙,仍赐绢百匹、米五十斛,羊酒副之。	《续资治通鉴长编》卷一百十七,第2754页
	景祐二年(1035)十二月辛未	四十七代①	孔宗愿	诏圣佑弟北海县尉宗愿为国子监主簿,袭封文宣公。	《续资治通鉴长编》卷一百十七,第2767页
	宝元二年(1039)九月甲寅	四十七代	孔宗愿	秘书监、分司南京、管勾兖州仙源县文宣王庙事孔勖为工部侍郎致仕,仍以其从孙国子监主簿、袭封文宣公、知仙源县宗愿兼管勾庙事。	《续资治通鉴长编》卷一百二十四,第2925页
	至和二年(1055)三月	四十七代	孔宗愿	诏封孔子后为衍圣公。……乃下两制定更封宗愿,而令世袭焉。	《续资治通鉴长编》卷一百七十九,第4324页
神宗	熙宁元年(1068)二月乙卯	四十八代	孔若蒙	以四十八代孙孔若蒙为沂州新泰县主簿,袭封衍圣公。	《宋史》卷十四,第268页;卷一百一十九,第2799页
哲宗	元祐元年(1086)二月		孔宗翰	二月,从孔宗翰辞司农少卿之情,以知兖州奉孔子祀。六月从其请改"衍圣公"为"奉圣公"。	《宋史》卷一百一十九,第2799 - 2800页;《续资治通鉴长编》卷三百六十八,第8864页

---

① 按:宗愿为圣佑弟(参见《续资治通鉴长编》卷一百一十七,第2767页),圣佑为四十六代孙,则宗愿也当为四十六代,《宋史》(卷119,第2799页)即记为四十六世孙。而《续资治通鉴长编》(卷一百七十九,第4324页)则为四十七代。

帝王	时间	代次	人物	记事	典据
徽宗	宣和三年(1121)十二月三日	四十八代	孔端友	诏宣议郎孔端友袭封衍圣公，为通直郎、直秘阁，乃许就任关升，以示崇奖。端友言："诏敕文宣王后与亲属一人判司簿尉。今孔若采当承继推恩。"诏补迪功郎。①	《宋史》卷一百一十九，第 2800 页；《宋会要辑稿》选举，第 4773 页
			孔若采		
高宗	绍兴二年(1132)闰四月癸巳	四十九代	孔玠	直秘阁、主管洪州玉隆观、衍圣公孔端友既卒，诏以其子玠为右承奉郎，封衍圣公。	《建炎以来系年要录》卷五三，第 1097 页；《宋史》卷一百一十九，第 2800 页
	绍兴八年(1138)六月壬戌	四十九代	孔玠	赐衍圣公孔玠衢州田五顷，奉先圣祠事。	《宋史》卷二十九，第 536 页
	绍兴二十四年(1154)	五十代	孔搢	以文宣王五十代孙搢补右承奉郎，袭封衍圣公，奉祠事。	《文献通考》卷四四学校考五，第 1284 页
光宗	绍熙四年(1193)	五十一代	孔文远	以文宣王五十一代孙孔文远为承奉郎，袭封衍圣公。	《文献通考》卷四四学校考五，第 1284 页
宁宗	嘉定十七年(1224)春正月戊戌朔		孔元用	诏补先圣裔孔元用为通直郎，录程颐后。	《宋史》卷四十，第 780 页

---

① 据(宋)孔传《东家杂记》(丛书集成本，第 20 页)记载，诏补孔若采为迪功郎当为宣和四年(1122)二月二十一日事。

续表

帝王	时间	代次	人物	记事	典据
理宗	嘉定十七年(1224)九月己卯	四十九代	孔行可	诏以先圣四十九代孙行可为迪功郎,受判、司、簿、尉。	《宋史》卷四十一,第784页
	宝庆二年(1226)六月壬寅	五十二代	孔万春	诏以孔子五十二代孙万春袭封衍圣公。	《宋史》卷四十一,第788页
	绍定三年(1230)十二月庚申	四十九代	孔燦	诏录用孔子四十九代孙燦补官。	《宋史》卷四十一,第793页
	宝祐四年(1256)二月丙子	五十三代①	孔洙	诏袭封衍圣公孙孔洙添差通判吉州,不釐务。	《宋史》卷四十四,第856页
度宗	咸淳七年(1271)三月戊子			诏临江军宣圣四十七代孙延之子孙,与放国子监试。	《宋史》卷四十六,第906页

二、"从祀"的演进及"四配"的确立

建构于具体空间中的孔庙殿宇虽呈静止状态,然围绕孔庙从祀的礼仪探讨与修订却是终宋一代而未曾消歇。诚如宋人度正(1166-?)所言:"是以三百余年之间真儒间出,而洙泗不传之学于是复传于世。然配享从祀之位、释奠释菜之日与夫器币之数、登降之节,所以颁之天下、行之郡邑者,乃或有所未定。"② 同时,围绕异同而产生的争论亦反映出国家和儒生对三代之礼的努力回归和对"道统"的无限尊崇。

五代更迭,"朱梁丧乱,从祀遂废。后唐长兴二年,仍复从祀。周显德二年,别营国子监,置学舍。宋因增修之,塑先圣、亚圣、十哲像,画七十二

---

① 据《宋史》卷一百一十九(中华书局1977年版,第2800页)载,孔洙继孔万春之后袭封,且为宋朝最后一任衍圣公,据此推测当为五十三世孙。

② 度正《跋申请释奠礼》,《全宋文》,第301册,第132页。

贤及先儒二十一人像于东西庑之木壁，太祖亲撰《先圣》《亚圣赞》，十哲以下命文臣分赞之"[1]。宋承周祚，礼乐复兴，从以上记载可知赵宋开国伊始，在太祖建隆之初，已为先圣、亚圣、十哲等塑像于殿庭之上，至于七十二贤、二十一先儒亦画像于两庑木壁，孔庙从祀之制于斯时明确可见。与此同时，宋太祖还亲自为先圣孔子、亚圣颜子作赞，十哲以下则分别由文臣撰之。以帝王为代表，由朝廷为孔庙众圣贤撰赞的传统由此奠定，之后的太宗、真宗、高宗、理宗等皆有此举。尤其是宋高宗曾以帝王身份亲自为先圣以下至七十二子撰赞，其《文宣王及其弟子赞》题后有序曰："朕自睦邻息兵，首开学校，教养多士，以遂忠良。继幸太学，延见诸生，济济在庭，意甚嘉之，因作《文宣王赞》。机政余闲，历取颜回而下七十二人，亦为制赞。用广列圣崇儒右文之声，复知师弟子间缨弁森森，覃精绎思之训。其于治道，心庶几焉。"[2] 以赵宋帝王为代表，崇儒右文可谓是不遗余力，此举措虽为治道而行，但对孔庙的重视尊崇之意亦由是可见。在宋初的三代帝王之中，真宗"崇尚文儒，留心学术"最甚，而其统治期间也正系宋朝国力上升之际。宋真宗大中祥符元年（1008）十月的泰山封禅之举乃当时盛事，而伴随封禅之行的曲阜谒孔更不啻为锦上添花。宋人李焘（1115-1184）所撰《续资治通鉴长编》对此盛事有详细记载：

> （大中祥符元年）十一月戊午朔，上服靴袍诣文宣王庙酌献。庙内外设黄麾仗，孔氏家属陪列。有司定仪止肃揖，上特再拜。又幸叔梁纥堂。命刑部尚书温仲舒等分奠七十二子、先儒暨叔梁纥、颜氏，上制赞刻石庙中。复幸孔林，以树木拥道，降舆乘马，至文宣王墓奠拜，诏加谥曰玄圣文宣王，祝文进署，仍修葺祠宇，给近便十户奉茔庙。又诏留亲奠祭器。翌日，又遣吏部尚书张齐贤等以太牢致祭，赐其家钱三十万、帛三百匹。……又追封叔梁纥为鲁国公、颜氏为鲁国太夫人、伯鱼母并官氏为郓国太夫人。[3]

紧接着，于次年三月又下诏将曲阜县玄圣文宣王庙木圭易以玉。五月乙卯朔，"诏追封孔子弟子兖公颜回为国公，费侯闵损等九人为郡公，成伯曾参等六十

---

① （元）脱脱等《宋史》卷一百五"礼志八"，中华书局1977年版，第2547页。

② 北京大学古文献研究所编，傅璇琮等主编《全宋诗》，北京大学出版社1991年版，第35册，第22221-22229页。

③ 《续资治通鉴长编》卷七十，第三册，第1574页。

二人为列侯，宰相群官分撰赞"①。七月戊寅，"诏封玄圣文宣王庙配享先儒鲁史左丘明等十九人爵为伯，赠兰亭侯王肃司空，当阳侯杜预司徒，命近臣各撰赞"②。大中祥符三年（1010）正月诏中央国学释奠以三公行事，即差太尉、太常、光禄卿代替之前的祭酒、司业、博士为三献，以示崇祀向学之意。六月丙辰，"颁诸州《释奠玄圣文宣王庙仪注》并《祭器图》"③。种种举措，恩崇不绝，围绕孔庙祭祀而行的一系列礼制措施于真宗朝可谓得到集中体现。

大中祥符五年（1012）闰十月诏："圣祖名，上曰玄、下曰朗，不得斥犯。"④ 因"玄圣文宣王"之"玄"字有犯国讳，故于十二月壬申改谥孔子为"至圣文宣王"。真宗大中祥符初曲阜谒孔之前，曾欲追谥孔子帝号，然群臣以孔子为周之陪臣，周止称王，孔子却称帝于理不合，故而作罢。至宋神宗熙宁七年（1074）十二月"判国子监常秩等乞立孟轲、扬雄像于孔子庙廷，仍加爵号。又乞追尊孔子以帝号。诏两制与国子监、礼院官同详定，后不果行"⑤。近七十年后再次提出追尊孔子为帝，此议虽未获准，然斯时提出的立孟轲、扬雄像于孔庙却于十年后的元丰年间得以实现。

宋神宗元丰六年（1083）十月诏封孟轲邹国公，元丰七年（1084）五月有诏曰："自今春秋释奠，以邹国公孟轲配食文宣王，设位于兖国公之次。荀况、扬雄、韩愈以世次从祀于二十一贤之间，并封伯爵：况，兰陵；雄，成都；愈，昌黎。"⑥ 相较于亚圣颜子，唐代之前孟子的地位并不太高，尽管曾有韩愈宣称"孟轲师子思，子思之学盖出曾子，自孔子没，群弟子莫不有书，独孟轲氏之传得其宗，……故求观圣人之道，必自孟子始"⑦。但就孔庙释奠制度而言，孟子地位的真正上升实始于宋。孟轲配享孔庙，打破了之前孔庙以颜渊一人配享的"一配制"。而孟子得以配享孔庙，一方面得益于当时的政治因素，时王安石厉行新法，其中熙宁四年（1071）对贡举改革的一项内容即以《孟子》"兼经"来试士；加之王安石本人对孟子的格外推崇，亦使得其配享孔庙在政统上渐获优势。另一方面，斯时学风思潮之推动也是孟子得

---

① 《续资治通鉴长编》卷七十一，第三册，第 1605 页。
② 《续资治通鉴长编》卷七十二，第三册，第 1625 页。
③ 《续资治通鉴长编》卷七十三，第三册，第 1674 页。
④ 《续资治通鉴长编》卷七十九，第三册，第 1801 页。
⑤ 《续资治通鉴长编》卷二百五十八，第十一册，第 6304 页。
⑥ 《续资治通鉴长编》卷三百四十五，第十四册，第 8291 页。
⑦ 《送王秀才序》，（唐）韩愈撰，马其昶校注，马茂元整理《韩昌黎文集校注》卷四，上海古籍出版社 2014 年 2 月第 2 版，第 293 页。

以入祀孔庭的因素之一。"传统上，孟氏主'性善'、荀氏主'性恶'、扬氏'善恶混'和韩氏'性三品论'正代表四种截然不同的人性论。北宋年间，人性问题同是儒者共同关怀的焦点。……元丰从祀能够做到兼容并蓄，恰好说明了当时犹处'学统四起'之际，儒术尚未定于一尊"①。虽为"学统四起"之际，但相较于荀况的从祀地位，孟子配享则一定程度上诠释着官方主流思想的侧重。针对孟轲配享孔庙这一大事，时人徐积特作《和潘朝奉邹国公配飨》一诗予以记录：

> 丹书一下人神庆，美美先朝贵孟公。
> 能与百王兴漏典，长令万国仰遗风。
> 躬为独行生无禄，道配弥高祭有宫。
> 孰谓阔迂穷至死，正而穷胜枉而通。②

也正由于这一事件，孔、孟连称渐成趋势，甚有取代孔、颜之势。宋代以前"亚圣"特指颜渊，"到元代文宗至顺年间，又追尊颜子为复圣，而以孟子为亚圣。自此以后，亚圣始专指孟子，在此之前，则指颜子"③。如果说孟轲配享孔庭的政治因素中包含着"新党"的推动，那么王安石配享孔庭则完全得益于政治因素的促成。

宋徽宗即位后于崇宁元年（1102）二月庚戌追封孔鲤为泗水侯，孔伋为沂水侯。闰六月从知江宁府邓祐甫之请，以府学建王安石祠堂著为祀典，此乃王安石入祀孔庙之先声。崇宁三年（1104）诏荆国公王安石配享孔子庙廷。崇宁四年（1105）五月，诏学士院依邹国公例为王安石撰赞。政和三年

---

① 黄进兴《圣贤与圣徒》，北京大学出版社 2005 年版，第 87 页。

② 《全宋诗》，第 11 册，第 7667 页。

③ ［台湾］高明士《唐代的释奠礼制及其在教育上的意义》，《大陆杂志》1980 年 11 月第 61 卷第 5 期，第 226 页。按：孟子始称"亚圣"在南宋已有迹象，宋史中虽无明确记载，然宋理宗撰于绍定三年（1230）的《道统十三赞·孟子》中明确说："生禀淑质，教被三迁。博通儒术，气养浩然。深造自得，亚圣之贤。高揖孔氏，独得其传。"（《全宋文》，第 345 册，第 417 页）另：活动于宋元之际的文人方回在其《文公书院新创》一诗中云："新堂育士焕榱橼，突起文公故宅边。孟子向来推亚圣，邹人谁不企先贤。遗书会萃垂千古，缺典因循近百年。为问杏坛旧邻里，颜曾以后岂无传。"（《全宋诗》，第 66 册，第 41664 页）其中"孟子向来推亚圣，邹人谁不企先贤"一联亦明确指出"亚圣"即为孟子。方回生于南宋理宗宝庆三年（1227），理宗景定三年（1262）登进士第，卒于元成宗大德十一年（1307）。由以上二例可知早在元文宗至顺年间（1330-1332）正式下诏尊孟子为"亚圣"之前，这一尊号在南宋后期就已加之于孟子。

(1113) 又以王安石曾被遇先帝，且与其子王雱修撰经义，功勋不在孔安国等人之下，故于春正月癸酉"追封王安石为舒王，子雱为临川伯，配飨文宣王庙"①。以异代之贤的身份而配享孔庙，且在庙廷之上仅次于邹国公孟子之位，历史之中唯王安石一人。王氏父子享祀孔庙，政治因素无疑居于首位，同时也表明此时"新党"地位权势之显赫。"治统"于孔庙从祀的作用和影响围绕王安石父子从祀沉降得以直接反映，而孔庙预享亦即时真实地反映着党争过程中的权力转化。钦宗即位后，旧党地位逐渐上升。靖康元年 (1126)，"右谏议大夫杨时言王安石学术之谬，请追夺王爵，明诏中外，毁去配享之像，使邪说淫辞不为学者之惑。诏降安石从祀庙廷"②。靖康之际，时值金兵南下、北宋政权即将倾覆，在此乱世之中君臣仍就孔庙从祀问题进行讨论。所谓"国之大事，在祀与戎"，相对于戎事的紧迫局势而言，此刻却仍将礼乐祀事置于首位，其中内涵令人深省。至南宋孝宗淳熙四年 (1177) 七月，罢临川伯王雱从祀。理宗淳祐元年 (1241) 春正月"以王安石谓'天命不足畏，祖宗不足法，人言不足恤'，为万世罪人，岂宜从祀孔子庙庭，黜之"③。至此，王安石父子完全退出孔庙从祀行列。从崇宁三年 (1104) 诏荆国公王安石配享孔庙始，至靖康初经由配享降为从祀，再至南宋淳祐元年 (1241) 被完全罢祀，其间近一百四十年，近乎赵宋三百年统治时日之半。伴随着"王学"在宋代官方主流思想地位的逐渐丧失，相应地"理学"逐渐获得了主导地位。而后者地位之上升，同样在孔庙从祀的系列演进过程中得以彰显。

理学在宋代官方地位的确立可以通过朱熹地位的上升予以诠释，南宋理宗朝虽为显著表现时期，而其端倪则较早的见之于宁宗朝。朱熹卒于宁宗庆元六年 (1200)，至嘉定二年 (1209) 十二月，朝廷赐谥号曰"文"。此后，理宗宝庆三年 (1227) 春正月己巳有诏曰："朕观朱熹集注《大学》《论语》《孟子》《中庸》，发挥圣贤蕴奥，有补治道。朕励志讲学，缅怀典刑，可特赠熹太师，追封信国公。"④ 端平二年 (1235) 正月甲寅，"诏议胡瑗、孙明复、邵雍、欧阳修、周敦颐、司马光、苏轼、张载、程颢、程颐等十人从祀孔子庙庭，升孔伋十哲"⑤。孔伋即子思，崇宁元年 (1102) 二月曾被封为沂

---

① （元）脱脱等《宋史》卷二十一，中华书局 1977 年版，第 390 页。

② （元）脱脱等《宋史》卷一百五，中华书局 1977 年版，第 2551 页。

③ （元）脱脱等《宋史》卷四十一，中华书局 1977 年版，第 822 页。

④ （元）脱脱等《宋史》卷四十一，中华书局 1977 年版，第 789 页。

⑤ （元）脱脱等《宋史》卷四十二，中华书局 1977 年版，第 807 页。

水侯，《中庸》即被认为是由子思笔之于书、授之孟子。朱熹集注"四书"，子思地位因之上升，且得以充列十哲。而与之同时从祀者或为"旧党"如司马光、欧阳修等，或为理学先驱，如周敦颐、张载、程颢、程颐等人。至理宗嘉熙元年（1237）二月，诏以朱熹《通鉴纲目》下国子监，并行经筵，朱熹在官方学术上的地位再次得到肯定和提升。理宗淳祐元年（1241）春正月，"甲辰，诏：'朕惟孔子之道，自孟轲后不得其传，至我朝周敦颐、张载、程颢、程颐，真见实践，深探圣域，千载绝学，始有指归。中兴以来，又有朱熹精思明辨表里混融，使《大学》《论》《孟》《中庸》之书本末洞彻，孔子之道，益以大明于世。朕每观五臣论著，启沃良多，今视学有日，其令学官列诸从祀，以示崇奖之意。'……丙午，封周敦颐为汝南伯，张载郿伯，程颢河南伯，程颐伊阳伯"①。景定二年（1261）春正月又从皇太子请，诏封张栻为华阳伯、吕祖谦开封伯，俱从祀孔子庙庭。宋度宗咸淳三年（1267）春正月，"以颜渊、曾参、孔伋、孟轲配享，颛孙师升十哲，邵雍、司马光升从祀，雍封新安伯"②。至此以颜渊、曾参、孔伋、孟轲配享孔庙，标志着"四配"制度的正式形成。因孔伋由"十哲"再升"四配"，颛孙师遂得以补"十哲"之缺。然而度宗淳熙三年之举实为继承理宗之志，这一点虽不见正史记载，但时人牟巘（1227-1311）在其所作诗中对此迹象明确透露，该诗题为"景定甲子，理宗尝以颜、曾传道配飨下问词臣。越咸淳丁卯，昉以曾子、子思升侑孔庭，盖推本先意也。先臣所被宸笔藏之私室，会军学撤旧庙崇新阁，愿得摹刻其上，而某固未敢也。府教张君遂诗以成之，后之观者将有考于斯文。谨用韵以谢"③。其中"盖推本先意也"，可谓一语点明宋理宗对朱熹的尊崇之意。宝庆三年（1227）三月庚戌朔，"工部侍郎朱在进对，奏人主学问之要，上曰：'先卿《中庸序》言之甚详，朕读之不释手，恨不与同时。'"④由理宗之言不难见出斯时朱熹的殊隆地位。

"四配"的形成从某一侧面映射出"文统"对孔庙附享的作用及影响，其间与朱熹的推崇及阐述"四书"的直接推动关系甚大。"四书"对"五经"的取代使得曾参、孔伋骤升配享，且后世位置始终稳固。"孔庙祀典，作为儒家学术最忠实的风向仪，立即反映了上述的学术动向"⑤。有宋三百年间，孔

---

① （元）脱脱等《宋史》卷四十二，中华书局 1977 年版，第 821-822 页。
② （元）脱脱等《宋史》卷四十六，中华书局 1977 年版，第 897 页。
③ 《全宋诗》，第 67 册，第 41948 页。
④ （元）脱脱等《宋史》卷四十一，中华书局 1977 年版，第 789 页。
⑤ 黄进兴《圣贤与圣徒》，北京大学出版社 2005 年版，第 85 页。

庙祠祀的名单几经更革变动，《新唐书·礼乐志》所载为 99 人；而据《宋史·礼志》相关记载可知迄宋度宗咸淳三年（1267）已增至 119 人。数量上的小幅增长似不足以体现孔庙从祀之与时演进，但三百年间的更迭升降却足以昭示孔庙从祀的历史巨变。关于唐宋时期孔庙入祀圣贤之发展变化，详见表 1.2 "唐宋时期孔庙入祀表"。

有限的庙学空间不仅呈现出历史选择的演进，亦体现出运行中的国家礼乐秩序；而静止的圣像木主则映射出统治阶层主流思想的与时变化和治统的至上权威及不断强化。道统与治统在历史中的互动和较量，无时不歇地运行于帝制的礼乐系统之中；而孔庙释奠作为一种仪式，伴随仪式产生的释奠诗文不仅记录反映着这一礼乐仪式，同时亦是对上述现象的最佳注解。"祠祀名单的变动表达的是一种官方的立场。所谓'升降之制，有所惩劝'，是说祭祀和表彰死去的圣贤，其实是为活在世上的人们确立生活的楷模，所以名单升降中寓以道德与伦理的意义"①。孔庙从祀体现着国家意志，反映的是治统意识。国之礼制其实就是国之秩序，而释奠仪式的演示与进行实系对国之秩序的反映和诠释。

---

① 葛兆光《中国思想史（第二卷）》，复旦大学出版社 2019 年 4 月第 2 版，第 229 页。

表 1.2 唐宋时期孔庙入祀表

		唐玄宗开元二十七年(739)《新唐书·礼乐志》	北宋徽宗政和三年(1113)《政和五礼新仪·卷三·神位下》	南宋度宗咸淳三年(1267)《宋史·礼志》
主享		孔子—文宣王	孔子—至圣文宣王（1008 谥玄圣文宣王，1012 改谥）	孔子—至圣文宣王
配享		颜渊—兖国公	颜回兖国公，孟轲邹国公，王安石舒王	颜回兖国公，孔伋沂国公，孟轲邹国公
从祀	正殿／大成殿（9人）	子夏魏侯，仲弓薛侯，子有徐侯，子游吴侯，子夏魏侯，子贡黎侯，闵子骞费侯，冉耕郓侯，冉雍薛侯 （9人）	东壁（配享）：闵损瑕邱侯，冉耕东平公，宰予临淄公，端木赐黎阳公 西壁（配享）：冉雍彭城公，仲由河内公，卜商河东公，曾参武城侯	闵损费公，冉雍薛公，端木赐黎公，卜商魏公（东壁） 冉耕郓公，宰予齐公，冉求徐公，言偃吴公，颛孙师陈公（西壁）
	东庑从祀（67人）	颛孙师陈伯，澹台灭明江伯，宓子贱单伯，原宪原伯，公冶长莒伯，南宫适郯伯，公晳哀郳伯，曾点宿伯，颜路杞伯，商瞿蒙伯，高柴共伯，漆雕开滕伯，司马耕向伯，樊迟樊伯，有若卞伯，公西赤郜伯，巫马施任伯，梁鳣梁伯，颜幸萧伯，冉孺郜伯，曹恤丰伯，伯虔邹伯，公孙龙黄伯，冉季东平伯，秦祖少梁伯，漆雕哆武城伯，颜高琅邪伯，漆雕徒父须句伯，壤驷赤上邽伯，商泽睢阳伯，石作蜀成纪伯，任不齐任城伯，公良孺东牟伯，后处营邱伯，秦冉彭衙伯，公夏首亢父伯，奚容箴下邳伯，公肩定新田伯，颜祖临沂伯，鄡单聊城伯，句井疆淇阳伯，罕父黑祁乡伯，秦商上洛伯，申党邵陵伯，颜之仆东武伯，荣旗雩娄伯，县成巨野伯，左人郢临淄伯，燕伋渔阳伯，郑国朐山伯，秦非汧阳伯，施之常乘氏伯，颜哙朱虚伯，步叔乘淳于伯，原亢籍乐平伯，乐欬建成伯，廉洁胙城伯，叔仲会瑕邱伯，颜何开阳伯，狄黑临济伯，邽巽平陆伯，孔忠汶阳伯，公西舆如重邱伯，公西蒧祝阿伯，公伯寮任城伯，秦冉，蘧瑗 （67人）	林放长山侯，蘧瑗内黄侯，澹台灭明金乡侯，原宪任城侯，南宫适汝阳侯，商瞿须昌侯，公皙哀北海侯，高柴共城侯，漆雕开平舆侯，公伯寮任城侯，司马耕楚邱侯，樊须益都侯，有若平阴侯，公西赤钜野侯，巫马施东阿侯，梁鳣千乘侯，冉孺临沂侯，颜辛阳平侯，曹恤上蔡侯，伯虔聊城侯，公孙龙枝江侯，陈亢南顿侯，颜高雷泽侯，漆雕哆濮阳侯，漆雕徒父高宛侯，壤驷赤上邽侯，商泽邹平侯，石作蜀石邑侯，任不齐当阳侯，公良孺东牟侯，后处胶东侯，秦冉彭衙侯，公夏首钜平侯，奚容箴下邳侯，公肩定朐山侯，颜祖富阳侯，鄡单聊城侯，句井疆滏阳侯，罕父黑祁乡侯，秦商冯翊侯，申党邵陵侯，颜之仆宛句侯，荣旗雩娄侯，左人郢临淄侯，郑国朐山侯，原亢籍乐平侯，廉洁胙城侯，叔仲会博平侯，公西舆如临朐侯，邽巽高堂侯，施之常临濮侯，秦非华亭侯，申枨文登侯，颜哙朱虚侯，步叔乘淳于侯，乐欬建成侯，狄黑林虑侯，孔忠郕国公，公西蒧祝阿侯，颜之朴东阿侯，公祖句兹即墨侯，燕伋汧源侯，乐正子春莱芜侯（49人）	澹台灭明金乡侯，原宪任城侯，南宫适汝阳侯，商瞿须昌侯，漆雕开平舆侯，司马耕楚邱侯，巫马施东阿侯，颜辛阳平侯，曹恤上蔡侯，公孙龙枝江侯，石作蜀成纪侯，后处营邱侯，秦冉彭衙侯，公夏首钜平侯，奚容箴下邳侯，颜祖富阳侯，句井疆滏阳侯，秦商上洛侯，申党邵陵侯，公祖句兹即墨侯，燕伋汧源侯，颜之仆东武侯，乐欬建成侯，狄黑临济侯，邽巽高堂侯，孔忠鄆国公，公西舆如临朐侯，申枨文登侯，颜之朴东阿侯，鄡单聊城侯，荣旗雩娄侯，左人郢临淄侯，郑国朐山侯，秦非华亭侯，施之常临濮侯，步叔乘淳于侯，公伯寮任城侯，秦祖少梁侯，漆雕哆濮阳侯，商泽邹平侯，任不齐当阳侯，公良孺东牟侯，公肩定朐山侯，罕父黑祁乡侯，廉洁胙城侯，叔仲会博平侯，公西蒧祝阿侯，颜何开阳侯，狄黑林虑侯，颜噲朱虚侯，原亢籍乐平侯，司马温国公，张栻华阳侯（52人）
	西庑从祀（21人）	左丘明，公羊高，榖梁赤，伏胜，高堂生，戴圣，贾逵，马融，卢植，郑众，杜子春，孔安国，刘向，郑玄，毛苌，服虔，何休，王肃，王弼，杜预，范宁（21人）	左丘明中都伯，公羊高临淄伯，伏胜乘氏伯，戴圣考城伯，毛苌乐寿伯，孔安国曲阜伯，刘向彭城伯，郑众开封伯，卢植良乡伯，郑玄高密伯，服虔缑氏伯，何休任城伯，王肃兰陵伯，王弼山阳伯，杜预当阳伯，范宁新野伯，榖梁赤睢阳伯，贾逵南陵伯，马融扶风伯，董仲舒广川伯，胡瑗（48人）	左丘明中都伯，公羊高临淄伯，伏胜乘氏伯，戴圣考城伯，毛苌乐寿伯，孔安国曲阜侯，刘向彭城伯，郑众开封伯，卢植良乡伯，郑玄高密侯，服虔缑氏伯，何休任城伯，王肃兰陵伯，王弼山阳伯，杜预当阳侯，范宁新野伯，榖梁赤临淄伯，贾逵南陵伯，马融扶风伯，董仲舒广川伯，樊须益都侯，颜无繇曲阜侯，公皙哀北海侯，公伯寮任城侯，林放长山侯，秦祖少梁侯，漆雕哆濮阳侯，颜无繇曲阜侯，程颢河南伯，程颐伊阳伯，周敦颐汝南伯，朱熹徽国公，吕祖谦开封伯（52人）
备注		①据《文献通考》卷四十三"学校四"载唐开元二十七年"升孔子为"学"之中，以"文宣王"位"载祭孔庙从祀名单的还有：蓬暖、林放、多蓬暖、林放诸、陈元、申枨、琴牢诸弟子。②此表部分参照[韩]柳钿珠著《国尊师位：历史与孔庙释奠礼》(宗教文化出版社 2013 年版)，但据相关史料文献对原表中的个别错误有所补正。		①据孔庙从祀名单的还有：蓬暖、林放诸，陈元、陈元颍川、陈玄清河伯，申枨鲁伯，琴牢南陵伯。另《大唐开元礼》卷一"表七"。②此表部分参照[韩]柳钿珠著《国尊师位：历史与孔庙释奠礼》，参见氏著第 122—124 页"表七"。

33

第二章

国之常祀，天下同礼：释奠情境的延展与扩充

"庙学制"在唐代的确立，在时间和空间上为之后历代的释奠礼提供了国家层面的律令保障。唐肃宗上元元年（760），"尊太公为武成王，祭典与文宣王比，以历代良将为十哲象坐侍"①。虽言祭典与文宣王比，但就实际情况而言，武成王受崇规模无论在时间抑或空间上都难与文宣王相媲美。就在上元元年，"肃宗以岁旱罢中、小祀，而文宣之祭，至仲秋犹祠之于太学"②。可见唐肃宗时武成王曾遭遇一段罢祀经历③。以享祀时间而言，武成王释奠至明代洪武二十年（1387）遭到彻底废除，此后"释奠"一词成为孔庙祭祀之专利；就祭祀空间而论，释奠武成王从其诞生之日起就非天下通祀，故影响程度远不及孔庙释奠。相较释奠武成王而言，文宣王释奠所受之重视程度使其成为真正意义上的"国之常祀"，正如韩愈在《处州孔子庙碑》中所言："自天子至郡邑守长通得祀而遍天下者，唯社稷与孔子为然。而社祭土，稷祭谷，句龙与弃乃其佐享，非其专主，又其位所不屋而坛；岂如孔子用王者事，巍然当座，以门人为配，自天子而下，北面跪祭，进退诚敬，礼如亲弟子者？……所谓生人以来未有如孔子者，其贤过于尧舜远者，此其效欤？"④

宋代的孔庙释奠依托于"庙学"基础，在时空的延展扩充过程中无论中央国学抑或地方官学、书院精舍，对释奠仪式的礼制革新以及释奠情境的开拓深化又做出了新的探索与努力，尤其后一方面极大丰富了孔庙释奠的仪式内涵。南宋时国家版图虽远不如北宋，天下孔庙的空间分布客观上呈现出收

---

① （宋）欧阳修，宋祁等《新唐书》卷十五"礼乐志"，中华书局1975年版，第377页。

② （宋）欧阳修，宋祁等《新唐书》卷十五"礼乐志"，中华书局1975年版，第376页。

③ 关于释奠武成王，参见陶希圣《武庙之政治社会的演变——武成王庙、关帝庙、关岳庙》，《食货月刊》1972年8月复刊第二卷第五期，第229-247页。以及朱溢《论唐宋时期的武庙释奠礼仪》一文，收入余欣主编《中古时代的礼仪、宗教与制度》，上海古籍出版社2012年版，第179-193页。

④ （唐）韩愈撰，马其昶校注，马茂元整理《韩昌黎文集校注》卷七，上海古籍出版社2014年2月第2版，第547页。

缩之状，但却是"缩而未减"。地方官学的大量新建、书院制度的兴盛成熟，使得"庙学制"在有限的空间内反而呈现出更为密集之特点。除了受宋代历朝统治者重视之外，承继"道统"之广大士人阶层更是充当着自觉革新并持续推进孔庙释奠礼的主要力量。尤其是南宋时期以朱熹等为代表的理学家对孔庙释奠制度做出多方面贡献，再次为孔庙释奠丰富的礼乐内涵注入新的活力。

第一节　中央国学释奠情境的延展

"成均之祀，威仪孔时"①，宋代历朝帝王除真宗大中祥符元年（1008）十月继泰山封禅后亲谒曲阜文宣王庙行礼之外，其余帝王凡释奠孔子皆于中央国学进行。检阅正史相关记载可知唐代多有皇太子于国学行释奠礼之事，且在天宝之前尤为普遍。宋理宗景定元年（1260）六月壬寅，赵禥被立为皇太子，即后来之度宗。次年正月丁丑，"命皇太子谒拜孔子于太学"②，《宋史》中以皇太子身份行释奠礼的记载唯见之度宗。相较于唐代，宋代释奠由皇帝亲历躬行的特征十分鲜明。有宋一代每年春秋二仲月的上丁日虽为朝廷法定释奠文宣王之日，但斯时中央国学释奠并非皇帝亲为，而是往往由大臣代行；赵宋历朝帝王于国学释奠礼的施行主要是伴随者丁祭之外的视学谒孔礼而发生。

"视学礼"在宋代属五礼中的"嘉礼"，而在唐代则属"吉礼"，尽管归属范畴不同，但在唐宋均不属于常祀。"其非常祀，天子有时而行之者，曰封禅、巡守、视学、耕藉、拜陵"③。然而无论唐宋，视学礼与释奠礼均被颁之国典，同属学礼范畴；且天子视学过程中常伴随谒孔释奠仪式，故视学、释奠二者又系交叉与包含之关系。也正是缘于视学礼的施行，使得释奠于全国仲春秋上丁日之外，在中央国学的举行时间更显灵活。

一、国学谒孔与崇儒右文

唐王朝立国290年，据高明士先生统计唐代历朝帝王、皇子于中央国学

---

① （元）脱脱等《宋史》卷一百三十七"乐志"，中华书局1977年版，第3236页。
② （元）脱脱等《宋史》卷四十五，中华书局1977年版，第876页。
③ （宋）欧阳修，宋祁等《新唐书》卷十四"礼乐志"，中华书局1975年版，第349页。

举行释奠约为 16 次①。宋享国 320 年，据笔者不完全统计，赵宋历朝帝王、皇子在中央国学举行的释奠礼计 20 次（北宋 14 次，南宋 6 次），数量超过唐代。兹将宋代历朝帝王视学释奠之事进行编年，并列表如下：

表 2.1　宋代历朝帝王视学释奠编年表（960—1279）

朝代	主持者	时间	地点	学礼性质	记事②	典据	备注
北宋 960 ~ 1127	太祖	建隆二年（961）十一月己巳	国子监	视学	幸相国寺，遂幸国子监。	《续资治通鉴长编》卷二，第 55 页	另见《宋史》卷一，第 10 页
		建隆三年（962）春正月癸未③	国子监	视学	幸国子监。	《续资治通鉴长编》卷三，第 61 页	另见《宋史》卷一，第 10 页
		建隆三年（962）二月丙辰	国子监	视学	幸国子监，遂幸迎春苑，宴从官。	《续资治通鉴长编》卷三，第 63 页	另见《宋史》卷一，第 11 页
		乾德元年（963）春四月丁亥	国子监	视学	幸国子监，遂幸武成王庙，宴射玉津园。	《续资治通鉴长编》卷四，第 88 页	另见《宋史》卷一，第 13 页
	太宗	太平兴国四年（979）二月壬子	国子监	视学	幸国子监，遂幸玉津园宴射。	《宋史》卷四，第 61 页	
		端拱元年（988）八月庚辰	太学（国子监）	释奠	幸太学，命博士李觉讲《易》，赐帛；遂幸玉津园习射。	《宋史》卷五，第 83 页	另见《续资治通鉴长编》卷二十九，第 656 页
		淳化五年（994）十一月丙寅	国子监	视学（释奠）	上幸国子监，赐直讲孙奭五品服，因幸武成王庙，复幸国子监，令奭讲《尚书·说命》三篇。……遂饮从官酒，别赐奭束帛。	《续资治通鉴长编》卷三十六，第 801 页	

---

① 详见［台湾］高明士《东亚教育圈形成史论》第 95—98 页"附表四：隋唐中央官学的学礼"，上海古籍出版社 2003 年版。

② 引文据（宋）李焘撰《续资治通鉴长编》（中华书局 2004 年版）及（元）脱脱等撰《宋史》（中华书局 1977 年版）。

③ 宋人范祖禹元祐六年（1091）十月上呈哲宗的《进幸学故事札子》（曾枣庄、刘琳主编《全宋文》，上海辞书出版社、安徽教育出版社 2006 年版，第 98 册，第 143 页）其中涉及太祖、太宗、真宗、仁宗四朝帝王幸学时间，唯太祖建隆三年的前两次幸学年份《札子》记为"建隆元年"，与《宋史》《续资治通鉴长编》记为"建隆三年"不符。且《札子》中有"（建隆元年二月）帝亲制文宣王、充国公二赞"，检阅《全宋文》（第 1 册，第 196 页），"二赞"实作于建隆三年。《札子》所述当为范祖禹误记，故以《宋史》《续资治通鉴长编》时间为准。

续表

朝代	主持者	时间	地点	学礼性质	记事①	典据	备注
北宋 960 ~ 1127	真宗	咸平二年（999）秋七月甲辰	国子监	视学（释奠）	上幸国子监，召学官崔偓佺讲《尚书·大禹谟》。	《续资治通鉴长编》卷四十五，第957页	
		景德二年（1005）五月戊辰朔	国子监	视学	幸国子监阅书库。	《续资治通鉴长编》卷六十，第1333页	
		大中祥符元年（1008）十一月戊午朔	曲阜县文宣王庙	释奠	幸曲阜县，谒文宣王庙，靴袍再拜。幸叔梁纥堂。近臣分奠七十二弟子。遂幸孔林，加谥孔子曰玄圣文宣王，遣官祭以太牢，给近便十户奉茔庙，赐其家钱三十万，帛三百匹。以四十六世孙圣佑为奉礼郎，近属授官、赐出身者六人。	《宋史》卷七，第138-139页	另见《续资治通鉴长编》卷七十，第1574页
	仁宗	天圣二年（1024）八月己卯	国子监	释奠	幸国子监，谒先圣文宣王。召从臣升讲堂，令直讲、屯田郎中马龟符讲《论语》，赐龟符三品服。已而观《七十二贤赞述》，阅《三礼图》，问侍讲冯元三代制度。	《续资治通鉴长编》卷一百二，第2366页	另见《宋史》卷九，第179页
		庆历四年（1044）五月壬申	国子监	释奠	幸国子监，谒至圣文宣王。有司言旧仪止肃揖，而上特再拜。赐直讲、大理评事孙复五品服。	《续资治通鉴长编》卷一百四十九，第3609页	真宗大中祥符五年十二月壬申，改谥玄圣文宣王为至圣文宣王。
	哲宗	元祐六年（1091）冬十月十五日庚午	国子监	释奠	庚午朝献景灵宫，退幸国子监，诣至圣文宣王殿行释奠礼，一献再拜。幸太学……国子祭酒丰稷讲《尚书·无逸》终篇，……赐丰稷三品服，本监官、学官等赐帛有差。	《续资治通鉴长编》卷四百六十七，第11150页	另见《宋史》卷一百五，第2549页；卷一百一十四，第2708页

---

① 引文据（宋）李焘撰《续资治通鉴长编》（中华书局2004年版）及（元）脱脱等撰《宋史》（中华书局1977年版）。

续表

朝代	主持者	时间	地点	学礼性质	记事①	典据	备注
北宋 960 ~ 1127	徽宗	崇宁三年（1104）十一月甲戌	太学	视学	幸太学，官论定之士六人；遂幸辟雍，赐国子司业吴纲、蒋静四品服，学官推恩有差。	《宋史》卷十九，第370页	另见《宋史》卷一百一十四，第2708页
		宣和四年（1122）三月辛酉	太学	释奠	幸秘书省，遂幸太学，赐秘书少监翁彦深王时雍、国子祭酒韦寿隆、司业权邦彦章服，馆职、学官、诸生恩锡有差。	《宋史》卷二十二，第409页	参之《全宋诗》第15977页王安中《进和御制幸太学秘书省诗》
南宋 1127 ~ 1279	高宗	绍兴十四年（1144）三月己巳	太学	释奠	帝出幄，升东阶，跪上香，执爵三祭酒，再拜，群臣皆再拜，上降入幄。分奠从祀如常仪。……时命礼部侍郎秦熺执经、司业高阅讲《易》之《泰》，遂幸养正、持志二斋，赐阅三品服，学官迁秩，诸生授官免举，赐帛有差。	《宋史》卷一百一十四，第2709-2710页	另见《宋史》卷三十，第560页
	孝宗	淳熙四年（1177）二月乙亥	太学	释奠	幸太学，祗谒先圣，退御敦化堂，命国子祭酒林光朝讲《中庸》。下诏。遂幸武学，谒武成王庙。监、学官进秩一等，诸生推恩赐帛有差。	《宋史》卷三十四，第663页	另见《宋史》卷一百一十四，第2711页
	宁宗	嘉泰三年（1203）春正月戊戌	太学	释奠	幸太学，谒大成殿，御化原堂，命国子祭酒李寅仲讲《尚书·周官》篇。遂幸武学，谒武成殿。监学官进秩一级，诸生推恩赐帛有差。	《宋史》卷三十八，第733页	另见《宋史》卷一百一十四，第2711页
	理宗	淳祐元年（1241）春正月戊申	太学	释奠	幸太学谒孔子，遂御崇化堂，命祭酒曹豳讲《礼记·大学》篇，监学官各进一秩，诸生推恩锡帛有差。制《道统十三赞》，就赐国子监宣示诸生。	《宋史》卷四十二，第822页	另见《宋史》卷一百五，第2554页；卷一百一十四，第2711页
		景定二年（1261）春正月丁丑	太学	释奠	命皇太子（按：赵禥，后为度宗）谒拜孔子于太学。	《宋史》卷四十五，第876页	另见《宋史》卷四十六，第892页；卷一百五，第2554页

---

① 引文据（宋）李焘撰《续资治通鉴长编》（中华书局2004年版）及（元）脱脱等撰《宋史》（中华书局1977年版）。

续表

朝代	主持者	时间	地点	学礼性质	记事①	典据	备注
南宋 1127~1279	度宗	咸淳三年（1267）春正月戊申	太学	舍菜	帝诣太学谒孔子，行舍菜礼，以颜渊、曾参、孔伋、孟轲配享，颛孙师升十哲，邵雍、司马光升列从祀，雍封新安伯。礼部尚书陈宗礼、国子祭酒陈宜中进读《中庸》。	《宋史》卷四十六，第897页	另见《宋史》卷一百一十四，第2711页

宋朝皇帝视学之礼本属"五礼"中的嘉礼，虽非常祀，然因其包含孔庙释奠仪式在内，所以规格之隆盛不言而喻。治平三年（1066）英宗视学，此次幸学虽不见于《宋史》《续资治通鉴长编》等文献记载，然文彦博（1006-1097）所作之《圣驾幸太学赋并序》对其描绘甚详。作者身为随驾从臣，以其所见所感极力铺陈，借助"赋"这一文体充分描绘出当时的盛大场景：

> 于是命有司，涓良日，襫仪盛蔵，法驾乃出。天魏穆穆，国容皇皇。采章焕烂，和鸾铿锵。太史协乐以前导，大丙弭节而徐翔。严羽卫，历庸庄，在滮之都，于国之阳，神移斗逗，乃至于上庠。宸心虔虔，天步高骧。历阶逾闉，睹奥窥堂。晞将圣分有穆，如悉数分相当。然后趣讲室，明典章。缨绥匝序，巾卷充廊。巨儒硕生，奉帙而在列；礼官博士，掌姻而诏王。展东面之殊礼，法西周之旧章。禹听弥审，尧聪益详。夫子善言，由兹而不昧；虞舜好问，于是乎有光。时宣诸直讲，臣讲《鲁论》。于时同闬相欢，民灵胥喜，扶老携弱，自迩及迹，莫不连踵而憬集，驾肩而庆止。悉云委于桥门，尽堵观于璧水。……今我皇上克奉先烈，聿绍庆基。体元则大，累洽重熙。将使儒风寝盛，文教日滋。故乘舆亲视于学，俾亿丑预觇其仪。足鄙元鼎之间，屡有甘泉之幸；堪讥延熹之际，惟尚濯龙之祠。夫然，则三代之风必能缓步而越矣，两汉之盛岂可并日而论之。

---

① 引文据（宋）李焘撰《续资治通鉴长编》（中华书局2004年版）及（元）脱脱等撰《宋史》（中华书局1977年版）。

伟乎！轨迹夷易，文物葳蕤，信千载而一时。①

唐代帝王幸学继承了汉代释奠多行"论议"的传统，《后汉书·桓荣丁鸿列传》载东汉光武帝曾"车驾幸太学，会诸博士论难于前"②，"同随机论议相对而言，唐代一些规模较大的论议总是在特定时间表演的。这中间有四个重要日期：释奠日、诞圣日、佛教大斋日、浴佛节"③。隋唐时在释奠日举行盛大的儒生论议或三教论议已是制度，尤其是三教之间的相互论议辩驳一定程度上成为决定该教地位升降的重要手段与途径。但时至宋代，这一活动已不见于释奠仪式之中，一方面当与赵宋治国思想有关，尽管唐宋时期三教皆被国家认可，但较之唐，宋代将儒家思想奉为治国之道，其地位之尊崇非释道可及；加之论议逐渐表现出的戏谑不经亦导致其被黜，取而代之的是儒家讲经活动在释奠过程中获得重要地位。文彦博赋中描述英宗谒孔后随即"趣讲室，明典章"，"巨儒硕生，奉帙而在列；礼官博士，掌姻而诏王"，可谓庠序生辉、斯文载誉。如前所述，宋代帝王视学释奠多伴随有讲经活动，而历次讲经之内容皆以《周易》《礼记》《尚书》《论语》《中庸》等儒家经典为主，且每次讲经后帝王都会对执经官和在场学官诸生给予赏赐推恩，以示崇儒右文之意。

"展东面之殊礼，法西周之旧章"，赵宋帝王于礼乐建设体现出鲜明的复古倾向，故相应表现为典章制度诸方层面。这种复古并非自我标榜，宋人不同于唐人的激烈昂扬，五代的分裂与动荡使他们更加理性，"两汉之盛岂可并日而论之"透露出其并不满足于所谓的"汉唐盛世"，而是要跨越汉唐而直追三代；同时宋人的沉着内敛中又有着足够的文化自信，确信"三代之风必能缓步而越矣"。宋代帝王有意实现三代之治，而作为社会精英的士人亦是如此，崇文重士的国策加之科举取士的环境，使宋代文人的地位得以空前提升。特定的文化环境造就出特别的文化性格与文化思维，故宋人普遍存在一种文化自觉，此种自觉不但不与统治者的意愿相悖，反而极度吻合。对比元明清文人的地位与遭遇，宋代君臣关系之融洽可谓空前绝后。文化的自觉不同于

---

① （宋）文彦博撰，申利校注《文彦博集校注》，中华书局 2016 年版，第 2—8 页。按：申利《文彦博集校注》将此赋系年于仁宗天圣三年（1025），然是年文彦博犹未登进士第，且不符合赋中"时宣诸直讲，臣讲《鲁论》"之身份。参以赋前序中"炎宋受命之四叶，皇上御极之三年"等表述，特将其系年于英宗治平三年（1066）。

② （南朝宋）范晔《后汉书》卷三十七，中华书局 1965 年版，第 1250 页。

③ 王昆吾《从敦煌学到域外汉文学》，商务印书馆 2003 年版，第 10 页。

思想烙印由外而内的被动表现，相反，这种自觉是由内而外的主动呈现。

宋代帝王视学释奠有出自皇帝本意者，亦有应臣僚奏请而施行者。后一种情况如徽宗宣和四年（1122）二月二十四日，韦寿隆上《乞临幸太学奏》云："太学录林致用等札子，有司崇饰先圣庙貌，轮奂一新，仰愿銮舆临幸。"① 当徽宗确定幸学之后便提前降诏申明，随即于是年三月辛酉幸学。时有从臣王安中《进和御制幸太学秘书省诗·序》记录曰："（帝）移跸贤阙，款谒宣圣，次御经幄，俯听讲说，亲纡天步，临观斋庑。右文崇儒之盛，千载一遇，九州四海，闻风呼舞。"② 斯时徽宗还曾亲撰《太学宣圣殿赞》云：

> 太学教养多学士，严奉先圣。殿室滋圮，作而新之，命驾奠谒，系之以赞曰：厥初生民，自天有造。百世之师，立人之道。有彝有伦，垂世立教。爰集大成，千古允蹈。乃严斯所，乃瞻斯宫。瞻彼德容，云孰不崇？命刻石于太学，昭示无穷。③

奠谒宣圣之后特命刻石昭示，其敬事之心可见一斑。一般而言，待礼行事举之后，群臣往往还会进献贺表，如石悆就曾于徽宗幸学后呈《贺车驾幸太学表》，其中叙述："云开东幄，降黄屋以亲临；鹭集西廱，望翠华而再拜。""升阶章爵而搜举坠典，横经赐坐以光辉诸生"④ 是为对当时帝王临幸、诸生雀跃之盛大场景的描绘。而南宋绍兴十四年（1144），高宗于视学谒孔后复先后降《幸太学推恩诏》《幸太学加恩执经讲书官诏》⑤ 二诏，于褒奖学官礼官之余，对太学诸生亦免解免省、赐帛推恩，其重祀向学之旨与崇儒右文之意于中彰显甚明。

此外，中央国学释奠还有另一种较为特殊的情况——虽行礼于国学，然行礼之主体却并非封建帝王，而是诸州贡生。如宋人王辟之撰《渑水燕谈录》载："国初，诏诸州贡举人员群见讫，就国子监谒先师，迄今行之，循唐制也。"⑥ 来自全国各地的贡生在正式参加省试之前须到阙入见皇帝，人数上

---

① 《全宋文》，第 125 册，第 250 页。

② 《全宋诗》，第 24 册，第 15977 页。

③ 《全宋文》，第 166 册，第 389–390 页。

④ 《全宋文》，第 141 册，第 128 页。

⑤ 《全宋文》，第 204 册，第 42 页。按：以上二诏《全宋文》分别系年于绍兴十三年三月十九日、二十一日；而据《宋史》卷三十，第 560 页及卷一百一十四，第 2710 页所载当系绍兴十四年之事，本研究以《宋史》所记时间为准。

⑥ （宋）王辟之撰，吕友仁点校《渑水燕谈录》卷六《贡举》，中华书局 1981 年版，第 67 页。

千，故谓之"群见"，而后再赴国子监拜谒先圣、先师。经过之后的省试、殿试，登第的新科进士须再次行谒谢先圣先师之礼。关于进士登第后的系列相关活动，据南宋周密《武林旧事·唱名》所载："后旬日朝谢。又数日，拜黄甲，叙同年。……又数日，赴国子监，谒谢先圣先师讫，赐闻喜宴于局中，侍从已上及馆职皆与，知举官押宴，遂立题名石刻。"[1] 有宋一代将诸生是否参与庙学释奠作为能否取解的标准之一而著于律令，故释奠成为由"儒学教育"到"养士教育"的关键节点之一，是读书人获取科举参与资格的关键步骤之始。随之逐渐步入科场，依次经历发解试、省试、殿试。而于殿试唱名之后所进行的国学谒谢先圣先师仪式，某种程度上标志着"养士教育"的成果，同时又预示着"成圣教育"的肇端。释奠孔子同科举考试的密切联系，从一侧面昭示出国家对崇儒右文之旨的多层次、多方位深化。

二、哲宗视学及诗文唱和

综观宋代历朝帝王的历次视学谒孔活动，其中尤以哲宗元祐六年（1091）幸学之举为最。不仅因为此次幸学前因后果于文献史料中有着相对完整的呈现，而且最为重要的是视学过程中充分体现出文学与仪式彼此间的互动作用。此次帝王幸学系翰林学士范百禄所请，元祐六年九月甲寅（九月二十九日）"诏以十月十五日朝献景灵宫，幸太学"[2]。"（十月十五日）庚午朝献景灵宫，退幸国子监，诣至圣文宣王殿行释奠礼，一献再拜。幸太学，御敦化堂，召宰相、执政官、亲王、从臣赐坐，礼部、太常寺、本监官承务郎以上侍立，承务郎以下、三学生坐于东西庑，侍讲吴安诗执经，国子祭酒丰稷讲《尚书·无逸》终篇，复命宰臣以下至三学生坐赐茶。国子监进书籍凡十七部轴，上命留《论语》《孟子》各一部。遂幸昭烈武成王庙，酌献肃揖，礼毕还内。是日，赐丰稷三品服，本监官、学官等赐帛有差"[3]。苏轼时以龙图阁学士出知颍州接任陆佃，虽身在地方，然于事后犹进《贺驾幸太学表二首》，就此盛举分别向哲宗皇帝、太皇太后致虔敬之辞，呈恭贺之意：

　　　臣轼言。恭闻十月十五日驾幸太学者。挛回原庙，既崇广孝之风；

---

① （宋）周密著，李小龙、赵锐评注《武林旧事》卷二，中华书局 2007 年版，第 45 页。
② 《续资治通鉴长编》卷四百六十六，第十八册，第 11141 页。
③ 《续资治通鉴长编》卷四百六十七，第十八册，第 11150 页。

幄次儒宫，复示右文之化。礼行一日，风动四方。臣某诚欢诚忭，顿首顿首。臣闻五学之临，三代所共。盖天子不敢自圣，而盛德必有达尊。在汉永平，始举是礼。虽临雍拜老，有先王之规；而正坐自讲，非人主之事。岂如允哲，退托不能。奠爵伏兴，意默通于先圣；横经问难，言各尽于诸儒。恭惟皇帝陛下，文武宪邦，聪明齐圣。大度同符于艺祖，至仁追配于昭陵。爰举旧章以兴盛节。臣早尘法从，久侍经帏。永矣驰诚，想闻合语于东序。斐然作颂，行观献馘于西戎。臣无任。

臣轼言。恭闻十月十五日皇帝驾幸太学者。济济多士，灵承上帝之休；雍雍在宫，服膺文母之教。风传海宇，庆溢臣工。臣某诚欢诚忭，顿首顿首。臣闻学校太平之文，而以得士为实；经术致治之具，而以爱民为心。心既立而具乃行，实先充而文斯应。永惟坤载之厚，辅成天纵之能。惟使文子文孙莫不仁，故于先圣先师无所愧。恭惟太皇太后陛下，忧深祖构，德燕孙谋。黄裳之文，斧藻万物；青衿之政，长育群材。岂惟鼓舞于士夫，实亦光华于史册。臣冒荣滋久，被遇最深。外告成功，行喜鸹音之革；中修潜德，孰知麟趾之风。臣无任。①

哲宗此次视学释奠，礼乐隆盛、斯文昌明，且群臣赋诗唱和，盛极当时。时为礼官的曾肇，其所赋诗题为《元祐六年十月庚午驾自景陵宫移仗谒先圣孔子祠入门降辇步就小次由东阶以升奠爵再拜礼官告成礼然后退幸太学诏博士皆升堂坐诸生两庑下命国子祭酒丰稷讲书无逸终篇因又幸武成王庙而还左丞相吕大防右丞相刘挚率百官皆从于是丞相赋诗以形容上德诸在位者皆属和肇以礼官忝从诸大夫之后谨和诗一章》，仅从叙述性的诗题中即不难知晓该诗的创作背景。由"诸在位者皆属和"，不难推测当时参与之士、所赋之诗的可观数量。宋人笔记《枫窗小牍》记此事经过颇详：

元祐六年七月朔，皇帝既视文德朝，翰林学士拜疏于庭曰："陛下即位，尊有德，亲有道。诏举贤良方正、经明行修、艺文之士，欲以幸教天下，甚惠。夫太学者，教化之原也，且先皇帝初斥三学舍，增弟子至三千员，惟圣上幸照临其宫。"上以问丞相，丞相曰："学士议是。今岁

---

① （宋）苏轼撰，（明）茅维编，孔凡礼点校《苏轼文集》卷二十四，中华书局1986年版，第693-694页。

屡丰贺，海内诚无事，而陛下聪明仁孝，好学出天性，不因是以风动四方，则事尚何可为者。况祖宗之旧章皆在可考，请下有司，讨论以进。"制曰"可"。以岁十月庚午驾自景灵宫，移伏谒孔子祠，入门降辇，步就小次，由东阶以升，奠爵再拜。礼官告礼成，然后退幸太学，诏博士皆升堂，坐诸生两庑下。乃命国子祭酒讲《书》之《无逸》终篇，因而幸武成王庙而过。左丞相实从，于是率诸公赋诗以形容之，在位者皆属和。十二月许至太学，祭酒、司业同其僚属以谋之曰："此太平希阔盛事也，太学何敢私有，必刻金石以传之天下为称。"且属格非序其本末。"格非窃惟成周之隆，其人君起居动作之美，载于诗、声于乐者，多出于左右辅弼之臣，而王之德意志虑，至设官而传道之，不为区区也。今丞相诸公赋诗，与《雅》、《颂》之作无异，祭酒欲传之天下，与道王之德意无异，宜刻石不疑。元祐七年正月丁酉谨序。"此李公格非笔也。诸公诗皆七言，以"章庠行王堂"为韵。赋诗诸公为吕公大防、苏公颂、韩公忠彦、苏公辙、冯公京、王公岩叟、范公百禄、梁公焘、刘公奉世、顾公临、李公之纯、孙公升、马公默、范公纯礼、王公钦臣、孔公武仲、陈公轩、吴公安持、丰公稷、赵公挺之、李公师德、李公阶、王公谊、许公彦、孙公谔、蔡公肇、周公知默、傅公楫、宋公彬周、宋公商、吴公师仁、张公敦义、刘公符、陈公祥通、邓公忠臣、李公格非，凡三十六人。①

面对此次帝王幸学盛举，尚书左仆射吕大防赋诗首唱，群臣诸公相继属和。次月，祭酒丰稷等建议将诗篇集结以刊之金石，翌年正月太学博士李格非应命作《幸太学君臣赋诗序》。此次唱和活动，参与人员之众、赋诗篇什之富不难想见，惜此唱和诗集未见存世。由《枫窗小牍》可知参与诗歌唱和者计36人，其中马默（时为权户部侍郎）、范百禄（官翰林学士）、陈轩（官秘阁校理、起居舍人）、王钦臣（官工部侍郎）、孙谔（官太常博士）、孙升（官中书舍人）、邓忠臣（元祐六年秘书省注《晋书》官）、傅楫（官太学博士）、蔡肇（元祐间官太学正、卫尉寺丞）、吴师仁（元祐初特召学官）、王谊（元祐间官太常丞）、张敦义（元符二年二月诏罢发运司管勾文字）、许彦（元符二年官仓部员外郎）、周知默（职官不详）、宋彬周（职官不详）、宋商

---

① （宋）袁褧撰，袁颐续，尚成校点《枫窗小牍》卷下，上海古籍出版社 2012 年版，第 26-27 页。

（职官不详）、刘符（职官不详）、陈祥通（职官不详）计18人的唱和之作似已不存。而实际唱和人数并不止此，《全宋诗》于《枫窗小牍》所载名录之外，另收录有周商、范祖禹、刘挚、曾肇、秦观、张耒、陆佃等7人的次韵之作。两相参照可知唱和人数已逾四十位，然《枫窗小牍》未附有诗作，加之年代久远，诸篇不免散佚。

今据《中州题咏集》①和《全宋诗》②进行考索钩沉，并联系史传中相关作者的生平活动，最终可确定此次群臣赋诗唱和留存之作约有27首（其中25首之作者系仪式亲历者）③，所涉多为当朝清要显宦，其中宰辅之臣如吕大防、刘挚、冯京；文士名家如苏辙、秦观、张耒、赵挺之、孔武仲等；彭汝砺、陆佃因任职地方等原因虽未亲历仪式，但亦赋诗遥和；而李阶于十余载后的徽宗崇年二年（1103）方才登进士第，当时很可能是以太学"三学生"之身份参与唱和，于此皆可见本次幸学的斯文之盛、影响之广。

赵宋王朝的此次唱和可谓非同凡响，宫廷与地方的先后参与，使得同地和异地、即时与异时诸特征交织并存，如此规模在唱和诗大盛的唐朝亦不多见。尽管参与者之间并非都存在交往事实，但"同题"唱和的形式使得大批文人围绕宫廷帝王这一中心，讴歌盛世、赞咏斯文，进而彰显出礼备乐兴的盛世之象和文治之世的士人心态。围绕此次哲宗幸学，群臣唱和之具体存诗情况如下表所示：

---

① 今存《中州题咏集》十卷系国家图书馆所藏民国抄本，关于该书版本著录、体例内容、成书年代、文献价值等问题的考辨，详见"附录"《新见国图藏〈中州题咏集〉民国抄本及其文献价值》及《据〈中州题咏集〉辑补宋金元诗39首》二文相关论述。

② 本研究所据《全宋诗》及相关诗歌征引，均为北京大学古文献研究所编，北京大学出版社1991年版。

③ 围绕宋哲宗元祐六年（1091）幸学释奠、群臣赋诗唱和的文学活动，《全宋诗》录有其中22人的"幸太学"同题次韵唱和诗作22首，《中州题咏集》存录《幸太学》诗18首。除去与《全宋诗》重复者外，《中州题咏集》中尚有冯京、孔武仲、赵挺之、佚名等4首《幸太学》诗不见于他籍，这4首新见的宋人诗作实可补今人所编《全宋诗》《全宋诗订补》《全宋诗辑补》之未收。

表 2.2 宋哲宗元祐六年（1091）幸学群臣唱和存诗辑录表

	作者	时任官职	诗作	诗题/《全宋诗》出处	辑诗来源
1	苏颂	尚书左丞	圣主恢儒率旧章，首冬鸣跸下胶庠。 生师褒博趋鳣序，文武端严列雁行。 承诏敷陈商戊甲，执经环立晋袁王。 三千学者多才秀，定有同升孔子堂。	《和门下相公从驾幸太学》第 10 册，第 6407 页	《苏魏公文集》卷十二
2	吕大防	尚书左仆射，兼门下侍郎	清晓金舆出建章，祠宫转仗指虞庠。 三千逢掖裾如雪，十万勾陈锦作行。 再拜新仪瞻鲁圣，一篇古训赞周王。 崇儒盛世无云补，扈跸空惭集论堂。	《幸太学倡和》第 11 册，第 7395 页	明李濂《汴京遗迹志》卷二十三
3	顾临	吏部侍郎兼侍读	五纪寥寥旧典章，一朝清跸下胶庠。 旗常日月随天转，文武衣冠列宿行。 拜老徒烦嗟汉室，谈经戒逸慕周王。 已叨法从陪临幸，安足赓诗咏在堂①。	《幸太学》	《中州题咏集》卷一/开封府上/祥符县
4	刘挚	尚书右仆射，兼中书侍郎	诏移清跸下斋房，访道天临舜上庠。 正坐横经开凤扆，衮袍接武照鹓行。 雍宫故事收炎汉，阙里斯文盛素王。 宜有诸生知圣作，勉趋贤路起东堂。	《次韵和门下相公从驾幸太学》第 12 册，第 7976 页	刘挚《忠肃集》卷十九
5	范纯礼	刑部尚书	四十余年旧典章，圣君今复幸虞庠。 虎贲万骑森罗列，雁序诸生俨缀行。 已见重华同舜帝，不须无逸戒成王。 祖宗基构隆三代，统业相承是肯堂。	《幸太学倡和》第 12 册，第 8041 页	明李濂《汴京遗迹志》卷二十三

---

① 《中州题咏集》卷一所录该诗此句作"安足赓诗咏在堂"，而《全宋诗》（第 11 册，第 7548 页）据清人曾燠《江西诗徵》卷七引作"赓咏虞廷喜载飏"。基于本诗次韵唱和性质及《中州题咏集》成书年代早于清人曾燠《江西诗徵》，故当以《中州题咏集》所引文字为是。

	作者	时任官职	诗作	诗题/《全宋诗》出处	辑诗来源
6	丰稷	国子祭酒	凤幄开云日月章《汴京遗迹志》卷二三作光，九霄鸣跸下虞庠。 朝元俊《汴京遗迹志》作士鸿成列，拱极名臣玉照行。 问道贾生称五学，乞言戴圣美三王。 上心夙悟周公戒，天下安危自一堂。	《幸太学》第12册，第8380页	明丰庆《丰清敏公新增遗事附录》引开封府学石刻
7	梁焘	翰林学士	原庙亲持十月觞，天回宝辇款虞庠。 当阳赭幄翔龙座，属地霜袍振鹭行。 拭目向儒移美俗，虚怀稽古自兴王。 太平重见清风颂，嘉句飞传到玉堂。	《驾幸太学》第13册，第8693页	清厉鹗《宋诗纪事》卷二十六引《中州题咏集》
8	周商	职官不详，为李之纯、梁焘同时人	云覆鸾舆五色章，鸣鞘声素下儒庠。 佩衿雾集三千子，仪卫星罗十二行。 位列夔龙陪帝圣，经陈戊甲献成王。 元龟象齿方来供，不用论兵政事堂。	《驾幸太学》第13册，第8694页	清厉鹗《宋诗纪事》卷二十六引《中州题咏集》
9	韩忠彦	同知枢密院事迁太中大夫	恢崇儒教顿生光，天子亲来幸上庠。 星弁煌煌环侍座，霜袍密密缀周行。 庙祠稽首尊先圣，书义终篇劝嗣王。 学道深惭非入室，此辰荣事亦升堂。	《驾幸太学》第15册，第9770页	清厉鹗《宋诗纪事》卷二十四引《中州题咏集》
10	苏辙	尚书右丞	未识吾君龙凤章，诸儒望幸久南庠。 辇回原庙初移跸，鹭集西雝已著行。 执爵稍前疑问道，献琛不日数来王。 从官始悟熙宁意，遗我亲临见肯堂。	《次韵门下吕相公车驾视学》第15册，第10060页	苏辙《栾城后集》卷一
11	李之纯	吏部侍郎、宝文阁直学士	羽卫金舆焕彩章，天街端去入虞庠。 严师致奠初如拜，延讲终篇不计行。 万乘屈尊先郡国，诸生赐坐亚侯王。 辅臣归美荣歌咏，首发清风政事堂。	《驾幸太学》第15册，第10216页	清厉鹗《宋诗纪事》卷二十六引《中州题咏集》

续表

	作者	时任官职	诗作	诗题/《全宋诗》出处	辑诗来源
12	范祖禹	礼部侍郎	尧天云汉炳文章，亲学严师款上庠。万乘及门先降辇，诸生望日俨成行。三雍盛典遵前训，千古元龟鉴逸王。儒服观光真幸会，为容深愧鲁高堂。	《和门下相公从驾视学》第15册，第10374页	范祖禹《范太史集》卷三
13	刘奉世	吏部侍郎，权户部尚书	圣典垂精及表章，旷仪亲举自宗庠。纵观桥拥浮云盖，俟问庭充振鹭行。首举儒风隆上国，光增帝业掩前王。太平荣遇惭多幸，重见歌虞起庙堂。	《驾幸太学》第15册，第10410页	清厉鹗《宋诗纪事》卷二十六引《中州题咏集》
14	王岩叟	签书枢密院事	享馀精意焕龙章，就促銮舆视上庠。亿万圜观人作堵，三千迎拜士成行。虚心访道资洪业，异礼尊儒冠百王。四海向风知自劝，足应愚鲁亦升堂。	《驾幸太学》第16册，第10714页	清厉鹗《宋诗纪事》卷二十二引《中州题咏集》
15	吴安持	元祐中为工部侍郎，终天章阁侍制	翰林墨客奏封章，天子欣然幸国庠。彩仗六龙初拥路，青衿三舍已重修①。隆儒共庆贤尧舜，访道谁知应帝王。附凤骞渊皆法从，独惭由也亦升堂。	《贺幸太学倡和》第17册，第11319页	明李濂《汴京遗迹志》卷二十三
16	李格非	时当为太学博士	日月天回十二章，诏移清跸幸胶庠。六龙稳转桥门曲，多士横穿锦仗行。俎豆威仪瞻阙里，东西风教自周王。太平谁谓初无象，四海形容在一堂。	《贺幸太学倡和》第18册，第11777页	明李濂《汴京遗迹志》卷二十三

---

① 《全宋诗》辑吴安持此诗于《汴京遗迹志》，然检阅《汴京遗迹志》（〔明〕李濂撰，周宝珠、程民生点校《汴京遗迹志》卷二十三，中华书局1999年版，第455页）该诗句中"修"字正作"行"，且依次韵唱和诗特征，亦应作"行"。"修""行"字形相似，《全宋诗》当属形近而误。

续表

	作者	时任官职	诗作	诗题/《全宋诗》出处	辑诗来源
17	曾肇	元祐中为中书舍人、宝文阁待制	琳馆陪祠日未央，隆儒诏跸至胶庠。 桥门亿万衣冠集，阙里三千弟子行。 降辇横经尊往圣，垂裳论道法前王。 宗公归美清风诵，穆若赓酬出庙堂。	《元祐六年十月庚午……谨和诗一章》第18册，第11885页	曾肇《曲阜集》卷三
18	秦观	秘书省正字	原庙初更十二章，还舆诏跸幸诸庠。 法天辟水遥迎仗，应月^{明鄂州张绖刻本、清文渊阁四库全书本作"夜"}深衣不乱行。 风动四夷将遣子，礼行三舍遂宾王。 前知此举追虞氏，果有球音发舜堂。	《驾幸太学》第18册，第12094页	秦观《淮海集》卷七
19	张耒	秘书丞	继圣文明举旧章，儒宫传跸驻胶庠。 地疑阙里弦歌宅，经奏周书隶古行。 遣子东夷思入学，受成西旅仁来王。 鲁侯在泮犹歌诵，盛事须刊孔子堂。	《和门下相公从驾幸学》第20册，第13224页	张耒《柯山集》卷十九
20	李师德	元祐中为国子丞	坠典遗经已表章，又传清跸幸胶庠。 黄龙绕驾天移仗，白雪分袍士缀行。 况是体元能作圣，更欢稽古效规王。 太平盛世文明远，万国儒生自一堂。	《驾幸太学》第22册，第14406页	清厉鹗《宋诗纪事》卷二十六引《中州题咏集》
21	李阶	太学三舍生①	天祐斯文赖文章，皇心眷眷事胶庠。 享严祖殿回龙驭，德警儒班肃鹭行。 降辇诣祠追四圣，拥经求道举三王。 欲知盛美前无古，贤圣相逢在庙堂。	《驾幸太学》第24册，第15740页	清厉鹗《宋诗纪事》卷二十六引《中州题咏集》

---

① 李阶存诗仅此一首，参以《全宋诗》作者小传，李阶在十多年后的徽宗崇年二年（1103）礼部试第一，方登进士第，因其父入元祐党籍复被夺出身，高宗建炎初摄临安府比较务。相较诸名公大臣，李阶此时极有可能是以太学三舍生的身份参与诗歌唱和。作者小传见北京大学古文献研究所编《全宋诗》，第24册，第15740页。

	作者	时任官职	诗作	诗题/《全宋诗》出处	辑诗来源
22	冯京	观文殿学士、左银青光禄大夫兼侍读	承师问道圣心庄，雕辇雍容暨国庠。万骑袍新花作阵，诸生班定玉联行。观荣圜堵逾明帝，拜下祠宫轶夏王。扈从成仪叨接武，独惭晚景去堂堂。	《幸太学》	《中州题咏集》卷一/开封府上/祥符县
23	赵挺之	国子司业	六龙回辔自斋房，治世尊儒国有庠。阙里遗书开圣训，桥门多士缀朝行。百年施德先中夏，七叶修文继圣王。当日尚惭持使节，阻陪鹓鹭集公堂。	《幸太学》	《中州题咏集》卷一/开封府上/祥符县
24	孔武仲	集贤校理守起居郎	至尊亲览近臣章，羽葆云回集上庠。天日粹清临古训，鹓鸾肃穆序周行。千篇许拟东都赋，两庙亲祠异姓王。击壤颇能歌圣泽，幸叨簪笔侍华堂。	《幸太学》	《中州题咏集》卷一/开封府上/祥符县
25	佚名	不详	宪天尧德焕文章，访落崇儒幸国庠。四座辅臣星拱极，两阶髦士雁分行。规衡述作光尧考，稼穑忧勤悟哲主。翠□首刊元宰颂，一时风烈贲公堂。①	《幸太学》	《中州题咏集》卷一/开封府上/祥符县
26	陆佃	时知颍州毕由苏轼接任，佃徙知邓州	缥帛升龙日月章，平明鸾辂幸胶庠。侍臣独恨身千里，邸报空看字数行。故事一遵皇考庙，余波仍及武成王。谁知玉尺横经处，犹是当时旧讲堂。	《依韵和门下吕相公从驾视学》第16册，第10666页	陆佃《陶山集》卷二
27	彭汝砺	礼部侍郎，时未亲历哲宗视学仪式	四海承平正右文，君王昨日幸成均。三千缝掖星辰拱，十二旗常日月新。万里去持山国节，六龙阻望属车尘。上心直欲窥尧禹，咫尺谁能席上珍。	《闻驾幸太学》第16册，第10505页	彭汝砺《鄱阳集》卷四

---

① 依照该诗的次韵性质，颈联对句"稼穑忧勤悟哲主"中"主"字应作"王"，此处当系传抄致误。

这27首唱和之作在体裁上均为七言律诗，其中的26首属次韵之作，所作之诗韵脚相同，每首诗对句末字分别为"庠""行""王""堂"，俱用"阳"韵。次韵对诗歌的内容表达自然会起到约束，综观这26首次韵之作，首联出句起兴，"清晓""十月""日未央"系时间交代，"恢崇儒教""圣典垂精""继圣文明""四海承平"等为时代铺陈，继之如"金舆""鸾舆""清跸""六龙回辔"等都是为了烘托帝王幸学的隆重场面、盛大气象。诸诗出句如"虞庠""上庠""儒庠""胶庠""成均"等皆代指"太学"，为视学之目的地。颔联大多以"三千""十万""亿万"等数量词，并借助"星罗""星辰""鹭集"以渲染诸生云集、百官朝拜的恢宏场景；同时以"裾如雪""霜袍""星弁"等词汇侧面描写诸生着装。"鹓行""鹭行""锦仗行""雁分行"则主要描绘队列井然有序，更加衬托出当时的场面之隆、斯文之盛。而颈联主要是哲宗此次幸学的主要活动，即谒圣行李、讲经弘儒。"再拜新仪瞻鲁圣""庙祠稽首尊先圣""俎豆威仪""礼行三舍"等都属于行礼描写，稽首瞻仰、威仪庄重则进一步表现出对先圣的无限尊崇。在谒圣释奠之后即是讲经环节，"一篇古训""书义终篇""降辇横经""拥经求道"等语无一例外都是对讲经场景的记录，在此过程中的帝王执爵向前、虚心访道，而"赐坐亚侯王"的诸生更是虚心虔敬，备受鼓舞。盛典再现、光掩前王，不仅太学诸生为之荣幸，百官群僚更为之昂扬。尾联进一步铺陈论述，在对本次盛大事件的概括作结过程中将气氛再次渲染，主旨进一步升华。"太平重见""太平荣遇""太平盛世"的反复歌咏体现出身逢盛世的文人士大夫们在此期间的昂扬风貌与自豪心态。很难想象在所谓"积贫积弱"的宋人笔下能有如此的场景铺陈，诗作中反映出的宋世崇儒右文景象丝毫不逊于唐代君臣集会唱和时对"盛唐气象"的讴歌颂扬。

然而，宋代文人与唐人毕竟存在差异，诸如"扈跸空惭集论堂""太平荣遇惭多幸""学道深惭非入室"等表述，可见在歌颂赞扬的同时仍旧不乏内省与思考。富丽堂皇、太平繁荣的景象并没有完全占据于内心，同时产生的"惭""愧"心理将传统文臣唱和诗"歌功颂德"的主题进一步升华。就帝王视学而言，统治者对儒风尊崇倡导的实践通过幸学过程中的一系列仪式予以体现，同时也触发了广大文人士大夫的心理活动，在这样的环境中他们感受着恩遇之厚，更反思着责任之重。想到自己躬逢盛世而忝列禄位，学识修养不足以胜任当前官职，更难以肩负圣域道统，如此思维方式与内心体验恐怕只能见诸宋人笔下，正如钱锺书先生所言："唐诗、宋诗，亦非仅朝代之别，乃体格性分之殊。天下有两种人，斯分两种诗。唐诗多以丰神情韵擅长，宋诗多以筋骨思理见胜。"① 宋代文人的理性与思考于此唱和诗中亦不难体察。

群臣唱和难免歌颂帝王、粉饰太平之作,但"诗多言志",这一组文臣之作亦不例外。综合来看,其中同样蕴含着君臣寄托与国家理想。陆佃时在颍州为官,如其所云"侍臣独恨身千里,邸报空看字数行",因未能亲历现场而备感遗憾;但空间的限制犹未妨碍"侍臣独恨身千里"之内心抒写,其中原因当不乏群臣共同的盛世理想。同样未临现场的彭汝砺亦作有《闻驾幸太学》一诗,这是群臣唱和中唯一的非次韵之作。异地所作因客观限制缺少了场面铺陈,然而抒情议论成分却因未有次韵限制而得到了更好的表达。君臣理想在这首诗中分外明显,如"上心直欲窥尧禹"不仅是对君主的称颂,更道出一种治世主张与思想倾向。帝王视学、谒圣讲经的举动并非常有,宋代帝王对三代之治的向往追求通过以上系列举动予以体现,而彭诗所言正揭示出其主旨所在。"咫尺谁能席上珍"一句系化用《礼记·儒行》中孔子答哀公语"儒有席上之珍以待聘",诗人于结局发问:"有哪位儒者真正可以陈述上古善道以待聘用?"议论之余再次折射出文人的内心感知,宋代士人强烈的文化自觉与道统意识经此一问亦昭然若揭。

次年正月,时为太学博士的李格非特为集结而成的臣僚唱和之作撰写诗序,其《幸太学君臣赋诗序》云:

> 格非窃惟成周之隆,其人君起居动作之美,载于诗、声于乐者,多出于左右辅弼之臣,而王之德意志虑,至设官而传道之,不为区区也。今丞相诸公赋诗,与《雅》、《诵》之作无异,祭酒欲传之天下,与道王之德意无异,宜刻石不疑。元祐七年正月丁酉谨序。②

尽管诗序篇幅不长,但字里行间强调斯文之盛,标榜雅颂传统。幸学释奠继承着三代的治世之风,在此过程中的文学创作亦成为雅颂传统的延伸;而这也正是礼乐建设与传承的体现,因此绝不可视将其为无谓的歌功颂德之作与单纯的粉饰太平所为。

---

① 《诗分唐宋》,钱锺书《谈艺录》,商务印书馆 2011 年版,第 7 页。
② 《全宋文》,第 129 册,第 281 页。

第二节 地方庙学释奠情境的扩充

"周家法度历汉唐不能复。天开我宋，仪式刑三代之典，建国君民以教学为先。建隆三年诏修学，乾兴元年兖州立学，皇祐四年藩镇立学，庆历四年州县皆立学。县有学，实成周党庠术序之遗意。"① 作为地方释奠依附基础的州县"庙学"在范仲淹等人"复古劝学"主张的极力推动下终于在仁宗庆历四年（1044）诏行天下，然而其成事却并非一蹴而就。因为在此前的景祐四年（1037）十二月，朝廷赐真定府、潞州学田时，"仍诏自今须藩镇乃许立学，它州勿听"②。庆历四年"庙学制"在全国范围的推行并不是对唐代的简单继承与完全重复，宋仁宗登基以来先后许各府州立学并赐给学田的措施尤需重视，因为正是后者的施行为庙学的存在提供了物质基础。宋代孔庙释奠的空间延展与情境扩充之所以能超过前代，实依赖于法令之外的这一物质基础。正是在国家法令与物质基础的双重保障之下，孔庙释奠才能得以维系，并在仪式内涵与空间情境中不断丰富。因此，相对于宋代中央国学释奠的有限空间，存在于广阔天地之间的地方庙学更能够呈现出内容的多样性与情境的扩充性。

一、"庙学"释奠的多样情境

同宋代中央国学释奠孔子相比，地方庙学释奠仪式的进行不仅因全国广大的范围而具备着空间上的广阔性，在仪式情境方面更是呈现出多样丰富性。地方庙学除了在每年春秋二仲月的上丁日固定行礼之外，释奠谒孔礼之施行更多体现为时间上的相对"不定性"，也正是后者凸显着地方"庙学"释奠情境的多样性，并进一步丰富扩充了释奠仪式的内涵。宋代"丁祭"之外，地方释奠谒孔的施行主要体现在以下情境之中。

（一）兴学、建学行礼

"庙学制"在宋代的承传终归为国家"尊孔崇儒"之体现，尊崇的彰显

---

① 杨巽《江宁县建学记》，《全宋文》，第353册，第98页。
② 《续资治通鉴长编》卷一百二十，第五册，第2840页。

并非单方面的建学立庙、适时行礼。释奠礼在庙学建立之初即付诸施行,共时同生的现象强调了宋代"庙学制"在承传上的推进,使"崇儒右文"主题再次得以升华。所谓的"共时同生"主要表现在宋朝地方官学普遍的兴学、立学举措上,府、州、军、监、县学每有新建、修缮或迁移,地方往往举行释奠、释菜之礼。宋人王庭珪《新学□□□落成释奠诸生毕集喜而有作》之诗,即系其对地方新学落成后所行释奠之礼的情境反映:

> 洗尽西江战伐尘,忽开黉宇照城闉。
> 一时人物风云会,千里溪山俎豆新。
> 傥使将军皆遣子,定知夷狄却来宾。
> 修文偃武须今日,鸣玉铿金未乏人。①

因兴学而行谒孔释奠之礼的记录虽不多见于宋人的诗歌创作,然而伴随修学立庙的举措往往有立碑铭记行为,释奠礼在地方的施行多见于这些碑记所载,诗中未有或少有反映的上述现象在宋代建学、修学碑记中反而有着充分反映。据笔者统计,《全宋文》与孔庙释奠相关的学(碑)记约有206篇,其中府学10篇,州学60篇,县学125篇,郡学3篇,军学7篇,监学1篇。(详见附录:《全宋文》所收同释奠相涉之建(修)学记篇目一览表)。此类学(碑)记皆存在一共同主题,即对地方庙学新貌与释奠场景盛况的交代;然而在记录释奠场景之前,往往先行描述地方官上任伊始"严服谨仪,造文宣之庭"②,随后或因庙貌隳颓、或因地湿水漫,故而有迁学之议和修学之举。新学既成,庙貌一新,随之地方长官即率群吏诸生释奠谒孔,以劝学弘文。此外,在该类学记、碑记中往往还要申明修学之费用系官家甚至地方官员所出、未曾摊派于民之事实,从而表现出主事官吏之善政佳绩。诚如黄进兴先生所言:"经费方面我们从碑文看到有几个来源:一个是官方,一个是士绅的捐纳。大部分因捐钱修缮孔庙而得到美名的人基本上都是这些新任官员,他常常会做这个工作。因为做这个工作绝对会被记下来,所以他就出他的钱,比如说俸禄的一部分,来修缮孔庙。"③ 地方官员的兴学立碑之举确实不乏上述心理,但其功绩却是真实客观的,其对地方文化建设的促进推动作用毋庸

---

① 《全宋诗》,第25册,第16787页。
② 梅尧臣《桐城县学记》,《全宋文》,第28册,第167页。
③ 黄进兴《皇帝、儒生与孔庙》,生活·读书·新知三联书店2014年版,第102页。

置疑。

宋代文人朱长文就曾从另一侧面，就孔庙释奠过程中所反映出地方官员在劝学弘文方面所做之努力予以书写。其所作五言律诗中有《仲春上丁，知府金部躬率僚寀释奠于先圣，既而升公堂命学官讲《书》。窃惟《中庸》之篇，自安定先生常以是诲人，阅岁既久，嗣音者希，某孤陋无似、窃慕前哲其启讲也。今龙阁黄公尝临之，其终讲也，金部使君又临之。郡儒在列，咸与荣观，辄成五言律诗二十韵叙谢》① 一首，仅就长达百余字的诗题而言，就不难见出其中所蕴含着的丰富历史信息。正是在州县等地方官员的重视与践行之下，地方释奠才可能出现知府敬事、学官诲人的振奋场景而未流于形式。同时，亦可见宋代州县释奠同样具有学官讲经的仪式活动。依托于地方"庙学制"这一基础，宋代地方官员对孔庙释奠情境的推动与拓展之功实不容忽视。

（二）履新、离任谒孔

"古者有大政事，必出于学，今亡矣，特以养士而已。然群邑之吏，始至者必先见于先圣先师，越三日又见焉，然而退而从政，示人有所本也。"② 地方官吏上任必先拜谒先圣先师，这一行为在金元时期即被著于律令③。然检阅收于《全宋文》的众多兴学碑记以及祝文、祭文，可知该现象早在北宋时期就已常规化。北宋著名文人曾巩曾官齐州、襄州、洪州、福州、亳州等地，每至一地，多作谒文宣王庙（夫子庙）文。同时，苏轼、苏辙、晁补之、张耒、秦观等文士则多作有谒文宣王庙文。地方官员不仅于履新上任之时谒孔，改任、离任亦皆伴随有谒孔致祭之礼，且宋代官员始终认真践行着这一传统，至南宋而更甚。兹录两组谒（辞）宣圣庙文如下：

> 石被命守边，苟可以施所学于民，使近者悦，远者来，吾夫子不鄙叶公诸梁而赐之教。石得以服膺遗训，其在于此。敬荐芳洁，以告其来。（李石《黎州谒先圣庙祝文》）④

---

① 《全宋诗》，第 15 册，第 9787 页。
② 赵彦端《谒夫子庙祝文》，《全宋文》，第 220 册，第 176 页。
③ 参见黄进兴《皇帝、儒生与孔庙》，生活·读书·新知三联书店 2014 年版，第 29-30 页。
④ 《全宋文》，第 206 册，第 146 页。

石向以天子学官斥为外学吏，逮倅彭守黎，皆以学为事，广学宫，增弟子员，抑其细者耳。至于明先圣之道，革远士用夷之习，身所至则道所在，如日照临，无有间断。被旨召还，姑志其有怀于黎，俾知神者则无往而不在也。（李石《黎州辞先圣庙祝文》）①

某自能胜衣冠，佩诵学道爱人之语，今始获行于一邑。惟道无穷，力不逮，其敢不勉，以无负先圣之训。礼爱初谒，用以告虔。（陈宓《安溪到任谒宣圣文》）②

夫子有训，"道之以德，齐之以礼，有耻且格"，某服膺斯言久矣。及来试邑，身既不能率人，教又不足喻下。三年之间，必其期会，锄其强梗，此刑政犹未能庶几夫子所言之万一，况德礼哉。强颜告归，请事斯语，庶它日复有以拜夫子。（陈宓《安溪任满辞宣圣文》）③

"古之从政，劝学为先，义理既明，风俗自媺"④，学校乃是教化所出之地，古时官员上任谒学以示教化之本的主旨正在于此。然而当"庙"与"学"结合之后，官吏上任先行谒见先圣先师，其主旨意味似已超出劝学目的之单一方面。如宋人杨万里曾云："言圣师者必曰孔、孟，言亚圣者必曰颜、孟。某诸生也，初学为邑，视事之三日，而有谒于先师，礼也。尚飨！"⑤再如其称："某以诸生冒守此土，视事之始，敬有谒焉。重惟非才，何以免戾？尝闻之夫子曰：'道千乘之国，敬事而信，节用而爱人，使民以时。'某虽不敏，请事斯语。"⑥ 在先圣先师面前自称"诸生"，表明任何的地方官都系孔门学子，内中之虔敬尊崇自不言而喻。

运行于帝国的礼乐系统之中，在向先圣致敬献辞过程中，守土安民的责任意识被再次强调，这其实也是最高统治者的目的与意志所在。道统无形中成为治统的"工具"，庙学的政治涵义与旺盛生命正缘于此。然在此仪式过程中，勤政爱民、敬业奉公的思想却被呼之而出。敬事而信、节用而爱人、使

---

① 《全宋文》，第206册，第147页。
② 《全宋文》，第305册，第345页。
③ 《全宋文》，第305册，第362页。
④ 黄榦《临川谒县学文》，《全宋文》，第288册，第518页。
⑤ 杨万里《谒先师邹国公文》，《全宋文》，第240册，第372页。
⑥ 杨万里《常州谒先圣文》，《全宋文》，第240册，第373页。

民以时，这不仅是先圣的主张与帝王的要求，更是官吏的职责所在，且又何尝不是"圣庙"之外广大百姓的愿望?! 仪式的涵义也因此而愈加丰富。尽管释奠的范围只限于帝国礼制系统中的"圣域"，换言之，是作为社会精英的士人专利，似乎与普通百姓没有直接关系。但仪式的特定与有限并不妨碍其价值与作用的普及延伸，这也正是帝国制度下释奠礼能够保持长久旺盛生命力的原因所在。

（三）乡饮酒礼释奠

"乡饮酒礼"本与三代时期"乡举里选"的举贤荐能制度有关，较早见于《周礼·乡大夫》《仪礼·乡饮酒礼》等典籍记载。先秦时乡里每三年正月举行一次大选，选举贤能以献国君；然在正式向国君进贤之前，要为贤者举行乡饮酒礼以示尚贤之意。后世虽时继时废，但对其仍有所发展，并相继纳入了正齿位、习射等仪式内涵。

据《宋史·礼志》载："唐贞观所颁礼，惟明州独存，淳化中会例行之。"① 可见北宋一百六十余年间只有明州一地承继前朝遗风、会例而行，乡饮酒礼的施行状况似并不理想。早在宋太宗至道三年（997）九月，左正言、直史馆孙何就曾表献"五议"，其五即为"行乡饮"，曰："乡饮之礼，所以示尊卑、长幼、宾主之序。秦燔诗书，其礼遂废，因循未复，实有遗恨。望诏礼官举故事而行之。"② 尽管太宗"览而善之"，但从后来的实际举措来看，似乎并未予以真正施行。直至南宋高宗绍兴十三年（1143），"比部郎中林保乞修定乡饮酒仪制，遍下郡国"③，然而所定之礼皆与古制不合，群儒不解其旨。但是无论如何，乡饮酒礼在南宋全国范围内被推行实施开来，且最为特别的是逐渐呈现出与释奠孔子相结合的仪式特征。大致活动于高宗、孝宗时期的赵彦端曾撰《乡饮释奠夫子庙祝文》曰：

---

① （元）脱脱等《宋史》卷一百一十四"礼志十七"，中华书局 1977 年版，第 2721 页。关于唐宋乡饮酒礼及相关论述，分别见高明士《论隋唐学礼中的乡饮酒礼》一文，载《唐史论丛》2006 年第八辑，三秦出版社，第 1–28 页。祝尚书《论宋代的"鹿鸣宴"——兼论宋代的鹿鸣宴诗》，载氏著《宋代文学探讨集》，大象出版社 2007 年版，第 196–210 页。宋代明州乡饮酒礼情况可参见［台湾］郑丞良著《南宋明州先贤祠研究》第二章之第四节《乡饮酒礼及其仪式氛围中的先贤祠》，上海古籍出版社 2013 年版，第 75–87 页。
② 《续资治通鉴长编》卷四十二，第二册，第 883 页。
③ （元）脱脱等《宋史》卷一百一十四"礼志十七"，中华书局 1977 年版，第 2722 页。

　　　　洪惟圣王，丕阐文教，揆时制礼，有合于乡校。肆我附庸，钦率令
　　典。齿德在次，爵洗在荣。毋敢慢争，以渎五行。一献之礼，因先
　　厥诚。①

可见至迟在孝宗淳熙年间，乡饮酒礼已实现与释奠孔子等仪式的结合。之后
经过朱熹等人的仪制改进，行饮酒礼渐趋规范，同释奠孔子的联系也更为紧
密。关于朱熹对南宋乡饮酒礼的规范与推行，详见本章第三节"朱熹对释奠
礼内涵的丰富"之相关论述。

（四）其他情境

　　因行礼之士的尊崇敬奉之心，地方谒孔礼于"庙学"举行外，亦因事适
时地行之于私第宅居。如胡寅《缴资善堂画一内未有先圣奏》即透露出宋时
士大夫之家崇饰先圣先师像的迹象，在引经据典乞请申奏的同时，作者言及
"纵国公未冠，未能行释奠之礼且当崇饰先圣先师之像于资善堂中，使晨朝瞻
仰，以生恭敬之心，是亦劝学之一助也。今士大夫家训诲童蒙，未有不然
者"。② 士大夫之家崇饰先圣先师之像令子弟晨朝瞻仰，使其日久天长而生恭
敬慕圣之心，就实际效用而言，亦不失为劝学启蒙之举。

　　家宅之中悬以备受崇饰的先圣先师之像，这并非仅仅是为了启蒙子弟，
因为先圣先师像亦是依靠读书举业而起家的宋代文人士大夫时常拜谒的对象。
如宋人牟巘曾作《谒书堂先圣祝文》曰：

　　　　圣道如天，无往不在。某适既躬拜于学矣，载瞻燕居，申申夭夭，
　　有德其容，其敢不益虔？③

可见牟巘就曾谒孔于书堂。文人史浩则在冬至时节拜谒先圣孔子于家塾之中，
如其《冬至谒先圣祝文》曰：

　　　　先圣道德之言，垂于六籍；仁义之教，覃及万代。生民获处礼乐之
　　乡，仁义之域，繄吾先圣是赖。臣起身布韦，致位将相，岂不知所自耶？

---

① 《全宋文》，第 220 册，第 177 页。
② 《全宋文》，第 189 册，第 190 页。
③ 《全宋文》，第 356 册，第 15 页。

是用严恭庙像，奠于家塾，屈致贤师，奉宣微言。将使子子孙孙孝悌忠信，德行道艺，萃于一门，以行先圣之道。今兹阳至，敢荐苾芬，以彰归恩报德之意。①

于时令节气行拜谒之事外，文人士夫谒孔还往往在赐第后进行。如史浩即作有《入赐第谒先圣祝文》云："某荷上异恩，赐第都下，兹涓吉旦，絜家来居。欲子孙无一日忘先圣之道，故欲子孙无一日不存先圣之神。谨即家塾，恭迎圣像，爰及群贤，敬荐觞豆。神其妥之，以默裁我子孙之文。"② 此外，宋人姚勉亦因赐第而作《赐第后谒先圣祝文》③。赐第恩惠本缘于当朝帝王，然而接受归恩报德之对象却是先圣孔子，二者看似矛盾冲突，但"臣起身布韦，致位将相，岂不知所自耶？"的潜在涵义却道出其中缘由：宋代的文人士大夫多依靠读书举业而起家，奉儒守官的传统与肩负道统的自觉，无疑造就了孔圣在他们心中的至高地位，谒拜的同时期许子孙也能够孝悌忠信，以行先圣之道。然而培养孝悌忠信的士人又何尝不为封建统治者所期许，由这一角度反观，孔圣作为"道统"象征，某种程度上又似乎为国君"政统"理想之代言。二者之间不但不冲突矛盾，反而益加呈现契合之状。

二、地方释菜的"南渡"复兴

释菜仪式虽与释奠同属于"学礼"范畴，但由于祭祀规格等方面都不及释奠礼，故而受重视程度远不及孔庙释奠。《宋史》中只有南宋咸淳三年（1267）春正月，度宗以帝王身份行释菜礼于太学的记载。由宋代地方兴学、修学碑记可知释菜仪式的举行主要在地方官学，但仪式的履行却存在着较大的地域差异性，时日有异、仪节不同，且是否施行还要取决于地方长官的重视与否。北宋时直至哲宗元祐三年（1088）闰十二月，始"诏太常寺修四孟释菜仪"④。徽宗大观元年（1107），强渊明上呈《请每岁贡士以元日释菜仪》曰："考礼经，士始入学释菜。请自今每岁贡士始入辟雍，并以元日释菜于先圣。"⑤ 可见尽管哲宗曾下诏修四孟释菜仪，但二十年来释菜礼的履行情况恐

---

① 《全宋文》，第 200 册，第 130 页。
② 《全宋文》，第 200 册，第 131 页。
③ 《全宋文》，第 352 册，第 160 页。
④ 《续资治通鉴长编》卷四百十九，第十七册，第 10148 页。
⑤ 《全宋文》，第 122 册，第 223 页。

怕并不如意。之后政和年间《五礼新仪》成，内中虽列有"辟雍释菜仪"一项，然释菜真正依礼而行却要等到南宋高宗朝以后。石公辙《志释菜事》曰：

> 绍兴二年壬子，州学落此。八月上丁，惠州博罗县尉罗从彦以太守周侯绾之命，领袖诸生宗昇、张元侯、符藻、廖援、张维、廖拱同行释菜之礼，有洙泗断断气象。而吾友吕居仁舍人以诗见襄，不免有过情之誉。然意在纪实，谨刻石而龛诸夫子庙壁，俾来者有感发焉。会稽石公道叟谨志。①

此后经过理学家朱熹等人的努力践行，释菜礼方逐步完善。光宗绍熙五年（1194），朱熹在其所作《沧州精舍释菜仪》中对礼官、礼器、祭器、方位、仪节等规定均有详细阐述：

> 前期，献官以下皆盛服。今用深衣、凉衫。掌仪设神座，用席，先圣南向。配位西向，从祀位东西向。设祝版于先圣位之右，设香炉、香案、香合于堂中，设祭器于神坐前。每位各左一笾，今用漆盘实以脯果。右一豆。今用漆盘实以笋菜。设牺尊一于堂上东南隅，今以瓦尊代。加勺、幂。设烛四于堂中，二于东西从祀位之前。设洗二于东阶之东，盥洗在东，爵洗在西。卓一于洗东，卓上箱二。巾东，爵西。设献官位于堂下，北面。分奠者二人次之，诸生又次之，皆北向西上。
>
> 及期，献官以下序立于东廊下，掌仪帅执事者升堂，实酒馔。赞者一人引献官升堂点阅，降，就堂下位。分奠官及诸生各就位。赞者一人离位，少前，再拜讫，进立于主人之右，西向，曰："再拜！"在位者皆再拜。掌仪、祝、司尊者皆升，掌仪立于东序，西向；祝立于阼阶上，西向；司尊者立于尊南，北向。赞引献官诣盥洗之南，北向立，盥手，帨手，升，焚香，再拜，降，再诣盥帨如初。诣爵洗南，北向立，洗爵以授赞。升，诣尊所，西向立。赞以爵授献官，司尊举幂酌酒，献官以爵授赞，俱诣先圣前。献官北向跪，赞跪授爵。献官执爵三祭，奠爵于笾豆之间。俯伏，兴，少立。祝诣献官之左，东向跪，读祝讫，兴，复位。献官再拜次，诣盥洗爵如初。洗诸配位爵讫，赞者以盘兼捧，升，酌，诣配位如初仪，但不读祝。献官复位。当献官诣配位酌献时，赞者二人

---

① 《全宋文》，第194册，第331页。

各引分奠官分行东西从祀礼，盥洗以下并如配位之仪。_{东先西后。}分奠讫，
复位。在位者皆再拜，退。

　　　　献者_{赞者}　分奠二人_{赞者二人}　祝　掌仪者　司尊①

　　在朱熹身后不久的宁宗嘉定年间，文人陈淳作有《叙赵守备学释菜会
馂》② 一诗。尽管系《全宋诗》中收录的唯一一首释菜主题诗歌，然此诗却
以长达六十五韵一百三十句的广大篇幅承载着丰富的内涵意蕴。全诗开篇先
叙赵守备上任修学之举：

　　　　　　　　嘉定四年日在房，赵侯来守南清漳。
　　　　　　　　下车百事所未遑，先务化原修泮宫。
　　　　　　　　发帑市材鸠众工，改偏易陋规模洪。
　　　　　　　　大门复旧正当阳，直把名第真仙峰。
　　　　　　　　泮渠下疏清波溶，时与潮汐相流通。
　　　　　　　　两廊轩轩如翚飞，朱栏翼之森卫防。
　　　　　　　　讲堂严严峙中央，高明洞豁无曖曚。
　　　　　　　　东西两舍夹其旁，扉楯新厂标祠堂。

诗人继叙述"学"之后，随之展开对"庙"中奉祠诸贤的描绘：

　　　　　　　　诸祠畴昔乱无章，从今一正嶤相望。
　　　　　　　　东祀无极濂溪翁，浑沦再辟如羲皇。
　　　　　　　　二程从而大发扬，千载绝学始有光。
　　　　　　　　文公继之撷精刚，发挥大学明中庸。
　　　　　　　　善集诸儒粲朝纲，金声玉振真玲珑。
　　　　　　　　此邦况又旧游乡，流风遗泽尤洋洋。
　　　　　　　　合为四座俨颙颙，卓示师表开群蒙。
　　　　　　　　女令圣门知所从，无从自弃甘面墙。
　　　　　　　　西祀唐人相国常，首变蛮俗趋文风。

----

① （宋）朱熹著，郭齐、尹波编注《朱熹文集编年评注》卷六十九，福建人民出版社2019
　　年版，第3415-3416页。
② 《全宋诗》，第52册，第32340-32341页。

> 配以周欧二俊良，破荒桂籍先传芳。
> 端明蔡公著清忠，始自莲幕起腾骧。
> 东溪高公拔上庠，劲节凛凛凌秋霜。
> 力摧秦桧锐锋铓，濒死奋不顾厥躬。
> 列为五像竦昂昂，论世尚友激懦慵。

地方庙学往往可以视作中央孔庙奉祀的风向标，由该诗可见朱熹等理学先驱当日已被奉祀于地方官学，尽管此时离朝廷下旨正式奉朱熹入孔庙还有三十年时间。而在下文中，作者更是不惜笔墨地详尽描绘了地方庙学的释菜盛景：

> 时惟月琯中林钟，旬有三日方瞳昽。
> 阖郡文武诸曹郎，下及生员隶学供。
> 庙廷叙立严班行，银青错间绯紫裳。
> 主人升自阼阶东，束茅灌献文宣王。
> 韭芹蔬笋罗芬芳，配食兖邹二国封。
> 跪伏拜起仪从容，精神昭格孚冥茫。
> 恭惟道德万世隆，参天配地相始终。
> 再诣东祠诸儒宗，荐以时器陈时饔。
> 粢盛醴齐烹羔羊，尊师一意照无穷。
> 三诣西祠诸贤踪，馈荐一视东祠丰。
> 岂应故事诚有将，示人友善何日忘。
> 祀事既毕登堂埠，峨冠列坐咸肃恭。
> 广文巍榻歌鲁颂，讲扬经义发童蒙。
> 卷经群趋跻而跄，旧堂序列环而重。

至此行文方及三分之二，从以上仪节可知与释奠相区别，释菜有"束茅灌献"先圣的仪式，祭品则主要为韭芹蔬笋之类。此次释菜规模甚隆，不仅粢盛醴齐，而且烹羊备牲；祀事既毕还举行了规模宏大的讲经仪式，如此释菜场景在两宋确是少有。

南渡之后的释奠礼乐虽主要沿用先朝旧制，但亦不乏发明；尤其释菜礼在南宋经由朱熹等人的探索推行，可谓古风复现。诚如《宋史》所述："理明议析，具有条制，粲然使人知礼乐之不难行也。惜乎宋祚告终，天下未一，徒亦空言而已。"① 尽管如此，宋代礼乐建设的繁盛局面毕竟客观存在且不容否认；而以朱熹等人为代表对释奠及释菜礼的一系列改制革新虽因宋祚告终而未及大行天下，然其对后世历朝礼制之深远影响却是不言而喻的。

三、永世严奉与即时感化

（一）孔庙的严奉威仪性

宋太祖建隆三年（962）"诏用一品礼，立十六戟于文宣王庙门"②。宋真宗天禧二年（1018）五月，"庚辰，京东转运使请益兵防护兖州仙源县文宣王庙，从之"③。宋徽宗大观四年（1110）"诏先圣庙用戟二十四，文宣王执镇圭，并如王者之制"④。以上种种立戟庙门、派兵防守，都是为了体现国家对孔庙的无限严奉尊崇之意。尊崇通过严奉得以加强，而严奉之威仪又借助于孔庙的封闭性予以体现出来。

《宋史·何执中传》载徽宗朝"辟雍成，执中请开学殿，使都人士女纵观，大为士论所贬"⑤。何执中之所以为士论所贬斥，乃由于大开庙门而使都人士女纵观的举措实对孔庙之威严神圣造成侵犯。在儒士看来，"圣庙"乃至高道统的象征，故而绝对不容许"圣域"之内有任何世俗凡大的戏谑不恭行为。因此与其他性质的庙宇相比，孔庙呈现出极强的"封闭性"，也正是这一封闭性愈加彰显出孔庙之威仪性。孔庙尚且如此，与之相系的释奠仪式对庄重严奉的要求更是不言而喻。理宗淳祐八年（1248）正月，周坦进呈《乞纠察释奠不肃奏》曰："春秋释奠于先圣，礼典至重。比年乐奏未终，彻俎纷纷，大不肃。自今乞令监察官纠察以闻。"⑥ 相应地，地方释奠亦是如此，如黄榦《行下军学申严释奠事》即为某军学专就此"不肃"之状而申：

释奠大祀，礼当严整。本军循袭，荡无规矩。行礼之际，吏卒往来笑语，略无忌惮。行李方毕，抢夺芦席及祭余果子之属，本军失于禁戢，

---

① （元）脱脱等《宋史》卷一百二十六"乐志一"，中华书局1977年版，第2939页。
② 《续资治通鉴长编》卷三，第一册，第68页。
③ 《续资治通鉴长编》卷九十二，第四册，第2117页。
④ （宋）马端临《文献通考》卷四十四"学校考"五，中华书局2011年版，第1283页。
⑤ （元）脱脱等《宋史》卷三百五十一《何执中传》，中华书局1977年版，第11101页。
⑥ 《全宋文》，第346册，第224页。

学中亦不申举。今已无及，来春释奠须备榜约束，仍先关闭后门，不得往来，专帖都监学门守把，吏卒不得无故入学。帖军学照应施行。①

可见，并不是任何人都能够随时随意进出孔庙。孔庙虽为"庙"，但与其他庙宇神祠受民香火、消灾弭祸的性质迥异，"封闭"与"严奉"之特征甚为地方庙学及释奠仪式所强调。据唐人封演《封氏闻见记》所载："流俗，妇人多于孔庙祈子，殊为亵慢，有露形登夫子之榻者。后魏孝文诏：'孔子庙不听妇人合杂，祈非望之福。'然则聋俗所为，有自来矣。"② 可见早在北魏时朝廷就已诏告天下，严禁百姓入孔庙圣地祈祷非望之福。地方庙学虽然荒败，然孔庙依然存立。尽管法令松弛之地也不乏存在乡野之人谒庙祈福的特例，个别孔庙甚至香火不断；然而一旦被作为"圣人门生"的士人发觉，随之必定是令行禁止。宋代文人孔平仲作为圣人后裔，在其笔下就记录有类似情况的发生。面对先圣之庙遭受亵渎，诗人借《止谒先圣庙者》一题着力发挥，不惜笔墨篇幅而"口诛笔伐"，以此宣明圣人的威仪和孔庙之神圣：

> 高密古名城，其地近阙里。
> 弦歌声相闻，往往重夫子。
> 学宫虽荒凉，庙貌颇严伟。
> 上元施灯烛，下俗奠醪醴。
> 高焚百和香，竞爇黄金纸。
> 所求乃福祥，此事最鄙俚。
> 朝廷谨庠序，五路兹焉始。
> 建宫以主之，不肖实当此。
> 浇敝皆扫除，安可循旧轨。
> 丁宁戒阍人，来者悉禁止。
> 尝闻之鲁论，丘之祷久矣。
> 生也既无求，殁岂享淫祀。
> 夜亭甚清虚，古柏自风起。
> 悦之以其道，吾祖当亦喜。③

---

① 《全宋文》，第 287 册，第 447 页。
② （唐）封演撰，赵贞信校注《封氏闻见记校注》卷一"儒教"，中华书局 2005 年版，第 4 页。
③ 《全宋诗》，第 16 册，第 10830 页。

如果说孔平仲是因身为圣人后裔而从反面发出"丁宁戒阍人，来者悉禁止"的强烈要求，文人江梦斗《经行旧城过宣圣庙欲看石鼓不得入》则是直接从正面入手，以普通文士的视角反映出孔庙的封闭性与威仪性：

> 墙院人家少市声，高槐古柳绿初新。
> 阴云犹阁西山雨，城郭常吹东海尘。
> 杏颊簪花红照树，虫丝罗巷昼窥人。
> 岐阳石鼓无由见，深锁儒宫碧草春。①

诗中"墙院""高槐"之语首先衬托出环境的静谧幽深，而缺少市井嘈杂、古树参天的学宫正坐落于此。在这幽静古朴的旧城学宫中欲访岐阳石鼓，然而却无由得见；这并非由于石鼓珍贵，主要是因为石鼓置于儒宫庙学之中。作者虽身为圣人门生，然非到释奠之时，圣庙之门决然不予开放，孔庙的封闭性与威仪性由此可见。而此种封闭性与威仪性也正是在封建"治统"的权威作用下，对国家秩序的又一映射。

（二）仪式的即时感化性

相较社稷、宗庙祭祀过程中主要参祭者之地位要求及人数限制等特征，孔庙释奠作为天下常祀，其参与者的广泛性是其他祭礼难以比肩的。在正式步入仕途之前，广大读书人无疑是观摩释奠礼的主力军。就观礼一事而论，在仪式庄重威仪的感化力量下，情感的趋于纯正完全可能；在耳濡目染之下，礼乐的教化功能通过仪式的进行而产生积极影响，继而也使得广大士子深怀敬其事之心。诚如陈戍国先生在所著《中国礼文学史》中指出："礼与情之间还有一层关系。礼是必须实践、在日常生活中发生作用的。情则产生于实践，在日常生活在表现出来。礼是人类社会实践与生活经验的升华，反过来又是社会实践与生活价值取向的规范，自然会指导或约束情感的表现方式及程度。情感可以在礼的实践中培养并趋于纯正。"②

就释奠仪式的即时感化效用而言，陈襄《颍州府学释奠先圣郡中童子亦

---

① 《全宋诗》，第 67 册，第 42364 页。

② 陈戍国、陈冠梅《中国礼文学史（先秦秦汉卷）》，湖南大学出版社 2012 年版，第 31页。

来拜谒以诗勉之》一诗虽为勉励拜谒孔子的郡中童子而作，但其戏谑轻快的言语同样道出了庄重严肃之意旨：

> 蔼蔼青衿子，来修谒庙仪。
> 怜他眉宇秀，中有起家儿。①

郡中的童儿与孺子尚且可感可教，更不必说广大府学诸生。在仪式的感化与激励之下，读书人近则发奋读书、潜心向学以考取功名；远则立志高远，传道宏毅，以跻身圣贤而从祀孔庙，且后者往往也是古代读书人的终极目标。作为广大儒生中的一员，当事者的虔诚之心远非今日可想见，因为在古代封建制度下通过传道解经而入祀孔庙者确实代不乏人。

"意将追往哲，学岂为专门"②，由"圣徒"到"圣贤"的过程彰显出传统中国教育的三大特质，即儒学教育、养士教育、成圣教育③，这三大特质其实也是中国古代教育目的的三个不同阶段与层次。当读书人进入仕途后，在由曾经的仪式陪祭者转变为祀典执事官时，因地位上升加之角色转变而产生的心理反应与情感共鸣，必然会通过仪式得到进一步的呈现与强化。晚年的陆游曾因再与释奠祀事而作《上丁》一诗曰："白头奉祀事，恐惧剧仰俯。三终乐在悬，再拜肉升俎。谁言千载后，恍若到邹鲁。"④ 年高头白，作为礼官复行释奠，于俯仰再拜间身临其境，庄重肃然的气氛使诗人仿佛回到千年前的邹鲁大地，于孔门圣域聆听圣人教诲。而作者的恭奉虔敬之心，通过"恐惧"一词亦有力地表现了出来。至于张孝祥在《上丁斋宿》一诗中述及自身"青衿陪祀忆初年，老矣斋居重慨然"⑤，同样可视作为对当事人心路历程与精神体验的生动写照。

---

① 《全宋诗》，第 8 册，第 5086 页。
② 朱长文《仲春上丁，知府金部躬率僚寀释奠于先圣，既而升公堂命学官讲〈书〉。窃惟〈中庸〉之篇，自安定先生常以是诲人，阅岁既久，嗣音者希，某孤陋无似、窃慕前哲其启讲也。今龙阁黄公尝临之，其终讲也，金部使君又临之。郡儒在列，咸与荣观，辄成五言律诗二十韵叙谢》，《全宋诗》，第 15 册，第 9787 页。
③ 参见 [台湾] 高明士《东亚教育圈形成史论》，上海古籍出版社 2003 年版，第 108-122 页。
④ 《全宋诗》，第 39 册，第 24652 页。
⑤ （宋）张孝祥撰，彭国忠校点《张孝祥诗文集》卷六，黄山书社 2001 年版，第 71 页。

第三节 朱熹对释奠礼内涵的丰富

融合儒释道三教思想的理学，主要包含北宋的"道学"和南宋的"心学"。"道学"于北宋中期由周敦颐（1017-1073）创立后，经张载（1020-1077）、程颢（1032-1085）、程颐（1033-1107）等数代人的曲折探索与艰难发展，至南宋理学家朱熹（1130-1200）而集大成。这一学术思想因帝王认可、官方推崇等原因，终成为南宋后期乃至此后封建制度之下历朝统治的官方主流思想。"宋儒对自己对传统知识与思想秩序的重建还是相当自豪的。被广泛引用的张载名言，即'为天地立心，为生民立命，为往圣继绝学，为万世开太平'，不仅仅是一个表达宋儒远大理想的象征性话语，而且恰恰也是宋代理学重建思想秩序的全面表述。……'为往圣继绝学'，似乎表明他们对'道统'重建的愿望"[1]。作为古代中国文化核心的"礼"，可以说是"秩序"的代名词，宋儒对秩序的整合和对道统的重建典型体现在理学家朱熹身上。

朱熹极大地扩充与丰富了学礼内容，尤其体现于孔庙释奠礼。在对谒孔仪式进行书面规范的同时，更为重要的是在具体礼乐实践中将其有效推行。此后，不仅官员上任履新、改任离政时需行谒孔礼，兴学修学要行释奠礼，同时在和儒学教化相关的各种活动中亦多见释奠礼之施行，这同朱熹的大力实践密切相关。如因奉祠已故之贤儒，朱熹特作《奉安苏丞相祠告先圣文》曰：

> 故相苏公颂，同安人也。其道学渊深，履行纯固，天下学士大夫之所宗仰。而邑子后生闻见单浅，弗克究知，父兄闵焉。用告有司，请即学宫岁时奉祠，以建遗烈，使学者有所兴起。今既毕事，将妥厥灵，敢以舍菜之礼，告于先圣先师之神。谨告。[2]

因其藏书楼举行上梁之事而行释菜之礼，同时撰《经史阁上梁告先圣文》云：

---

[1] 葛兆光《中国思想史（第二卷）》，复旦大学出版社 2019 年 4 月第 2 版，第 188 页。

[2] （宋）朱熹著，郭齐、尹波编注《朱熹文集编年评注》卷八十六，福建人民出版社 2019 年版，第 4077 页。

> 书楼之役，工告僝功。虔举修梁，卜日惟谨。敢以释菜之礼，告于先圣先师至圣文宣王。惟先圣先师启迪众志，畀以有成。谨告。①

因刊刻经籍成而昭告于先圣、先师，作《刊四经成告先圣文》曰：

> 敢昭告于先圣至圣文宣王、先师兖国公、先师邹国公：熹恭惟六经大训，炳若日星，垂世作程，靡有终极。不幸前遭秦火煨烬之厄，后罹汉儒穿凿之缪，不惟微词奥旨莫得其传，至于篇帙之次，亦复淆乱。遥遥千载，莫觉莫悟。惟《易》一经，或尝正定。而熹不敏，又尝考之《书》、《诗》，而得其小序之失。参稽本末，皆有明验。私窃以为不当引之以冠本经圣言之上，是以不量鄙浅，辄加绪正，刊刻布流，以晓当世。工以具告，熹适病卧，不能拜起，谨遣从事敬奉其书，以告于先圣先师之廷。神灵如在，尚鉴此心。式相其行，万世幸甚。谨告。②

甚至因弟子违禁犯科而亲撰《屏弟子员告先圣文》，于先圣位前申述事因的同时，亦诚意自责、反躬自省：

> 敢拜手稽首，言于先圣至圣文宣王、先师兖国公、先师邹国公曰：熹不肖，昨以布衣诸生推择为此县吏，而得参听其学事。而行能寡薄，治教不孚。所领弟子员有卓雄者，林轩者，乃为淫慝之行，以溷有司。熹窃自惟身不行道，无以率砺其人，使至于此，又不能蚤正刑辟以弹治之，则是德刑两弛，而士之不率者终无禁也。是敢告于先圣先师，请正学则，耻以明刑。夫扑作教刑而二物以收其威，固先圣先师学校之政所以遗后世法也。唯先圣先师临之在上，熹敢不拜手稽首。③

作为由中国士人所创设的文化教育组织，书院这一新生事物最早产生于唐代。"它源出于私人治学的书斋与官府整理典籍的衙门，即书院有官府与民

---

① （宋）朱熹著，郭齐、尹波编注《朱熹文集编年评注》卷八十六，福建人民出版社 2019 年版，第 4076-4077 页。

② （宋）朱熹著，郭齐、尹波编注《朱熹文集编年评注》卷八十六，福建人民出版社 2019 年版，第 4092-4093 页。

③ （宋）朱熹著，郭齐、尹波编注《朱熹文集编年评注》卷八十六，福建人民出版社 2019 年版，第 4078 页。

间两大源头""经历自唐初至五代末年共 340 余年的磨炼、成长，已然扎根社会，初具规模"①。尽管北宋书院已存在释奠制度②，然发展至南宋时期，随着书院数量的剧增，"通天下读朱文公之书，尊文公之道，其始生之乡、侨居之里、宦游之邦，与乾、淳诸老盍簪倾盖讲贯切磋之处，往往肖其像，庋其书，聚承学之士，敬事而传习焉。如徽，如建，如南康，如清漳，如潭、衡，曰精舍，曰书院，皆奎画书扁，或郡文学兼领，或别置师弟子员，规式略如白鹿"③。据邓洪波所著《中国书院史》相关数据显示，北宋 167 年中书院总数在 73 所以上，略微超过唐五代十国近 350 年书院数量之和；南宋时期书院数量剧增，153 年间书院总数达 442 所，是北宋的 6 倍。而在理学昌盛的江西地区，其所辖的 14 个州（军）终宋一代就有书院 278 所④，为全国之冠。

伴随着宋代书院的兴盛，于书院施行释奠礼也随之成为普遍现象，而这一历程中尤以朱熹贡献为著。朱熹对书院释奠仪有了更进一步的完善，使得书院释奠充分体现出学礼的制度化。其中尤以朱熹曾经活动过的白鹿洞书院、沧州精舍等书院释奠仪式为代表，如朱熹于孝宗淳熙七年（1180）三月所作之《白鹿洞成告先圣文》《白鹿洞成告先师文》云：

> 维淳熙七年岁次庚子三月癸丑朔十八日庚午，具位敢昭告于先圣至圣文宣王；熹昨按国朝故事及郡图经，得白鹿洞之遗址于城东北十五里。盖唐李渤之隐居，江南李氏因以为国学。及我太宗皇帝又尝赐之书史，以幸教其学者。而沦坏日久，莽为丘墟。因窃惟念幸以诸生得奉诏条，颇以布宣教化为职。顾弗此图，惧速谴戾，乃议复立，今幸讫功。将率同志讲学其间，意庶几乎先圣先师之传，用以答扬太宗皇帝之光训。鼓箧之始，敢率宾佐，合师生，恭修释菜之礼，以见于先圣，以先师兖国公、先师邹国公配。尚飨。⑤

> 熹仰稽国典，建此学宫。鼓箧之初，恭修释菜之礼。惟公发扬圣蕴，

---

① 邓洪波《中国书院史》（增订版），武汉大学出版社 2012 年版，第 54 页。
② 详参高明士《书院祭祀空间的教育作用》一文，收入《国际儒学研究》（第 3 辑），国际儒学联合会编，中国社会科学出版社 1997 年版，第 197-213 页。
③ 刘克庄《泉山书院记》，《全宋文》，第 330 册，第 350 页。
④ 该数据来源于夏汉宁等著《宋代江西文学家地图》，江西美术出版社 2014 年版，第 343 页。
⑤ 《白鹿洞成告先圣文》，（宋）朱熹著，郭齐、尹波编注《朱熹文集编年评注》卷八十六，福建人民出版社 2019 年版，第 4082-4083 页。

垂教无穷。敢率故常，式陈明荐，从祀配神。尚飨。

邹国公云：惟公命世修业，克绍圣传。①

又如朱熹在光宗绍熙五年（1194）冬十二月所作之《沧州精舍告先圣文》曰：

维绍熙五年岁次甲寅十有二月丁巳朔十有三日己巳，后学朱熹敢昭告于先圣至圣文宣王：恭惟道统，远自羲轩。集厥大成，允属元圣。述古垂训，万世作程。三千其徒，化若时雨。维颜曾氏，传得其宗。逮思及舆，益以光大。自时厥后，口耳失真。千有余年，乃曰有继。周程授受，万理一原。曰邵曰张，爰及司马。学虽殊辙，道则同归。俾我后人，如夜复旦。熹以凡陋，少蒙义方。中靡常师，晚逢有道。载钻载仰，虽未有闻，赖天之灵，幸无失坠。逮兹退老，同好鼎来。落此一丘，群居伊始。探原推本，敢昧厥初。奠以告虔，尚其昭格。陟降庭止，惠我光明。传之方来，永永无致。今以吉日，谨率诸生，恭修释菜之礼，以先师兖国公颜氏、郕侯曾氏、沂水侯孔氏、邹国公孟氏配。濂溪周先生、明道程先生、伊川程先生、康节邵先生、横渠张先生、温国司马文正公、延平李先生从祀。尚飨。②

"早在南宋时，就已出现了与应试教育、科举考试相异动的现象，那就是书院及私塾教育的兴盛。……书院、私塾的兴盛，固有因理学长期被官方排斥、理学家用它作为自己研究和讲学阵地的动因，但同时也有与应试服务的官办学校体系及高度功利化的科举制度疏离的倾向，甚至出现某种价值观的对抗，而蕴含着'崇尚学术'的因素。"③ 与北宋相比，南宋私立书院限制较少，尤其是孝宗朝以来相对宽松的政治环境，更是为书院的兴盛提供了良好的发展环境，并逐渐出现官私合办的趋势。作为地方教育的组成部分，书院教育相对自由的学术气氛无疑有助于思想的自由与多元；同时书院本身的"庙学"特质使得书院释奠制度某种程度上亦扮演着学术风向标的角色。诸如

---

① 《白鹿洞成告先师文》，（宋）朱熹著，郭齐、尹波编注《朱熹文集编年评注》卷八十六，福建人民出版社 2019 年版，第 4083 页。

② （宋）朱熹著，郭齐、尹波编注《朱熹文集编年评注》卷八十六，福建人民出版社 2019 年版，第 4098 页。

③ 祝尚书《宋代科举与文学》，中华书局 2008 年版，第 573 页。

孔庙"四配"制度得到朝廷最终确认迟至度宗咸淳三年（1267），即使周、程等理学先驱从祀孔庭也在理宗端平二年（1235）；但是由上述朱熹所作之《沧州精舍告先圣文》明确可知早在光宗绍熙五年（1194）或更早的时期，"四配"制度已形成于地方，并与周、程等理学家共同被奉祀地方庙学。尤其是南宋后期，"官私合办"性质书院的出现以及理学作为统治阶级官方学术地位的确立，均促使地方书院释奠制度在某种意义上预示着国家孔庙释奠制度的走向与动态。这种相应的变化于体现过程方面尽管看似细微、缓慢，但二者间的联系却不容置疑。

南宋虽偏安一隅，但仍不遗余力地追慕三代之风，对乡饮酒礼的改进与推行即为其表现之一。而此过程中尤以朱熹贡献为多，"庆元中，朱熹以《仪礼》改定，知学者皆尊用之，主宾、傧介之位，始有定说"[1]。尤其将释奠、释菜礼与乡饮酒礼相融合，这在其一系列的学礼改进中体现尤其明显，如朱熹曾撰《行乡饮酒礼告先圣文》说：

> 敢昭告于至圣文宣王：一昨朝廷举行乡饮酒之礼，而县之有司奉行不谨，容节谬乱，仪矩阙疏，甚不足以称明天子举遗兴礼之意。今者宾兴有日，熹谨与诸生考协礼文，推阐圣制，周旋揖逊，一如旧章。即事之初，敢以含菜之孔谨修虔告。[2]

再如，宋高宗绍兴年间朱熹所撰之《乡饮舍菜二先师祝文》曰：

> 敢昭告于先师兖国公、先师邹国公：朝廷举遗兴礼，使郡县三岁一行乡饮酒之礼，以迪其士子，俾莫不精白，以祗承明诏。某为县长吏，敢不以时奉行。即事之初，以礼舍菜于先圣至圣文宣王，以公等配。尚飨！[3]

---

① （元）脱脱等《宋史》卷一百一十四"礼志十七"，中华书局1977年版，第2722页。

② （宋）朱熹著，郭齐、尹波编注《朱熹文集编年评注》卷八十六，福建人民出版社2019年版，第4076页。

③ （宋）朱熹著，郭齐、尹波编注《朱熹文集编年评注》别集卷七，福建人民出版社2019年版，第5026页。

　　宋代以朱熹为典型代表的理学家所做出的一系列努力是成功的，其身后多入祀孔庙即为明证。清康熙五十一年（1712），朱熹复由从祀"先贤"骤升为"先哲"，以"十二哲"之身份从享于孔庙。至于其理学思想，更是成为宋代以来封建政权统治之主流思想。

第三章

因礼成乐，由乐观礼：释奠孔子仪式与乐章

中国古代诗（歌）、乐、舞相结合的传统向来同祭祀紧密联系，如《吕氏春秋·古乐》云："昔葛天氏之乐，三人操牛尾投足以歌八阕：一曰载民，二曰玄鸟，三曰遂草木，四曰奋五谷，五曰敬天常，六曰建帝功，七曰依地德，八曰总禽兽之极。"① 其中不仅再现了上古时期诗、乐、舞三位一体的原始形态，也反映出诗乐舞与原始先民宗教信仰之间的密切关系。同时因祭祀活动的需求，也在一定程度上推动着诗、乐、舞的不断丰富与演进。

"然则祭乐之有歌，其来尚矣"②，《周易·豫卦》中就有"先王以作乐崇德。殷荐之上帝，以配祖考"③ 的说法。音乐之声播于天地，易于神祇听到。相对于膰脤的燔烟胙气，音乐不仅能够起到感召神祇受胙来歆，其本身的雅颂特质更可以彰显敬神娱神的主旨。尤其后世之乐更注重雅俗区别，使得祭祀音乐愈趋于雅乐传统并体现出无限的庄严虔敬之意。乐章作为祭祀仪式中的重要角色不仅承载着上述内涵，其特殊的表现形式——即通过"音声"诉诸听觉，在娱神的同时对祭祀的执行者、参与者皆能起到濡之于耳、感之于心的功用，故而能够为祭祀过程中庄严肃穆氛围之营造提供即时性的助益。这是音乐的特质，更是音乐的优势。随着封建的形成、统治的需要，世代相承的奉祀对象也呈现出不断扩增之趋势：上帝、祖考之外的朝日夕月、海渎岳镇、明堂后土、九宫贵神、风伯雨师、大火司寒、祈谷先蚕等等祭祀活动，然而始终未变的却是诗（歌）、乐、舞相结合的祭祀传统。

---

① 许维遹撰，梁运华整理《吕氏春秋集释》卷五，中华书局 2009 年版，第 118 页。

② （宋）郭茂倩编《乐府诗集》卷一"郊庙歌辞一"，中华书局 1979 年版，第 1 页。

③ （魏）王弼注，（唐）孔颖达疏，李申等整理《周易正义》卷二，北京大学出版社 1999 年版，第 85 页。

"乐者为同，礼者为异"①，"礼乐相须以为用，礼非乐不行，乐非礼不举。"② 礼由乐而行，本质上作为"秩序"的"礼"实与"乐"所具备的节奏特征相通，况且更需要借助形式美妙的"乐"予以推行，故有"乐教"之说。伴随着国家祭祀这一重大活动，在体现政教的同时，诗（歌）、乐、舞的结合亦通过文学形式予以呈现。就政教而言，"乐"对于"礼"无疑意义重大；但就艺术层面而言，"乐"乃"歌"之格律、"舞"之节奏，为歌舞联系之直接纽带，"乐之统同"的功用也由此可见。然而"乐"并非无形，存在正史礼乐志中的乐章声诗不仅以文字形式记录仪节程式，同时亦诠释着"礼乐文学"的丰富意蕴。

第一节　因礼成乐：释奠乐章的撰制及礼制背景

"礼、乐、刑、政，其极一也，所以同民心而出治道也"③。"王者致治，有四达之道，其二曰乐，所以和民心而化天下也"④。作乐达道历代相因，乐章篇什代有更制，被历代许多统治者高度重视并郑重其事记录在"正史"《礼乐志》或《乐志》中的祭祀乐章，与其他诗歌创作相比篇幅虽不算众，但却是国家政治大事的组成。作为献给神祇的诗歌，祭祀乐章的创撰亦被认为是对先秦以《诗经》为典范之雅颂传统的继承与反映，祭祀乐章是以雅颂为主题的诗歌长河中的主流。"处于中国封建社会鼎盛时期的李唐王朝与华夏民族文化'造极'之世的赵宋王朝，制礼作乐的丰功伟绩彪炳史册"⑤。据《旧唐书·音乐志》《宋史·乐志》进行统计，唐代存录乐章 411 首，而宋代所撰乐章数近乎唐代 4 倍，达 1572 首。华夏民族文化造极之世的赵宋王朝对礼乐建设之空前热情与尊崇，由祭祀乐章的撰制可窥一斑。

国家祭祀对象虽有可能代代相沿，但不同政权所制乐章名称定不相同。

---

① （汉）郑玄注，（唐）孔颖达疏，龚抗云整理《礼记正义》卷三十七《乐记》，北京大学出版社 1999 年版，第 1085 页。

② 《乐府总序》，（宋）郑樵撰，王树民点校《通志二十略》"乐略第一"，中华书局 1995 年版，第 883 页。

③ （汉）郑玄注，（唐）孔颖达疏，龚抗云整理《礼记正义》卷三十七《乐记》，北京大学出版社 1999 年版，第 1076 页。

④ （元）脱脱等《宋史》卷一百二十六，中华书局 1977 年版，第 2939 页。

⑤ 杨晓霭《试论唐、宋郊祀声诗所呈现的时代特质》，《西北师大学报（社会科学版）》2013 年第 5 期，第 15 页。

一方面是为与前朝区别，如同新朝肇始所立之国号，作为沟通神祇的国家雅乐乐章更要另立一名以显示新的气象；另一方面，乐章的名称亦寄托有国家理想在内，正所谓"礼乐之说，管乎人情矣"①。《新唐书·礼乐志》载："初，祖孝孙已定乐，乃曰大乐与天地同和者也，制'十二和'，以法天之成数，号'大唐雅乐'：一曰《豫和》，二曰《顺和》，三曰《永和》，四曰《肃和》，五曰《雍和》，六曰《寿和》，七曰《太和》，八曰《舒和》，九曰《昭和》，十月《休和》，十一曰《正和》，十二曰《承和》。用于郊庙、朝廷，以和人神。"② 至五代后周，所制乐章以"顺"命名。宋承周统，太祖登基伊始这一国之大事就被提上日程，《宋史·乐志》载：

> 宋初，命（窦）俨仍兼太常。建隆元年二月，俨上言曰："三五之兴，礼乐不相沿袭。宏惟圣宋，肇建皇极，一代之乐，宜乎立名。乐章固当易以新词，式遵旧典。"从之，因诏俨专其事。俨乃改周乐文舞《崇德之舞》为《文德之舞》，武舞《象成之舞》为《武功之舞》，改乐章十二"顺"为十二"安"，盖取"治世之音安以乐"之义。祭天为《高安》，祭地为《静安》，宗庙为《礼安》，天地、宗庙登歌为《嘉安》，皇帝临轩为《隆安》，王公出入为《正安》，皇帝食饮为《和安》，皇帝受朝、皇后入宫为《顺安》，皇太子轩县出入为《良安》，正冬朝会为《永安》，郊庙俎豆入为《丰安》，祭享、酌献、饮福、受胙为《禧安》，祭文宣王、武成王同用《永安》，籍田、先农用《静安》。③

宋代统治者对礼乐建设的重视不仅体现为政令号召，而且赵宋历代帝王多知音晓律，因此可以亲自投身于制礼作乐的行列中甚至不遗余力。"有宋之乐，自建隆讫崇宁，凡六改作"④。可谓盛矣！《宋史·乐志》中作于不同年代的三组祀孔乐章可视为对"改作"历史的即时记录。宋仁宗景祐初就有一次规模盛大的制礼作乐行动。史书记载"帝乃亲制乐曲，以夹钟之宫、黄钟之角、太簇之徵、姑洗之羽，做《景安之曲》，以祀昊大……又造《冲安之

---

① （汉）郑玄注，（唐）孔颖达疏，龚抗云整理《礼记正义》卷三十八《乐记》，北京大学出版社 1999 年版，第 1116 页。

② （宋）欧阳修，宋祁等《新唐书》卷二十一，中华书局 1975 年版，第 464 页。

③ （元）脱脱等《宋史》卷一百二十六"乐志一"，中华书局 1977 年版，第 2939-2940 页。

④ （元）脱脱等《宋史》卷一百二十六"乐志一"，中华书局 1977 年版，第 2937 页。

曲》，以七均演之为八十四，皆作声谱以授有司，……亲制郊庙乐章二十一曲，财成颂体，告于神明，诏宰臣吕夷简等分造乐章，参施群祀"①。景祐元年（1034）十一月"辛亥，诏太常寺，自今享先农、释奠文宣王、武成王并用登歌乐，令学士院撰乐章"②。仁宗朝此次所作祀孔乐章不仅另撰新章，更是以《凝安》之乐取代了太祖朝以来祭孔所用的《永安》之乐。至此《凝安》乐曲系列确立，后代帝王虽有更制，但皆本于此。"南渡之后，大抵皆用先朝之旧，未尝有所改作"③。至高宗"亲视学，行酌献，定释奠为大祀，用《凝安》，九成之乐。郡邑行事，则乐止三成"④。可见至南宋仍相沿用。因此终宋一代，《凝安》曲式无疑成为孔庙祭祀的主旋律。释奠作为古代较早的祭祀仪式本与学校教育相关，而作为其祭祀对象的"先圣""先师"在先秦均无确指，并不固定于某一人或某几人。直至唐肃宗上元元年（760），释奠始专指对文宣王孔子、武成王姜太公分别代表的文、武庙系统之祭祀而言，宋代所行释奠之礼即涵盖文、武二庙。然就时间言，释奠武成王至明代洪武二十年（1387）遭到彻底废除，此后"释奠"一词成为孔庙专利；空间上，释奠武成王从其践行之日起就非天下通祀，故影响程度远不及孔庙释奠。且《宋史·乐志》载释奠武成王乐章四组：《景祐释奠武成王六首》《熙宁祀武成王一首》《大观祀武成王一首》《绍兴释奠武成王七首》计15首，数量仅为释奠文宣王乐章之半。就制礼作乐而言，较之姜太公，释奠孔子所受之重视程度使其成为真正意义上的"国之常祀"。兹录仁宗朝《景祐祭文宣王庙六首》如下：

迎神，《凝安》

　　大哉至圣，文教之宗！纪纲王化，丕变民风。

　　常祀有秩，备物有容。神其格思，是仰是崇。

初献升降，《同安》

　　右文兴化，宪古师今。明祀有典，吉日惟丁。

　　丰牺在俎，雅奏来庭。周旋陟降，福祉是膺。

奠币，《明安》

---

① （元）脱脱等《宋史》卷一百二十六"乐志一"，中华书局1977年版，第2954–2955页。

② 《续资治通鉴长编》卷一百十五，第五册，第2707页。

③ （元）脱脱等《宋史》卷一百二十六"乐志一"，中华书局1977年版，第2939页。

④ （元）脱脱等《宋史》卷一百三十"乐志五"，中华书局1977年版，第3036页。

一王垂法，千古作程。有仪可仰，无德而名。

斋以涤志，币以达诚。礼容合度，黍稷非馨。

酌献，《成安》

自天生圣，垂范百王。恪恭明祀，陟降上庠。

酌彼醇旨，荐此令芳。三献成礼，率由旧章。

饮福，《绥安》

牺象在前，豆笾在列。以享以荐，既芬既洁。

礼成乐备，人和神悦。祭则受福，率遵无越。

兖国公配位酌献，《成安》（哲宗朝增此一曲）

无疆之祀，配侑可宗。事举以类，与享其从。

嘉栗旨酒，登荐惟恭。降此遐福，令仪肃雍。

送神，《凝安》

肃肃庠序，祀事惟明。大哉宣父，将圣多能！

歆馨肸蚃，回驭凌兢。祭容斯毕，百福是膺。①

徽宗崇宁初置局议大乐，四年（1105）八月"辛卯，赐新乐名《大晟》，置府建官"②，大晟府设立。崇宁四年以前，国朝礼、乐掌于奉常，大晟府成立后"所典六案：曰大乐，曰鼓吹，曰宴乐，曰法物，曰知杂，曰掌法"③。礼、乐因此始分为二。大晟府独司雅乐的局面一直持续到宣和二年（1120），而这十余年时间内正是徽宗朝作乐制礼的繁盛时期。释奠乐章继仁宗朝之后再次得到丰富完善，进而呈现出全新面貌。先是于大观三年（1109）新撰释奠乐章六首，政和五年（1115）"大晟乐成，诏下国子监选诸生肄习，上丁释奠，奏于堂上，以祀先圣"④。此处诸生所习推测当为《大晟府拟撰释奠十四首》，这组释奠乐章可以说代表了宋代释奠乐章的最高水平，仅"迎神"《凝安》就有四首，相较于之前的祭孔乐章，这十四首所含有的较大篇幅同时也显示出对乐律技巧要求更为严格，难度之大也反映出创作上的更臻艺境。兹录《大晟府拟撰释奠十四首》如下：

---

① （元）脱脱等《宋史》卷一百三十七"乐志十二"，中华书局1977年版，第3234-3235页。

② （元）脱脱等《宋史》卷二十，中华书局1977年版，第375页。

③ （元）脱脱等《宋史》卷一百六十四，中华书局1977年版，第3886页。

④ （元）脱脱等《宋史》卷一百五"礼志八"，中华书局1977年版，第2551页。

迎神，《凝安》

黄钟为宫

大哉宣圣，道德尊崇！维持王化，斯民是宗。

典祀有常，精纯并隆。神其来格，於昭盛容。

大吕为角

生而知之，有教无私。成均之祀，威仪孔时。

维兹初丁，洁我盛粢。永适其道，万世之师。

太簇为徵

巍巍堂堂，其道如天。清明之象，应物而然。

时维上丁，备物荐诚。维新礼典，乐谐中声。

应钟为羽

圣王生知，阐迺儒规。《诗》《书》文教，万世昭垂。

良日惟丁，灵承不爽。揭此精虔，神其来绘。

初献盥洗，《同安》

右文兴化，宪古师经。明祀有典，吉日惟丁。

丰牺在俎，雅奏在庭。周旋陟降，福祉是膺。

升殿，《同安》

诞兴斯文，经天纬地。功加于民，实千万世。

笙镛和鸣，粢盛丰备。肃肃降登，歆兹秩祀。

奠币，《明安》

自生民来，谁底其盛！惟王神明，度越前圣。

粢币具成，礼容斯称。黍稷非馨，惟神之听。

奉俎，《丰安》

道同乎天，人伦之至。有绘无穷，其兴万世。

既洁斯牲，粢明醑旨。不懈以忱，神之来暨。

文宣王位酌献，《成安》

大哉圣王，实天生德！作乐以崇，时祀无斁。

清酤惟馨，嘉牲孔硕。荐羞神明，庶几昭格。

兖国公位酌献，《成安》

庶几屡空，渊源深矣。亚圣宣猷，百世宜祀。

吉蠲斯辰，昭陈尊簋。旨酒欣欣，神其来止。

邹国公位酌献，《成安》

道之由兴，於皇宣圣。惟公之传，人知趋正。

与绘在堂，情文实称。万年承休，假哉天命。

亚、终献用《文安》

百王宗师，生民物轨。瞻之洋洋，神其宁止。

酌彼金罍，惟清且旨。登献惟三，於嘻成礼。

彻豆，《娱安》

牺象在前，豆笾在列。以绘以荐，既芬既洁。

礼成乐备，人和神悦。祭则受福，率遵无越。

送神，《凝安》

有严学宫，四方来宗。恪恭祀事，威仪雍雍。

歆兹惟馨，飚驭旋复。明禋斯毕，咸膺百福。①

为了能够更加明晰地认知宋代仁宗朝、徽宗朝前后三次所撰释奠文宣王乐章在仪节上的发展、补充及完善过程，特列表对照如下：

表 3.1　宋代（960-1279）释奠文宣王乐章仪节对照表

时期 仪节	仁宗景祐祭文宣王庙六首	徽宗大观三年释奠六首	大晟府拟撰释奠十四首	
1	迎神，《凝安》	迎神，《凝安》	迎神，《凝安》	黄钟为宫
				大吕为角
				太簇为徵
				应钟为羽
2			初献盥洗，《同安》	
3	初献升降，《同安》	升降，《同安》	升殿，《同安》	
4	奠币，《明安》	奠币，《明安》	奠币，《明安》	
5			奉俎，《丰安》	
6	酌献，《成安》	酌献，《成安》	文宣王位酌献，《成安》	
7	饮福，《绥安》			
8	兖国公配位酌献，《成安》 （哲宗朝增此一曲）	配位酌献，《成安》	兖国公位酌献，《成安》	
9			邹国公位酌献，《成安》	

---

① （元）脱脱等《宋史》卷一百三十七"乐志十二"，中华书局 1977 年版，第 3236-3238 页。

时期 仪节	仁宗景祐祭文宣王庙六首	徽宗大观三年释奠六首	大晟府拟撰释奠十四首
10			亚、终献用《文安》
11			彻豆，《娱安》
12	送神，《凝安》	送神，《凝安》	送神，《凝安》

由上表对照可知，哲宗朝孔庙释奠因兖国公配位酌献，相应在仁宗朝所制乐章基础上增《成安》一曲。徽宗大观三年释奠仪节在哲宗朝基础上去"饮福"环节，大晟府拟撰释奠乐章时又在大观三年基础上增加初献盥洗、奉俎、亚献、终献、彻豆等环节乐章；虽仍旧没有"饮福"环节，但就乐章内容而言，"彻豆"所用《娱安》与仁宗景祐时期"饮福"《绥安》文字完全一致。从仁宗朝到徽宗朝，释奠乐章创作数量呈现上升趋势，相应体现出释奠仪节的不断丰富与完善过程。尤其是《大晟府拟撰释奠十四首》更能够体现"由乐观礼"，因为孔庙从祀贤哲是处于不断的动态变化之中，自然乐章内容也要相应的在仪节上予以体现。"十四首"中兖国公位酌献、邹国公位酌献虽均采用《成安》之乐，但却分撰乐章以在内容上有所区别；较之前配位酌献同用一章，更体现出祭孔礼乐的进步。

同时需要指出的是，《大晟府拟撰释奠十四首》并未在配位酌献中对王安石配享予以体现，这是难以解释之处。因为早在崇宁三年（1104）六月"癸卯，以王安石配飨孔子庙"①。"政和三年，诏封王安石舒王，配享；安石子雱临川伯，从祀"②。倘若《宋史》所载不误，政和五年（1115）所撰的《大晟府拟撰释奠十四首》理应有"舒王王安石位酌献"乐章，推测可能与钦宗靖康元年（1126）朝廷下令罢王安石孔庙配享之位有关，故相应于释奠乐章中去掉"舒王王安石位酌献"一章。同时，"十四首"中"迎神"《凝安》所撰为四首，是否亦可证明所迎之神当有四人，即文宣王、兖国公、邹国公、舒王。同年，尚书傅墨卿言："释奠礼馔，宜依元丰祀仪陈设，其《五

---

① （元）脱脱等《宋史》卷十九，中华书局1977年版，第369页。《续资治通鉴长编拾补》卷二十四所载为"戊申，诏荆国公王安石配享孔子庙廷"（第二册，第815页），时间略晚。

② （元）脱脱等《宋史》卷一百五"礼志五十八"，中华书局1977年版，第2551页。

礼新仪》勿复遵用。"① 史书虽未对傅氏所言的实施与否有所直接记录，但大致可以断定继罢王安石的配享之位后，《政和五礼新仪》不复遵用，加之次年的"靖康之变"导致北宋灭亡，《大晟府拟撰释奠十四首》亦当不复采用；南宋建立，高宗朝虽继续采用《凝安》之乐，但为"九成之乐"，显然异于昔日《大晟府拟撰释奠十四首》所行之乐，至少不完全相同。上述推断虽有待进一步论证，然而"乐为礼鉴"，"由乐观礼"确可经由分析释奠乐章的撰制而得以反映。

第二节　由乐观礼：释奠仪节的再现与雅颂传统

"古代中国文化的一大发明是以乐辅礼"②，"故钟鼓管磬，羽籥干戚，乐之器也。屈伸俯仰，缀兆舒疾，乐之文也。簠簋俎豆，制度文章，礼之器也。升降上下，周还裼袭，礼之文也"③。"由乐观礼"就是通过检讨伴随钟鼓管磬的乐律之声，缀兆舒疾的舞蹈动作而运行的雅乐乐章，进而全面认识、了解在其配合中"升降上下"的祭祀仪节。

检阅分别成书于北宋、南宋的《政和五礼新仪》《绍熙州县释奠仪图》，其中涉及中央国学、地方州县学释奠至圣文宣王仪皆包括时日、斋戒、陈设、省馔、行事五项内容。以中央国学释奠为例，"时日"即释奠时间的确定，每年仲春和仲秋的上丁日须由主管天文台的太史局提前确定并上报主管祭祀的太常寺，太常寺参酌后通告相关官员机构。"斋戒"即释奠前五天应行事执事官需散斋三日、致斋两日。散斋三日宿于正寝，治事如故，唯不吊丧问疾作乐、判署刑杀文书、决罚罪人及与秽恶事；致斋二日，一日于本司（无本司则宿于太常斋舍），质明赴祠所，其间唯行释奠相关之事，其余悉禁。已行斋戒但因故缺席，其职责须有他人代替。"陈设"包括参加祭祀人员的席位和祭祀器物的陈设，仪鸾司负责于祠所设置祭享官员斋戒住所；光禄寺备办祭品牲畜等；太常寺设置省馔之位、望瘗之位、祭器之位、烛位、揖位、三献官位、分奠官位等等。宋真宗大中祥符三年（1010）正月，"同判太常礼院孙奭

---

① （元）脱脱等《宋史》卷一百五"礼志五十八"，中华书局 1977 年版，第 2551 页。
② 陈来《古代宗教与伦理：儒家思想的根源》，生活·读书·新知三联书店 2009 年版，第 305 页。
③ （汉）郑玄注，（唐）孔颖达疏，龚抗云整理《礼记正义》卷三十七《乐记》，北京大学出版社 1999 年版，第 1089 页。

言：'释奠旧礼以祭酒、司业、博士为三献，新礼以三公行事。近年止命献官二员兼摄，伏恐未副崇祀向学之意。望自今备差太尉、太常、光禄卿以充三献。'诏可"①。之后赵宋历朝皆以太尉、太常、光禄卿充三献官成为定制，以示尊崇。"省馔"为释奠前一天行事执事官肄仪、太祝习诵祝文及视币次、太官令率属以鸾刀割牲、祝史取毛血置于馔所、烹牲、有司洒扫殿之内外等。以上诸环节实为正式释奠前的准备过程，当一切就绪之后方可"行事"。

相较于之前的各个环节，最为关键的"行事"环节也最为繁复，相关部门各司其职、紧密配合，执事礼官依式而行、有条不紊，整个仪式过程可谓礼行乐举、歌诗相随。现以《政和五礼新仪》② 卷一二一《释奠文宣王仪》"行事"章节为本，试将《大观三年释奠六首》③ 穿插于相应祭礼仪节之中，以期对释奠文宣王的礼乐情境做些许"再现"：

上丁吉日丑前五刻，初献以下并赴祠所。太官令率属实馔，光禄卿升阶典视。御史升殿，纠察不仪；乐正百工，各入就位；礼官祭服，肃立以待。行事官就席，三献官入位。礼直官稍前，赞曰："有司谨具，请行事"。《凝安》之乐起，"迎神"之礼行：

> 仰之弥高，钻之弥坚。於昭斯文，被于万年。
> 峨峨胶庠，神其来止。思欵无穷，敢忘于始。

乐三成而后止，在位者皆再拜。监察御史、奉礼郎、太祝、太官令升殿，就位立定。初献官诣盥洗位，《同安》之乐作，"升降"：

> 生民以来，道莫与京。温良恭俭，惟神惟明。
> 我洁尊罍，陈兹芹藻。言升言旋，式崇斯教。

初献官搢笏盥手，执笏升诣；宣圣位前，北向而立。《同安》乐止，《明安》继作，"奠币"：

---

① 《续资治通鉴长编》卷七十三，第三册，第 1652 页。
② （宋）郑居中等《政和五礼新仪》，景印文渊阁四库全书，台湾商务印书馆 1986 年版，第 647 册，第 615–617 页。
③ （元）脱脱等《宋史》卷一百三十七"乐志十二"，中华书局 1977 年版，第 3235–3236 页。

於论鼓钟，于兹西雍。粢盛肥硕，有显其容。
其容洋洋，咸瞻像设。币以达诚，歆我明洁。

初献官搢笏北向跪，奉礼郎进笏西向跪。执事者以币授奉礼郎，奉礼郎奉币授初献官，执笏而兴，奉币以献。先诣兖国公神位前，授币奠讫，执笏俯伏，稍退再拜。次诣邹国公，次诣舒王位，奠币如前，乐止复位。降阶时乐起，复位后乐止。初献再诣盥洗之位，乐起。搢笏洗爵，执笏升位。诣正位酌尊所，西向立。前乐止，《成安》作，"酌献"：

道德渊源，斯文之宗。功名糠秕，素王之风。
硕兮斯牲，芬兮斯酒。绥我无疆，与天为久。

宣圣位前，执笏以诣，搢笏而跪。执事者以爵授初献，初献执爵三祭酒，奠爵执笏，俯伏而兴，少立乐止。引太祝诣神位前东向，搢笏跪，读祝文，读讫执笏，初献再拜。次诣配位，行礼如前。配位酌献，《成安》当作：

俨然冠缨，崇然庙廷。百王承祀，涓辰惟丁。
于牲于醑，其从予享。与圣为徒，其德不爽。

太祝复位，初献降阶，降阶时乐起，复位后乐止。亚献诣盥洗之位，搢笏洗爵，执笏升位。《成安》复作，宣圣位前，执笏以诣，搢笏而跪。执事者以爵授亚献，亚献执爵三祭酒，奠爵执笏，俯伏而兴，少退再拜。次诣配位，并如上仪，乐止复位。亚献已毕，终献诣洗，升殿行礼，仪同亚献。亚献之时，分奠官亦诣盥洗之位，分奠殿内及两庑诸神位，搢笏而跪，奠酒三次，俯伏而兴，再拜复位。三献礼成，赐胙再拜。《凝安》之乐起，"送神"：

肃庄绅绥，吉蠲牲牺。於皇明祀，荐登惟时。
神之来兮，肸蠁之随。神之去兮，休嘉之贻。

乐一成而止。紧接着三献官诣望瘗位，礼直官曰"可瘗"，寘土事成，礼毕揖讫。太官令率属彻礼馔，监察御史诣殿监视，收彻乃退。

"三献而终，礼有成也。"① 宋代乐章之中同样强调"三献成礼，率由旧章"。此外的《凝安》"迎神"之曲，乐三成而止；三献官酒三奠才终，皆体现出崇祀尊奉之意。"宋朝祭祀礼乐强调要追寻'先王'之乐、'式遵旧典'，故竭力仿效《雅》《颂》，弘扬《诗经》以诗祀神的传统。这种回归雅颂传统的表现，在宋代的祭祀乐章中比比皆是"②。祀孔乐章作为宋代祭祀乐章的重要组成部分，这种回归雅颂传统的倾向自不待言；尤其宋代祭祀乐章在语言上齐整的四言句式更能昭示对《诗经》以来雅颂传统的回归。而祭孔乐章配合仪节，真正成系统、成规模被创造当为唐代。《旧唐书·音乐志》③ 载有两组共七首祭孔乐章，以《皇太子亲释奠乐章五首》（因武舞《凯安》词同"冬至圆丘"，倘计在内，当为六首）为例，其中含四言八句式三首（迎神用《承安》、登歌奠币用《肃和》、迎俎用《雍和》）、七言四句式二首（皇太子行用《承安》、送文武出迎武舞入用《舒和》）、五言六句式一首（武舞用《凯安》），六首乐章的篇幅竟包含有三种句式，不同句式相应组成长短不同的篇章，显得活泼生动；语言体式的多样变化亦反映出唐代文化自由灵活的特征。相比而言，《宋史·乐志》所录三组计二十七首祀孔乐章均为整齐的四言八句式④，这也正是宋代祭祀乐章所呈现出的主要特征。以四言句式为主亦是"诗三百"结构篇幅的主要方法与特征，"祭祀乐章声诗的撰写，仿效'典则雅淳'之四言，自是慕'三代风范'，……宋朝郊祀乐章扬弃杂言、近体，纯用四言，并以整饬的四言八句或四言四句为结构形式，显示了篇幅简古、咏叹悠长的韵味，这与宋人复现'古乐'的追求相一致"⑤。而"三代古乐"所昭示出的正是一种秩序，无论是"天人秩序"抑或"人神秩序"，最

---

① （后晋）刘昫等《旧唐书礼仪志》卷二十五"礼仪志"，中华书局 1975 年版，第 970 页。

② 林海极选编、标点《献给神祇的诗歌》，国家图书馆出版社 2010 年版，第 13 页。

③ （后晋）刘昫等《旧唐书》卷三十"音乐志"，中华书局 1975 年版，第 1123-1124 页。

④ 于《宋史·乐志》所载三组计二十七首祀孔乐章外，今存宋代祀孔乐章还有南宋度宗咸淳三年（1267）王应麟所撰《曾参孔伋配食大成乐章》二首，其下按语曰："宋咸淳三年，度宗幸太学，诏升曾参郕国公、孔伋沂国公，配享先圣孔子庙廷。昔厚斋公权直学士院，乐章实其撰著。"这两首乐章皆为四言八句式，分别是《酌献曾参郕国公》："心传忠恕，一以贯之。爰述《大学》，万世训彝。惠我光明，尊闻行知。继圣迪后，是享是宜。"《酌献孔伋沂国公》："公传自曾，孟传自公。有的绪承，允得其宗。提纲开蕴，乃作《中庸》。侑于元圣，亿载是崇。"（宋）王应麟著，张骁飞点校《四明文献集（外二种）》，中华书局 2010 年版，第 174-175 页。

⑤ 杨晓霭《试论唐、宋郊祀声诗所呈现的时代特质》，《西北师大学报（社会科学版）》2013 年第 5 期，第 16 页。

终都将体现并落实为国家秩序、政治秩序。

"乐者，天地之和也。礼者，天地之序也。和故百物皆化，序故群物皆别。乐由天作，礼以地制。"① 法天地而作的礼乐，实为秩序的代名词。二者的对应、辩证关系正好互为表里、相辅为用，区别而不疏远、和谐却秩序明确，正如陈来先生所言："乐所代表的是'和谐原则'，礼所代表的是'秩序原则'，礼乐互补所体现的价值取向，即注重秩序与和谐的统一，才是礼乐文化的精华。"② 而礼乐文化现象背后的政治秩序内涵正是统治者汲汲以求与努力践行所在。释奠孔子的雅乐乐章，传承着雅颂传统、昭示着礼乐精神，而其本质上作为对国家、政治秩序的别样书写经由孔庙释奠仪式得以歌之颂之。运行于帝国的礼乐系统中，释奠乐章高扬的旋律间亦演绎出"政教"与"乐教"、"治统"与"道统"彼此间的互动作用。

---

① （汉）郑玄注，（唐）孔颖达疏，龚抗云整理《礼记正义》卷三十七《乐记》，北京大学出版社 1999 年版，第 1090 页。
② 陈来《古代宗教与伦理：儒家思想的根源》，生活·读书·新知三联书店 2009 年版，第 305 页。

第四章

文以荐诚：释奠文的体裁类别及相关内涵

孔庙释奠作为"国之常祀"运作于帝国的礼乐系统之中，而与此同时围绕这一"国之大事"产生了诸多文化现象，如基于孔庙释奠所进行的一系列文体创作就系其中的重要表现之一。多样的文体创作中，既有反映仪式心理且文学性较为鲜明的诗歌创作，亦有因释奠环节所需且为仪式必备的乐章祭文，同时还不乏为推动仪式进行的各级各类官方公文等。尽管后者的实用性胜过文学性，但同属于释奠文范畴。也正是这复杂多样的诸种文体，从不同环节和不同侧面多角度书写并诠释着释奠仪式的方方面面。而客观全面地对此类释奠文体进行研究，无疑将有助于对孔庙释奠仪式的深入了解与全面认识。

基于《全宋诗》《全宋文》所收录的各类文体进行考察，可知宋代文人围绕孔庙释奠礼所创作的诸类文体大致可划分为诗、文两大系统。"文"这一系统中主要以孔庙释奠仪式过程中所创作的祭文、祝文，以及拜谒先圣先师所作的告文、谒庙文、辞庙文为主。以上文体均属"祭文"性质，在《全宋文》中约有214篇。因为唐宋以来形成的"庙学"传统，天下州县学皆建孔庙；地方上每有建学修学举措，或记于笔墨，或刻为碑铭，并往往系之文字，释奠礼在地方的施行多见于此类所载。《全宋文》与孔庙释奠相关的大成殿记、夫子庙记约77篇，建学记、修学记约206篇（其中府学10篇，州学60篇，县学125篇，郡学3篇，军学7篇，监学1篇）①。此外还有帝王因释奠礼制推行、改革所颁行的诏、制、御笔、御批，臣僚所作的奏、疏、状、表、札子、赋，以及记（不含庙记、学记）、碑、序、跋、论、议、志、仪、讲义等共90篇。以上为宋代孔庙释奠创作"文"这一系统，计各类文体27种近600篇。

诗歌之外，宋代围绕孔庙释奠所创作的近三十种文体组成了"释奠文"这一系统。而依据文体性质、内容特征、功能作用等因素可再次划分为以下

---

① 参见附录：《全宋文》所收同释奠相涉之建（修）学记篇目一览表。

三大类：第一类为君臣沟通之诏制奏议类文体，多为君臣因释奠推行、礼制改革而作的诏令、公牍性质的实用文体。第二类为人"神"交流之祝告祭奠类文体，此处之"神"特指孔庙奉祀的诸圣贤儒，准确来说当为人格神。该类文体均属于祝祭系统，仪式性较强，而且相较于诏制奏议类文体表现出更强的文学性。第三类为反映孔庙释奠之其他类文体，具体包括记、序、跋、论、议、志、仪、学记、碑文、图记、讲义等。这一类文体尽管是对孔庙释奠礼间接的、侧面的反映，然其数量颇为可观，同为释奠文系统之重要组成部分。以下三节内容即就此三大类文体的体裁特征及意蕴内涵分别予以阐述。

第一节　君臣沟通之诏制奏议类文体及其内涵

孔庙释奠并非完全单一的仪式过程，在仪式进行前后的诸多环节中同样伴随着各类文体的"生产"，也正是诸类文体的创作推动着释奠仪式的展开。围绕仪式进行、礼制改革等活动而"生产"的各种文体中，既有由帝王所颁行的诏、制、御笔、御批；亦有系臣僚所作之奏、疏、状、表、札子等文体。要言之，此类文体主要产生于宋代君臣之间，因此创作者的君臣身份等差别鲜明体现于文体创作之中。同时，双向沟通的实际功用决定了行政公文性质的诸类文体多以实用性为主，故而此类文体更加侧重于对社会政治功效等内涵的书写。

一、上对下之诏、制、御笔、御批

由于诏、制、御笔、御批等诏令性质的文体只有封建帝王才能使用，故而此类文体体现出封建社会鲜明的等级秩序。《全宋文》中该类文体约有22篇，因系君臣间用于沟通政事而作，其自上而下的等级色彩自是不言而喻。

"三代王言，见于《书》者有三：曰诰、曰誓、曰命。至秦改之曰诏，历代因之。"[1]《全宋文》中关于孔庙释奠的诏书有18篇，其中真宗5篇：《追谥玄圣文宣王诏》《幸曲阜县备礼谒文宣王诏》《赐孔子庙经史诏》《七十子分侯制赞诏》《颁文宣王庙仪注诏》；仁宗1篇：《飨先农释奠文宣武成王并用登歌诏》；神宗1篇：《春秋释奠以孟轲配食文宣王诏》；徽宗2篇：《故荆国

---

[1]　（明）吴讷著，于北山校点《文章辨体序说》，人民文学出版社1962年版，第35页。

公王安石配飨孔子庙廷诏》《嘉王楷许谒先圣诏》；钦宗 1 篇：《王安石从祀孔子庙廷并责罚盛章等诏》；高宗 3 篇：《幸太学诏》《幸太学推恩诏》《幸太学加恩执经讲书官诏》；理宗 2 篇：《王安石不宜从祀孔子庙庭诏》《幸学诏》；度宗 3 篇：《升侑曾子子思诏》《邵雍司马光从祀孔子诏》《幸学诏》。宋代诏书或用散文，或用四六文写就，然上述 18 篇诏令中有 10 篇为四六文，这亦符合宋代诏令多用四六文写成之实际情况①。另有制文 2 篇，系宋真宗大中祥符元年（1008）十一月朔幸曲阜谒文宣王庙后，于次日所颁之《追封文宣王父叔梁为齐国公颜氏为鲁国太夫人制》《伯鱼母并官氏追封郓国夫人制》。"追乎唐世，王言之体曰'制度'者，大赏罚、大除授用之"②。宋承唐制，大赏罚、大除授亦用"制"；但与诏不同的乃是"制"类体裁辞必为四六文。四六俪语节奏鲜明，"制"用四六文，目的是为便于当庭宣读，如上述真宗二制文即以遣某官"精虔祭告"、遣某官"诣曲阜庙祭告"等语结尾。

御批即为"批答"，此名始见于唐，"盖批答与诏异：诏则宣达君上之意；批答则采臣下章疏之意而答之也"③。批答时有文臣代劳的情况，倘若系帝王亲自批答，即为"御批"。《全宋文》中有关释奠的御批为景定元年（1260）理宗《来年正月择日令皇太子谒拜先圣御批》一篇，所谓"皇太子"即后来的度宗。根据御批的文体特征可知理宗此"批答"当为应臣僚或皇太子之请而作的答复。御批之外的御笔亦为皇帝亲书之文，"宋徽宗这位亡国之君所存御笔特多，超出宋代诸帝御笔的总和"④。《全宋文》中与孔庙释奠相关的御笔亦存一篇，且正出自徽宗之手。政和八年（1118）七月甲午，徽宗降《神霄玉清宫门视至圣文宣王庙立戟御笔》云："天下神霄玉清宫门可视至圣文宣王庙立戟，以称严奉。"⑤ 虽此御笔并非为文宣王庙释奠而作，且仅有区区二十二字，但却间接表达出孔庙立戟之举是为表现严奉尊崇之意的帝王意志。

二、下对上之奏、疏、状、表、札子等

礼制的运作并非只是依靠单方面力量的推动，孔庙释奠在全国范围内的施行亦不例外。君臣间的沟通不仅是上级对下级，下对上、臣对君实乃更为

---

① 参见曾枣庄《宋文通论》，上海人民出版社 2008 年版，第 374 页。
② （明）吴讷著，于北山校点《文章辨体序说》，人民文学出版社 1962 年版，第 36 页。
③ （明）吴讷著，于北山校点《文章辨体序说》，人民文学出版社 1962 年版，第 34 页。
④ 曾枣庄《宋文通论》，上海人民出版社 2008 年版，第 397 页。
⑤ 《全宋文》，第 165 册，第 284 页。

普遍之方式。相对于帝王所作之诏制批答，出自百官群臣之手的奏、疏、状、表、札子等同样属于公牍性质的文体，《全宋文》中收录与孔庙释奠相关的此类文体约计33篇。

　　"奏者，进也；言敷于下，情进于上也。……夫奏之为笔，固以明允笃诚为本，辨析疏通为首"①。可见"奏"乃由臣僚进献君主，故而特别要求语言之明晰简洁与情感之真实诚恳。而辨析疏通也正是"疏"这一文体的要求，奏、疏虽为异名，实则同质，故后世学者多将奏疏连称，以作为奏章之总名②。《全宋文》中收录释奠主题奏文约有20篇，分别为：李维《诸州释奠请长吏亲行祀奏》、王钦若《请修葺及不得占射文宣王庙奏》、孙奭《乞释奠礼备差三献奏》、吴济《交割修文宣王庙钱及礼器醮器事奏》、常秩《追谥孔子帝号奏》《乞建孟轲扬雄像貌并加爵号奏》《乞改正先圣先师冕服奏》、李清臣《乞罢追帝孔子奏》、颜复《论孔子后凡五事奏》、吴时《春秋释奠乞止令书画博士率众陪预执事奏》、蒋静《乞考正先圣冕服奏》、强渊明《请每岁贡士以元日释菜奏》、韦寿隆《乞临幸太学奏》、周焘《成都府学释奠乞许用大晟雅乐奏》、林晨《乞春秋释奠用士执乐陪位并服士服奏》、胡寅《缴资善堂画一内未有先圣奏》、李焘《乞颁降释奠仪注奏》、单夔《乞释奠文宣王在京为大祀州县为中祀奏》、周坦《乞纠察释奠不肃奏》，以及度宗于景定二年（1261）正月以皇太子身份进呈理宗之《乞以张栻吕祖谦从祀奏》。另有疏1篇，为柳开应李准拾遗之请而作的《重修孔子庙垣疏》。

　　明人徐师曾撰《文体明辨序说》概括奏、疏、状、札子四类文体为：奏者，进也；疏者，布也；状者，陈也；札者，刺也③。并将之同归为奏疏类。与孔庙释奠相关的"状"类文体在《全宋文》中有5篇，分别为：沈邈《乞颁降孔子从祀人塑像冕服制度状》、孔宗翰《请孔子后袭封人不兼领他职奏状》《请复增孔庙庙户奏状》、朱熹《乞以泗水侯从祀先圣状》《释奠申礼部检状》。然而朱熹《释奠申礼部检状》上呈对象为礼部，因此可见"状"类文体不仅用于上呈帝王，亦可用于向上级有关部门陈述事实。与此类似的文体还有"札子"，"唐人奏事，非表非状者谓之榜子，亦谓之录子，今谓之札子。凡群臣百司上殿奏事，两制以上非时有所奏陈，皆用札子，中书、枢密

---

① （南朝梁）刘勰著，范文澜注《文心雕龙注》卷五《奏启第二十三》，人民文学出版社1958年版，第421-422页。
② 参见吴承学、刘湘兰《奏议类文体》，《古典文学知识》2008年第4期，第94页。
③ 参见（明）徐师曾著，罗根泽校点《文体明辨序说》，人民文学出版社1962年版，第123-124页。

院事有不降宣敕者，亦用札子，与两府自相往来亦然"①。可见"札子"之名始于北宋，亦为臣僚上奏所用文书之一种，《全宋文》中围绕释奠礼而作的札子有 2 篇：陈淳《上傅寺丞论释奠五条札》、欧阳守道《上吴荆溪乞改塑先圣像公札》。这两篇札子均呈于上级官员或主管机构，呈请对象虽非帝王，然同样毫无例外地表现出自下而上之性质。

同样具备奏议性质的"表"，亦为臣民上奏皇帝所作。《文心雕龙·章表》曰："章以谢恩，奏以按劾，表以陈情，议以执异。"② 相对于奏章、议疏类文体，"表"所承载的"情貌"特征更为明显，"唐宋以后，多尚四六。其用则有庆贺、有辞免、有陈谢、有进书、有贡物，所用既殊，则其辞亦各异焉"③。《全宋文》中所收释奠相关体裁的表类文体共有 5 篇，主要为庆贺、陈谢而作。因庆贺而作之表有苏轼《贺驾幸太学表》2 篇、李復《贺幸太学辟廱表》、石𢙷《贺车驾幸太学表》。兹录李復《贺幸太学辟雍表》如下：

> 玉趾和鸾，肃奉六龙之御；璧流黉舍，亲纡万乘之尊。舆诵载传，群情均庆。中贺。窃以晋武视学，惟行乡饮之仪；汉明临廱，但讲拜老之礼。岂如圣世，翕变道真，发秘化以开人之文，叙彝伦以建民之极。胶庠奕奕，美轮奂于绵区；弦诵洋洋，揭声明于寰海。恭惟皇帝陛下道致广大，性熙光明，放异路之淫辞，兴千年之绝学。海涵地产，生共庆于时升；雷动风行，物咸新于圣作。顒严法驾，贲焕儒宫，示渊衷劝奖之心，昭熙朝华缛之典。臣适分符竹，阻诣阙庭。臣无任。④

与苏轼《贺驾幸太学表》所采用"与散文无异"的新式四六文不同，李復此表仍为规范的四六文。虽同为铺陈，但"表"不像"赋"那样宏大，有限的篇幅于俪语偶对之间主要突出恭贺之意。毕竟作为一种具备奏议性质的文体，自下而上的公牍性质规定了行文的言辞简洁、主旨明确。

此外，如宋人仲并《代谢赐御书御制文宣王及七十二子赞表》乃系臣僚为陈谢帝王而作："恭惟皇帝陛下睦邻偃武，稽古右文。玉振金声，远同符于将圣；肩摩袂属，例光贲其门人。念曲阜石壁之久湮，尚缅林杏坛之可想，

---

① （宋）欧阳修撰，李伟国点校《归田录》卷二，中华书局 1981 年版，第 29 页。
② （南朝梁）刘勰著，范文澜注《文心雕龙注》卷五《章表第二十二》，人民文学出版社 1958 年版，第 406 页。
③ （明）吴讷著，于北山校点《文章辨体序说》，人民文学出版社 1962 年版，第 37 页。
④ 《全宋文》，第 122 册，第 2-3 页。

洒润幽潜之下，濡毫蠖濩之中。……臣窃守邦，欣逢盛事，谨百拜而登受，耸万目以荣观。为章于天，粲祥光之下瞩；未坠于地，蔚圣道之重兴。"① 以上所作之表无不采用四六行文，恭贺陈谢之余多参用典故，骈偶俪对之间情文并茂。虽不属于文学体裁，但相对于其他奏议性质文体，"表"所具备的抒情意向与体现出的文学色彩却是十分鲜明且不容忽视的。

第二节　人"神"交流之祝告祭奠类文体及其意涵

人"神"交流之祝告祭奠类文体属于释奠文系统的第二大类，与诏制奏议类文体表现出的君臣双向沟通不同，人"神"交流乃是单向的仪式行为。这里的"神"特指孔庙奉祀的诸圣贤儒，准确来说当为区别于自然神的人格神。作为帝国礼制"圣域"中广大圣徒进献圣贤的言语文辞，由祭文、祝文，以及拜谒先圣先师所作的告文、谒庙文、辞庙文、青词等构成的祝祭文体系在释奠文系统中所占比重最大，《全宋文》中收录此类文体约214篇。

祝文之体由来已久，至南朝刘勰著《文心雕龙·祝盟》时已有系统论述："凡群言发华，而降神务实，修辞立诚，在于无愧。祈祷之式，必诚以敬；祭奠之楷，宜恭且哀；此其大较也。"② 通过刘勰的表述可知，诚、敬、恭、哀乃是祝文修辞行文之旨；然而随着文体自身的演绎发展与功能的扩充完善，由祝文一体复又衍生出诸多变体。到宋代之时，祭告类文体于祝文之外，几种性质相近的文类发展成熟。不同文类虽同具备祭告性质，但在略有区别的场合情境中却承担着相异的主旨功用，诚如明代徐师曾曾在其《文体明辨序说》中解释"祝文"曰："按祝文者，飨神之词也，……考其大旨，实有六焉：一曰告，二曰修（修、常祀也），三曰祈（求也），四曰报（谢也），五曰辟（读曰弭，让也，见《郊特牲》），六曰谒（见也），用以飨天地山川社稷宗庙五祀群神，而总谓之祝文。其词有散文，有韵语，今并采而列之。"③ 对应于释奠题材的祭告类文体，"告"有告先圣文、告先师文，"修"为释奠、释菜礼之祭文，祝文、青词为"祈"，谒庙文为"谒"，辞庙文则为"报"。就

---

① 《全宋文》，第192册，第252页。

② （南朝梁）刘勰著，范文澜注《文心雕龙注》卷二《祝盟第十》，人民文学出版社1958年版，第177页。

③ （明）徐师曾著，罗根泽校点《文体明辨序说》，人民文学出版社1962年版，第155-156页。

徐氏所述祝文之六大主旨来看，诸种释奠祭告文恰好明确对应于其中的五项。尽管上述主旨并非只见于某一类文体，换言之，同一类文体形式并非只能表现某一固定主旨，例如祝文与祭文在文体名词与内涵意蕴上就存在着交叉甚至混淆的现象。创造者有时只为达到实际的飨神祭告目的而并不对文体名称做刻意区分，"名实不副"的现象反而能够解释"变体"与"本体"的渊源，因为毕竟同属于祭告性质的祝文系统，故而没有必要为了概念的清晰而将交叉重合的事实强行割裂或界定。但为行文论述方便起见，特借鉴上述徐曾师氏对祝文的分类方法，根据内容功用的不同而将祝文、祭文、谒庙文、辞庙文、告先圣文、青词等视作相对独立的文体样式，并分别予以探讨。

一、祝文

《说文·示部》释"祝"为"祭主赞词者"，本义为向神灵祭奠祷告以求福。顾名思义，"祝文"即为飨神之词。《全宋文》中收录孔庙祝文约有 26 篇，就致祭对象而言主要为先圣孔子和先师兖国公、先师邹国公。此外，孔庭"十哲"、两廊诸子亦被视作祝祷对象，如宋人崔鶠就作有《祭两廊诸子祝文》《祭十哲祝文》，但此类诸子祝文、十哲祝文的创作毕竟不如祭先圣、先师文普遍。孔庙祝文因偏重飨祀尊奉，祈祷色彩并不突出，故而除个别篇什外，一般篇幅往往短小简洁。至于行文语辞，则有散文亦有骈文，但往往是四六文居多，且以四言结构为主。如宋人陈造所撰祀先圣、先师祝文云：

> 惟王天纵将圣，心传是道。师范古今，陶冶帝王。世底治安，其原有自。衣被天下，尽物莫报。（《祀文宣王祝文》）①
> 惟公受道圣师，优入其域。善则服膺，仁则克己。四代礼乐，畀付惟重。道之固存，万代如见。（《祀兖国公祝文》）②
> 惟公术自孔氏，闻知之深。养气知言，其传有本。杨墨迹熄，儒不晦蚀。卫道之功，淑诸古文。（《祀邹国公祝文》）③

这一组祝文为典型的四言骈文结构，针对孔圣及颜、孟二公所作祝文篇幅一

---

① 《全宋文》，第 256 册，第 415 页。
② 《全宋文》，第 256 册，第 415 页。
③ 《全宋文》，第 256 册，第 416 页。

致、字数相同，虽未句句押韵，但古朴质实的四言语式于精练之中依旧将尊奉之意传递表达出来。相较而言，袁甫所作《先师兖国公祝文》则采用四言韵语式：

> 先师道德，难可名状。元气融融，春风盎盎。舜何人哉，当仁不让！奋此大勇，一何其壮。颛蒙小子，学焉勉强。慕先师之屡空，一言而蔽之曰：平平荡荡。①

因采取句句押韵的形式，故相比于上述崔鶠所作祝文之"古朴质实"，袁甫所作更显得轻快活泼些，而韵脚的产生一定程度上也发挥着变换语调的作用。同为四言句式，如果说骈文结构使二文皆具备"建筑之美"的话，那么押韵的功效则在于使文字更具"音乐之美"。由此观之，祝文不一定是千篇一律的古质少文，袁甫这一篇祝文就颇具生气，于语调铿锵之间传递出对孔老夫子的仰慕崇敬之意。

此外，祝文创作亦不乏骈散结合的情况，如魏了翁《先圣祝文》曰：

> 某已试罔功，固分久弃，敢图误柬，昺守江乡。成命初颁，申诏趣上。以未信之学冒承剧寄，败车伤锦，凛乎未知攸免。独惟敬信节爱，圣有明训，敢不夙夜究图，以期无负？惟圣寔鉴之。②

至于王安石所撰《祭先圣祝文》《祭先师祝文》，则完全系散文句式。录其文如下：

> 惟王之道，内则妙万物，而外则师王者，为绪余于一时，而鼓舞于万世。学者范围于覆帱之中，而不足以酬高厚之德。今与诸生释奠而不后者，兹学校之仪，而兴其所以爱礼之意也。③

> 外物不足以动心而乐者，可谓知性矣，然后用舍之际，始可以语命。而三千之徒，圣人独以公预，此所以学校有释菜之事，而以公配享焉。④

---

① 《全宋文》，第 324 册，第 127 页。
② 《全宋文》，第 311 册，第 419 页。
③ 《全宋文》，第 65 册，第 304 页。
④ 《全宋文》，第 65 册，第 304 页。

王安石身为北宋著名文士，其诗文造诣自不待言；然此二篇祝文舍骈文韵语而采用散文句法谋篇达意，可见是作者有意为之。于文士身份之外，王安石更多的是以政治改革家面貌活动当时，观其祭孔祝文，说理寄托之意不难窥见。不同于一般文士儒生所作，王安石特殊的身份地位见之于文体创作，更多的乃是通过政治寄托予以体现，这于此二篇祝文开篇即透露出来："内则妙万物，而外则师王者""外物不足以动心而乐者，可谓知性矣"。相较于骈文，散文于说理论议方面所占之优势是骈文俪句难以超越的，故而也更容易承载并表现上述政治寄托。

尽管有意识地纯粹以散文笔法进行孔庙祝文创作在宋代并不占据主流，然这一客观存在的现象毕竟对祝文体式、内涵的丰富起到积极作用。祝文虽为飨神而作，但这并不意味该文体本身就只能承载并表现单一固定的主旨。祝文虽非严格意义上的文学创作，但其作者确属真正之文人阶层，且其中不乏著名文士。仅就骈散韵语在祝文创作中的多样表现，就可感知宋人对此类文体的自觉尝试；然而由自觉尝试所表现出的文体内涵丰富性，在进一步成熟或定型于宋代的祭文、谒庙文、辞庙文、告先圣先师文等诸类祝文"变体"中体现得更为明显。

二、祭文

"按祭文者，祭奠亲友之辞也。古之祭祀，止于告飨而已。中世以还，兼赞言行，以寓哀伤之意，盖祝文之变也。其辞有散文，有韵语，有俪语；而韵语之中，又有散文、四言、六言、杂言、骚体、俪体之不同"①。祭文本属祝文之变体，系由祝文发展而来。"早期的祭文与祝文名异实同，也用于祭奠山川神祇，祈福禳灾。……晋代之后，祭文大量出现，其使用发生了很大变化，主要用于祭奠亲故亡友以及前代贤达，记其言行，表达作者的哀伤之情。……唐宋以后，祭文的文体体制比较固定了"②。虽为变体，然宋人围绕孔庙释奠明确以"祭文"名篇者，其数量已与祝文相当。《全宋文》中收录祭文约计26篇，依据作者地位、身份的不同，大致可划分为以下两类。

---

① （明）徐师曾著，罗根泽校点《文体明辨序说》，人民文学出版社1962年版，第154页。

② 吴承学、刘湘兰《哀祭类文体》，《古典文学知识》2009年第4期，第122–123页。

（一）以帝王身份致祭

宋代帝王释奠孔子名义上往往以皇帝身份撰文致祭，以示尊崇之意。《全宋文》中收录有 5 篇祭文即出自赵宋四位皇帝。最早者系大中祥符元年（1008）十一月二日，宋真宗赵恒《遣张齐贤祭孔子文》。其文曰：

> 朕以肆事岱宗，毕告成之盛礼；缅怀阙里，钦设教之素风。躬谒尊于严祠，特褒崇于懿号。仍令旧相，载达精诚，昭荐吉蠲，用遵典礼。以兖国公颜子等配。尚飨！①

此祭文应系大中祥符元年（1008）十月真宗泰山封禅后，于十一月朔谒曲阜文宣王庙之际所作。是时虽由吏部尚书张齐贤代以致祭，但祭文中仍以"朕"自居，因此亦当视为帝王释奠之祭文。又如宋仁宗赵祯于嘉祐六年（1061）三月十九日所作之《至圣文宣王祭文》：

> 维嘉祐六年岁次辛丑，三月甲申朔，十九日壬寅，皇帝祯谨遣兖州通判田淘敢昭荐于至圣文宣王：惟王渊圣难明，诚明易禀。敷厥雅道，大阐斯文。生民以来，至德莫二。教行万世，仪比　工。阙里之居，祠宇惟焕。遐瞻墙仞，逖仰门扉。奋于飞染之踪，新兹标榜之制。命工庀事，推策涓辰。敢议形容，盖申崇奉。仰惟降格，遥冀鉴观。尚飨！②

再如徽宗赵佶《祭先圣至圣文宣王文》：

> 某年月日，皇帝佶谨遣某官敢昭告于至圣文宣王：惟王天攸纵，诞降生知，经纬礼乐，阐扬文教。余烈遗风，千载是仰。俾兹末学，依仁

---

① 《全宋文》，第 13 册，第 167 页。

② 《全宋文》，第 46 册，第 22 页。按：此文于《全宋文》中又系于田淘名下，仁宗嘉祐六年，田淘时任兖州通判作《祭告孔子文》（《全宋文》，第 62 册，第 349 页）曰："惟王渊圣难名，诚明异禀。敷厥雅道，大阐斯文。生民以来，至德莫二。教行万世，仪比三王。阙里之居，祠宇惟焕。遐瞻墙仞，逖溯门扉。奋于飞染之踪，新兹标榜之制。命工庀事，推策涓辰。敢议形容，盍申崇奉。仰惟降格，遥冀鉴观。"对校于《至圣文宣王祭文》，二文之间个别文字存在差异，然田淘《祭告孔子文》文字错讹较少，当更符原貌。同时田淘《祭告孔子文》也可进一步证实宋代帝王释奠孔子虽名义上以皇帝身份撰文致祭，但实际上并非皇帝躬亲撰文，由臣僚代劳的可能性更大。

95

游艺。谨以制帛牲斋、粢盛庶品，祗奉旧章，式陈明荐，以兖国公、邹国公配。尚飨！①

此外，咸淳三年（1267）正月，度宗太学谒孔行舍菜礼并作《太学祀孔子祝文》。此文虽以"祝文"为名，但行文格式与上述帝王释奠所作祭文无异，故述于此。其文曰：

> 惟王金声玉振，集厥大成，有道立教，垂宪万世。兹率旧章，谨以制币牲斋、粢盛庶品，式陈明荐。以先师兖国公、郕国公、沂国公、邹国公配。尚飨！②

"释奠祝文，唐以前并无流传。……唐代开创的祝文格式在后代一直沿用，遣官致祭的表达方式也基本固定为'皇帝某谨遣具官某致祭于……'。"③ 上述以帝王身份谒孔致祭所作之祭文基本符合这一行文结构，如行文之始先说明祭祀时间、致祭皇帝、所遣朝臣、圣人德业、所陈祭品，继之以配享诸公名号，最后以"尚飨"一词结束全篇，基本上构成了帝王释奠祝祭之行文程式。除对孔圣德业的形容略有伸缩差异外，其余字句内容多无差别，且句式结构以四言为主。因此可以说宋代帝王释奠孔子之祭文，无论结构抑或内容均大同小异；而此中所体现出的明显的程式化特征，在之后历朝历代之释奠祝文创作实践中亦未见明显变化。

（二）非帝王身份致祭

宋代释奠祭文由历朝帝王所撰者毕竟为少数，创作之生力军主要为各级地方官员。地方儒官或以礼官或以学官身份创作的奠孔祭文与帝王所作相比，由于没有程式化的约束限制，故行文表达更为灵活自由；而在这种相对自由的创作心态下，文人笔下的作品也更能包含丰富之意蕴。

---

① 《全宋文》，第 166 册，第 392 页。按：《全宋文》于此文之下还收录有徽宗朝另一篇《祭至圣文宣王文》，文曰："某年月日，皇帝倍谨遣某官敢昭告于先圣至圣文宣王：惟王金声玉振，集厥大成，有道立教，垂宪万世。兹率旧章，谨以制币牲斋、粢盛庶品，式陈明荐，以先师兖国公、郕国公、沂国公、邹国公配。尚飨。"然检阅此祝文，"四配"确立晚在南宋度宗咸淳时，徽宗朝不可能以郕国公、沂国公配享。故此祝文显然不是徽宗时撰，通过字句对照，似为度宗时作，《全宋文》误系于徽宗名下。
② 《全宋文》，第 360 册，第 424 页。
③ 董喜宁《孔庙祭祀研究》，湖南大学历史学 2011 年博士学位论文，第 307 页。

宋代地方儒官所作祭文多用于春秋丁祭或元日释菜，因此也多称"释奠文"。由于丁祭或元日释菜多在学宫进行，规模仪式不同于一般谒孔，故而先师的地位亦得以凸显。体现于"释奠文"创作，则往往以一组三篇的祭文形式出现，如：周紫芝《释奠告宣圣文》《释奠告兖国公文》《释奠告邹国公文》，杨简《绍兴府元日释菜祭文三首》与《局中祭先圣》《局中祭先师》《局中祭邹国公》，等等。此外，地方庙学释奠先贤祭文如卫泾《隆兴府释奠五贤祠文》五首、度正《嘉定三年秋八月上丁释奠四贤文》四首等，亦为一组多篇之祭文形式。而丁祭、元日释菜之外的祭文则往往为单篇形式，祭祀对象自然多以先圣孔子为主。因为祭文宣读多在庙学孔庭，往往伴随着丰盛的祭品陈列，故地方儒官所作祭文结篇之处亦多有"尚飨"之语。地方儒官所作祭文的这一特征亦与帝王祭孔所撰祭文格式类似，由于宋代大多数的谒孔祝文不以"尚飨"结尾，因此也可将之视作为"祭文"同"祝文"的区别之处。

释奠祭文的篇幅长短不限，或数百字，或数十字，多不拘一格。例如度正《嘉定三年秋八月上丁释奠四贤文》四首之一曰：

> 敢昭告于濂溪先生：恭惟先生得洙泗不传之学，而当圣宋全盛之际，是宜明良相遇，千载一时，而卒老于外，有志之士未尝不叹息于斯也。然使先生得皋、夔、伊、傅之位，流泽当世，固甚美矣，《太极》、《通书》何自而见邪？然则先生之学虽不获用于一时，而其道亦光明万世。先生之不用，后之学者之幸也。正生于先生宦游之乡，去先生之世未远，赖父师之训，少而服膺焉。今年逾不惑，粗知以义理为乐者，愿循其所乐终身乐之。兹有事于先圣先师，敢率同志，恭陈明荐。尚享！①

整首祭文近二百字，其行文结构也近于前文所述之祭文程式，只是作者在文中的自述文字较多，叙述性的增强亦相应增加了祭文传达出的信息。相比之下，叶适《总司祭先圣文》只有不到五十字：

> 古今之官不同，而所谓总领军马钱粮者，其事任固亦非今之所当忽也。使某万一不至于不胜其任，是亦先圣之所以教矣。②

---

① 《全宋文》，第301册，第189页。
② 《全宋文》，第287册，第83页。

宋代孔庙释奠祭文创作不仅字数多寡不拘，文格亦不限于一端。既有韵文，也有散文，但采用四言韵语的骈体或兼有四言句式的祭文创作还是占多数，像叶适《总司祭先圣文》这样纯粹以散文笔法创作祭文的情况毕竟不多见，这一现象亦类似于谒孔祝文的创作特点。与唐代相比，宋代士人对散文与骈文的看法并不像韩愈、柳宗元等人那么偏于一端，而是综采二者之长，于古文创作中颇为注意吸收骈文在辞采声调等方面的优势，故能使散文的议论、叙事、抒情功能得到充分发挥，从而使宋代散文的文体呈现多样化趋势。例如华镇《代高邮县祭先师兖国公文》之二：

> 昔仲尼修文武之道于邹鲁，天下之士心悦诚服而来学者三千余人，孝若子骞，辩若子贡，勇若子路，文若子夏，皆当世豪杰也，莫不推公之贤，服公之德。先圣所与，亦惟在公。具体圣人，交臂儒术，功扶名教，泽流后来，故能存契行藏，没同荐享。皇帝初修郊配，诞布鸿休，咸秩无文，矧伊常祀。式严诏旨，敬款祠宫。惟公有神，歆我国命。①

这一祭文即属骈散结合，通过大量采用四字句式以结构全篇，充分发挥了骈文在声调辞采方面的优势，故能够摆脱古文的古奥艰涩，使得行文风格更加平易畅达。尽管于散文中参用骈文句式的"骈散结合"为宋代祭文的主要创作方式，但亦不乏全用骈体韵语之篇，如吴致尧《安化释奠文》：

> 皇皇熙、丰，观民设教。冠带五溪，有此学校。怀我好音，革心变貌。主上神武，聿追来孝。昭揭日星，既明且较。有司失旨，成法骏挠。典籍散逸，黉宇汙淖。小臣区区，涓尘敢效。训迪逸民，诗书是乐。永怀圣训，可则可效。②

采用四字句式且全篇押韵，并不古僻的文字通过明快的节奏表达内涵主旨，这是宋文创作探索出的成功之处。骈散皆备而不执一端，宋人在文法开拓上的理性精神与兼容心态通过孔庙释奠文创作这一侧面不难窥见，也正是这种精神与心态缔造出繁荣的宋代文学和"宋型文化"。

---

① 《全宋文》，第 123 册，第 149 页。
② 《全宋文》，第 173 册，第 27 页。

三、谒庙文、辞庙文

如果说上述的祝文、祭文主要诠释了孔庙释奠主题祝祭类文在体式创作上的多样探索，那么宋人对谒庙文、辞庙文、告先圣文等文体的探索则不仅反映于体裁类型，更通过内涵的丰富多样予以表现。宋代人"神"交流之释奠祝祭类文体中，数量最多的乃是谒庙文和辞庙文，《全宋文》中约计122篇。其中尤以谒庙文创作较多，约有100篇。此类创作或骈或散，或骈散结合，然以单笔散文句法为多。尽管篇幅短小，但灵活自由的形式与不拘一格的文法使得这一文体样式的表现内涵极为丰富多样。或为履新赴职，或因改任去职，由于出自地方文官之手，即使短短数十字亦满含真情实意。个别篇什甚至文采斐然，字里行间颇能彰显宋人之才学。

汉代高祖过曲阜时曾以太牢之礼谒孔，此后地方官员履新过鲁皆有谒孔致祭之举。西汉时期的这一举措某种程度上可视为后世地方官上任拜孔之肇端，而至金元时期这一行为更是被直接著于律令[1]，要求天下官员共同践行。宋代地方官员大量的谒庙文、辞庙文创作是否同样因国家律令规定所致，虽无直接的法律文献可证，然从另一角度着眼——即倘若宋代并无金元时期的律令格式限制，由众多文人对谒（辞）庙文的"自觉"创作这一客观事实，是否恰能说明宋代文人尊孔崇儒之笃行程度。征之文献可知早在北宋英宗、神宗时期，苏轼、曾巩等著名文士就已自觉创作出数量可观的谒夫子庙文。如苏轼于神宗元丰二年（1079）知湖州任时所作《谒文宣王庙祝文》云："至圣文宣王。窃惟吏治以仁义为本，教化为急。故以视事之三日，祗见于先圣先师，问所当先于学。其所从来尚矣，敢忘其旧。尚飨。"[2] 由"其所从来尚矣"不难推知地方官员的履新谒孔之举在更早的时期就已被认真践行。

篇幅简短、语言精练乃是宋代谒庙文与辞庙文的创作特征之一，无论北宋、南宋，这一特征始终为众多文士创作时所遵循。兹列数篇谒庙文如下：

巩获承余教，列职书林，来守此邦，敢遵常礼，躬谒祠下，尚其临

---

[1] 参见黄进兴《皇帝、儒生与孔庙》，生活·读书·新知三联书店2014年版，第29-30页。

[2] （宋）苏轼撰，（明）茅维编，孔凡礼点校《苏轼文集》卷六十二，中华书局1986年版，第1920页。

之。(曾巩《襄州谒文宣王庙文》)①

　　轼以诸生，误蒙选擢。昔自太史，通守此邦。今由禁林，出使浙右。莅事之始，祗见儒宫。圣神临之，敢忘夙学。尚飨。(苏轼《谒文宣王庙祝文》)②

　　某奋自诸生，蒙圣恩移守此土，视事之初，祗谒庙下。誓行所学，以临其民。虽在军旅，敢废俎豆？尚飨。(汪藻《谒先圣祝文》)③

　　纲叨膺宸命，兼领此邦。适当视事之初，敢怠将诚之荐。惟王功施万世，泽被斯民，具载格言，付之后学。其敢忘于垂训，庶有效于微劳。(李纲《谒先圣文》)④

　　某闻之夫子曰："言不忠信，行不笃敬，虽州里行乎哉？"某家世山阴，被命来守，不三舍而至，殆与古之仕于其国者无以异。然一于忠敬有所不力，则吏与民且合其智诈浇浮以欺其守，岂不殆哉！视事之始，款谒先圣先师，非独以令甲也，敢告夙夜祗惧之意。(陆游《谒大成殿文》)⑤

　　某不佞，幼读先圣之书，至于"道千乘之国，敬事而信，节用而爱人，使民以时"，未尝不喟然三叹，以为苟得千里之地而为之守，则斯言也，真药石之良规、檠栝之至诚也。今天子不以为愚且陋，擢守南土，兹非推行所学之日乎！夫一事之不谨不可以言敬，一令之非诚不可以言信，锱铢滥费不得为节用，毫发横取不得为爱人，一役之妄兴则非时使之义，某虽不敏，敢违初心！惟不得罪于此邦之民，然后为无负先圣之训。神灵如在，尚监此心。(真德秀《谒先圣庙文》)⑥

---

① 《全宋文》，第58册，第314页。
② (宋)苏轼撰，(明)茅维编，孔凡礼点校《苏轼文集》卷六十二，中华书局1986年版，第1920页。
③ 《全宋文》，第15册7，第410页。
④ 《全宋文》，第172册，第311页。
⑤ 《全宋文》，第223册，第321页。
⑥ 《全宋文》，第314册，第226页。

谒庙文相对于其他祭告类文体，文格不拘的特点十分鲜明，少则数十字，多则百余字。如上文曾巩《襄州谒宣王庙文》只有二十五个字，宋代大多数谒孔庙文的字数亦是如此；而真德秀《谒先圣庙文》全文则达一百七十字，算是谒庙文中篇幅较长的。宋代的此类文体创作很少有超过二百字的，篇幅的多寡自然会影响到文章对内容含量的承载，尽管谒庙文形式自由灵活，但作为一种文体样式毕竟有某些共同的因素。如行文伊始，作者拜谒先圣先师时往往略称本人姓名，并常常降低身份而以晚辈学生自居，像曾巩自称为"巩"，李纲自称为"纲"，苏轼则径曰"轼以诸生"，甚至直接以"某"字自代以引出下文，类似用法不一而足。在行文之中，诸如"被命于朝""窃守是邦""来守兹土"以及"莅事之始""视事之初"之类的词汇则多被用到。新官上任需要正名，名正则言顺、言顺则事举，"被命于朝"正是表明自己的命官身份，同时在先圣面前也更能见出庄重之意。"窃守是邦""来守兹土"则为申明使命职责所在，至于"莅事之始""视事之初"的表述在谒庙文中更是需要撰文者特别强调的，走马上任，具体公务未及展开而先行礼谒先圣先师，这一首要之举无疑传递出新任者对孔庙之崇高地位的深切体认。

　　类似于谒庙文，辞庙文亦表现出鲜明的主观色彩。换言之，作者的主体意识在行文伊始就被特别强调，这也是其他祝祭类文体样式所不具备的。无论离任辞别或改判他地，"某"所著有的浓厚主体意识和强烈主观色彩必定是首先见之于篇端：

　　　　某猥以诸生，摄官承乏。政也无良，而岁则大有。获免罪戾，适及期年，蒙恩还朝，其敢不告！（赵鼎臣《辞先圣祝文》）①

　　　　某未更州县，条章弗之习。再岁任职，诵所闻不敢念其私。偶逃吏议而去，不敢不告。（洪适《辞先圣文》）②

　　　　熹祗服厥事，于兹五年，业荒行骤，过咎日积。虽逭厥罚，曷慊于心？辞吏告归，愧仰崇仞。谨告。（朱熹《辞先生文》）③

---

① 《全宋文》，第 138 册，第 310 页。
② 《全宋文》，第 214 册，第 77 页。
③ 《全宋文》，第 253 册，第 262 页。

某不才，试令三岁于今，弗率先王之教，以得罪于上下之交者，不知其有几也。终幸逃谴，祇益惭颜！（薛季宣《谢文宣王祝文》）①

以上均系宋人离任辞庙而作。又如南宋光宗绍熙四年（1193）十二月，周必大因改判换任而撰《改判隆兴府辞宣圣文》曰：

某乃者视事之始，祇见学宫，居敬行简，懋德帅下，有是言矣。三年之间，虽愧允蹈，亦弗敢谖也。今蒙恩易镇乡部，于其将行，不敢不告。②

围绕儒家伦理纲常而发的辞庙文于先圣多表现为恭敬尊崇之心，于社稷则突出忠君勤政之旨。尽管在创作数量上辞庙文不比谒庙文之多，但其"反躬自省"的创作主题同谒庙文的"明志宣誓"相比，实则承载着更为丰富的意涵。换言之，因为谒庙文多创作于履新之始，故地方官在向先圣表达心声之时多偏重于爱民勤政、泽被一方的愿望，无论忠于"道"抑或忠于"君"，"忠"的主题占据了主导地位。相较之下，由于辞庙文所发多系"内省自责"之言，故当事人心理及愿望的侧重会直接通过笔端反映于主题内容之中。如刘克庄《辞夫子庙文》于"忠"之外亦强调"孝"，"贪恋荣禄，违去慈母"仅仅八字便将作者内心的复杂呈现出来，进而使得不足五十字的篇幅中蕴含了更为感人的人情人性之"真"：

学者学为忠孝而已。某狂瞽妄发，孤负明主，有愧于忠；贪恋荣禄，违去慈母，有愧于孝。圣恩宽大，止收郡绂，某将归而内讼焉。敢告。③

再如楼钥《辞庙祝文·先圣》：

夫子曰："君子学道则爱人。"钥未知道，而愿学焉。羡员此邦，所未厎于庶者，夫子之教也。今去矣，敢敬致辞。然夫子之道无乎不在，钥之心亦当无乎不勉。盖夫子之庙可辞，而道不可须臾离也。④

---

① 《全宋文》，第258册，第83页。
② 《全宋文》，第233册，第235页。
③ 《全宋文》，第332册，第294页。
④ 《全宋文》，第266册，第272页。

虽反躬自省之意味犹在，但楼钥此文并未落入常见的离任自责俗套。"盖夫子之庙可辞，而道不可须臾离也"，以议论结束全篇，愈使得文章余味无穷；同时也正是这种不拘一格的有意抒写，为此类文体样式增添了浓厚的抒情议论色彩。由此可见，祝祭类文体并非完全表现为内容缺少灵动的功用性及形式千篇一律的程式化，以上创作就再一次从实践中证明该类文体样式同样可以灵动自由而不拘一格。

　　无论谒庙文还是辞庙文，当事人在向先圣先师倾诉过程中所体现的个人色彩都是分外鲜明的。不论是任满辞庙时的"内省自责"，抑或履新谒庙时的"明志宣誓"，都十分突出作者的精神活动与内心体验。就履新赴任时所作的谒宣圣庙文而言，文人与士人的双重身份集中于"文士"这一群体概念上，一方面他们是持道弘毅的夫子门人，另一方面又作为天子门生而造福一方，诚如宋人王十朋在《辞文宣王庙文》中所言："某以天子命，来守是邦。维朔暨望，敬瞻睿容。考将再书，治无可纪。有负吾君，亦负夫子。"① 文士所作之谒庙文往往以"谨告""敢告"或"惟先圣鉴之"等语结尾，言语中似乎更加强调当事者的道德自律。文士一旦为官，其平生所学将发挥作用以求造福一方。然修齐治平本传自先圣，为官者的言行举措是否中规中矩亦须由先圣予以匡谬矫正，故而肩负道统承传的地方官员特别需要象征道统的孔圣予以"鉴之"。然而谒孔的本质并非仅此一端，以孔子为代表的儒家提倡忠于国君、忠于社稷，这也正是封建帝王极为看重之处。儒家思想得以在汉代以来的历朝历代被奉为治国圭臬，其缘由当与此相关。宋代地方官员履新上任先行拜孔，在向圣贤致敬的同时其实更是在向帝王表决心、立承诺，此时作为道统象征之孔庙孔圣俨然代为行使着政统职能。换言之，遍布天下郡县的孔庙代为充当"治统"角色，继而成为地方官吏上任伊始向皇权政统宣誓的监督者与倾听者。

四、告先圣文

　　告先圣先师文主要包含奉安文与祭告文，内容上则主要涉及奉安、告慰、忏悔、谒谢四个方面。这一类文体的创作动机并非常祀祭告，而是因为某些孔庭祀典或庙学诸事出现变化，作为圣人门徒的地方学官特需为文告知先圣

---

① 《全宋文》，第 209 册，第 232 页。

先师，以示尊师敬道、诚意不罔，所以因事临时而作以告飨先哲的特征较为显著。《全宋文》中此类文体创作约有 36 篇，其中系邹浩所作者就有 9 篇，且多以"奉安"为名；另外，朱熹所作的 8 篇则多以"告先圣文"为名。此二人系该类文体创作篇什较多的作者。另有陈亮所作告先圣先师文 3 篇，晁补之亦作有 2 篇。

告先圣、先师文创作动机不同，故包含意蕴亦有差异。晁补之《北京国子监奉诏封孟荀扬韩告先圣文》《诏封孟荀扬韩告先师文》的创作系缘于神宗元丰七年（1084）五月诏封孟轲、荀况、扬雄、韩愈享祀孔庙一事，斯时晁补之为北京国子监教授，故于任职之地的国子监孔庙作文以祭告先圣先师。在《北京国子监奉诏封孟荀扬韩告先圣文》中，作者先交代时间地点与人物事由曰："惟元丰七年月日，河南府左军库巡判官、充北京国子监教授晁补之，谨以清酌庶羞之奠，敢诏告于至圣文宣王曰"①，继之全以四言句式叙圣人功德及朝廷旨意，并以"谨撰吉日以告。尚飨"结束全篇。至于晁补之《诏封孟荀扬韩告先师文》，亦遵循了此一行文结构。又如邹浩《祭告先圣文》《祭告先师文》乃因庙学塑绘圣像而行告慰之事，其《祭告先圣文》云："而维扬乡校将以塑绘其像于王之左右，而有司卜吉，龟筮协从，命工饬材，继今以始。樽箧薄荐，敢告其由。"② 因事而行告慰先圣之事，并作告先圣先师之文，这在北宋主要表现为上述情况。

时至南宋，告先圣文之创作更显繁荣，尤其在大儒朱熹的有力践行下这一文体愈为成熟。朱熹生平创作了大量告先圣文，如《行乡饮酒礼告先圣文》《经史阁上梁告先圣文》《白鹿洞成告先圣文》《白鹿洞成告先师文》《刊四经成告先圣文》《沧州精舍告先圣文》，等等。在扩充创作情境的同时，朱熹一改此类文体样式之前单一的告慰目的，如其《屏弟子员告先圣文》系弟子由于犯科不法而受摒，为师者特出于反躬自责而作，这就为告文增添了"忏悔"这一新的内涵。至于宋人黄裳的两篇《谒谢先圣文》，则因登科进仕之喜而拜谢先圣孔子时所作：

> 有志于学，无志于仕，则其仕也为道，先圣之所与；有志于仕，无志于学，则其仕也为利，先圣之所恶。庚其所与，犯其所恶，其谒谢也在所不见，其荐享也在所不受。而今裳等幸而登科，以赴圣王之器使，

---

① 《全宋文》，第 127 册，第 166 页。
② 《全宋文》，第 132 册，第 77 页。

不敢不相与为行义者，则今日之礼非敢以为文焉。伏惟尚飨。①

> 世之学者师公之不迁怒，则得情之和；师公之不二过，则得性之正；
> 师公之无伐，则进己之善；师公之不校，则忘人之恶；师公之不改其乐，
> 则能不为贫所累，坚忍成就，弗为小人。以至今日见录于仕版，则裳等
> 之来，以公之赐，不可忘也。伏惟尚飨。②

后一篇文字系采《论语》相关典故而发挥，以排比句法铺叙为文，可谓情理
并举。在作者看来，今日虽取得一定的地位成就，然"以公之赐，不可忘
也"，内中报本感恩之情溢于言表。相对而言，像此类因向先圣表达忏悔、谒
谢之意而创作的告先圣文数量并不算多，但是宋人对如上主题的创作尝试无
疑丰富了释奠祭告类文体的表现内涵。

于告慰、悔过、谒谢主题之外，告先圣文最多的乃是为"奉安"而作。
如田洞《祭告孔子文》、刘安上《登州告先圣文》均系因修学而奉安孔圣之
作。刘安上其文如下：

> 朝廷方兴崇学校，郡县内外奉王之制，罔敢不肃，惟兹厥宇，阅岁
> 既久，涂墍颓落，庙貌不严，不足以安神之灵。涓日之良，易楠与瓦，
> 彻而新之，以称明天子令所以钦祝之意，惟王其鉴！③

因为是撰于庙成像塑之后，空间的位移或变更均有必要告之神明，故"奉安
文"之作主要是为了突出修庙安神之旨。类似者还有邹浩所作之《奉安文宣
王文》：

> 惟王之道不系乎一学之隆替，然貌像栋宇，易旧为新，以笃一方严
> 事之心，则吏所不敢懈。厥功告成，用以昭告，惟王其鉴诸。④

又《奉安兖国公文》：

---

① 《全宋文》，第104册，第15页。
② 《全宋文》，第104册，第15页。
③ 《全宋文》，第138册，第7页。
④ 《全宋文》，第132册，第80页。

惟公体圣人之道无入而不自得，故昔之陋巷非所忧，则今之广厦亦非所乐。唯其因严生敬，使人知学校可尊而名教不可犯，以庶几公之德行焉，殆亦公之所期于后世者。敢吉蠲以告。①

宋代奉安文创作亦是骈散不拘、篇幅不限，然其修庙以安神的主题却是一致的。宋徽宗宣和五年（1123）二月，王然在台州黄岩县任上所作之《大成殿奉安先圣文》云：

维宣和五年岁次癸卯二月乙酉朔，宣教郎、知台州黄岩县、管勾劝农公事兼监盐监王然，谨以清酌之献，敬告于先圣至圣文宣王。天台之南，雁荡之北，有古东瓯，薄于海滨。地广齿蕃，多士攸集。惟圣祠学序，礼义所在。往被寇攘，延爇荡尽。然效官之始，首议营建。爰即故址，改卜新宫。寒暑载离，一新庙室。柱石磐巩，檐牙翚飞。轮奂有观，华侈中度。庶几乎揭虔妥灵，昭示无极。涓吉告成，祗迁庙像，以先圣先师爰暨十哲奉安于位。仰冀威神，俯垂鉴格。尚飨！②

文中关于时间、地点、撰者身份、告飨事由等信息一应俱全，且以四字句式结构全篇，在古朴的言语叙述中详尽交代了庙学重修的经过，而对雕梁画栋的渲染借助节奏韵律亦见文学色彩。不惟先圣、先师，十哲诸贤亦成为奉安对象，内中可见作者的虔诚致告之意。在时间上，"奉安"更偏重于事毕之后复告先圣先师，以达到"神"安之目的。"奉安文"所奉为先圣先师无需质疑，然其所"安"却不单为圣贤，文之所作亦不乏当事人求一己之心安的意涵在内。所谓"古者祀享，史有册祝，载其所以祀之之意，考之经可见。……迨后韩柳欧苏，与夫宋世道学诸君子，或因水旱而祷于神，或因丧葬而祭亲旧，真情实意，溢出言辞之表，诚学者所当取法者也。大抵祷神以悔过迁善为主，祭故旧以道达情意为尚。若夫谀辞巧语，虚文蔓说，固弗足以动神，而亦君子之所厌听也"③。因为这是与圣师贤哲进行的对话，恭敬诚恐犹恐不及，所以更容不得巧言虚语见于文中。故而无论告先圣先师文之行文长短，均要求撰者以真情诚意来施行致告。

---

① 《全宋文》，第132册，第80页。
② 《全宋文》，第173册，第83页。
③ （明）吴讷著，于北山校点《文章辨体序说》，人民文学出版社1962年版，第54页。

五、青词

在祝祭文之外，产生于唐代的"青词"这种较为的特殊文体同样对孔庙释奠礼有所反映。青词本为道士向天帝祈福忏过之词，因书于青色的青藤纸上，故称"青词""绿章"；又因书写时所用为朱笔，故而也称"朱表"，从中可见此种文体同道教信仰之密切关系。唐代皇帝尊奉老子，推崇道教，故青词多被用于国家斋醮。中晚唐以后，青词创作开始由宫廷走向民间。时至宋代，青词运用更为广泛，现存唐代青词 240 余篇，宋代则多达 1400 余篇。就有宋一代而言，上至帝王君主，下至普通文士，均曾参与其中。赵宋帝王中如真宗、徽宗、高宗、孝宗等都曾有青词创作流传，然而更多的青词作者还是文人士夫，诸如欧阳修、宋祁、王安石、苏轼、苏辙、刘克庄、魏了翁等著名文士均有数量可观之青词存世，从中也可见宋代青词创作的成熟与繁荣。

《全宋文》中与孔庙相关的两首青词均系胡宿所作，胡宿为宋代青词创作大家，其现存青词 125 篇，就数量而言仅次于宋儒真德秀之 130 篇[1]。胡宿于仁宗朝天圣二年（1024）登进士第，嘉祐年间先后被召修起居注、知制诰，迁翰林学士。嘉祐六年（1061）拜枢密副使，是年"三月乙酉，召辅臣观御书兖州至圣文宣王庙榜"。[2] 而出自胡宿之手的《兖州仙源县至圣文宣王庙安排御书牌额青词》《兖州仙源县至圣文宣王庙安排御书牌额祭告青词》正系于此事，由此可以确定此二首青词系胡宿于仁宗嘉祐六年三月乙酉之后所作。兹录其文如下：

> 伏以圣能之性，天纵素王；道德之风，世尊教父。统归清净，胥会宗原。叹凤可知，犹龙莫测。瞻言曲阜，钦奉灵祠。近以柔毫，新兹华榜，曾匪入神之妙，益惭游圣之难。既揭璇题，载敷玉笈，命勤行之上士，演众妙之微言，仍按醮科，俾严祠具。冀真灵之降格，庶仁寿之登跻，大庇民黎，永绥邦社。[3]

---

[1] 以上数据来源于张海鸥、张振谦《唐宋青词的文体形态和文学性》一文，载《文学遗产》2009 年第 2 期。

[2] 《续资治通鉴长编》卷一百九十三，第八册，第 4663 页。

[3] 《兖州仙源县至圣文宣王庙安排御书牌额青词》，《全宋文》，第 22 册，第 302 页。

惟王渊圣难名，诚明异禀，敷厥雅道，大阐斯文。生民以来，至德莫二，教行万世，仪比一王。阙里之居，祠宇惟焕，遐瞻墙仞，逖仰门扉，奋于飞染之踪，新兹标榜之制。命工庀事，推策涓辰，敢议形容，盖伸崇奉。仰惟降格，遥冀览观。①

唐宋时期的青词创作按照题目和内容大致可划分为以下几类：一为与生命延续相关，包括生辰、祝寿、祈嗣等；二与气候相关，如祈雨、祈雪等；三与节日相关；四为祈求建筑吉祥；五为祈农事；六为祈求仕宦平安②。上述胡宿为安排仙源县御制文宣王庙牌额而作的两篇青词正属于第四类，即祈求建筑吉祥。唐宋青词多由翰林学士或士林名流用骈体写成，嘉祐六年胡宿正为翰林学士，而这两篇青词亦为典型的四六骈文。就其行文而论，也基本遵循了青词的创作程式，开篇先颂功德，如"圣能之性，天纵素王；道德之风，世尊教父""生民以来，至德莫二，教行万世，仪比一王"等语。继而再述举行斋醮的动机为"既揭璇题，载敷玉笈，命勤行之上士，演众妙之微言""命工庀事，推策涓辰，敢议形容，盖伸崇奉"。之后为祈求赐福禳灾与盟誓申愿之语，如"大庇民黎，永绥邦社""仰惟降格，遥冀览观"之类。有限的篇幅通过采用骈偶对仗，体现出对简明畅达之旨的追求；而修辞用典的着意又反映出文人的独运匠心。其实这二者并不冲突，由于这是在和圣贤进行对话，庄重的氛围规定了有限的篇幅，而诚敬尊奉之意只有通过作者悉心雕琢的言辞才能够更好地表达出来。"文人们写作青词，首先是按固定的格式作应用文，并不是专门创作文学作品，所以青词不可能具有很高的文学价值"③。祭告祈祷的目的效用决定了其公文性质，而非文学作品；但在体式文风、语言修辞方面，青词却也表现出了较强的文学色彩。

作为历史进程中孔庙释奠制度巩固发展的关键时期，宋代于礼乐建设中的文体创作亦相应呈现出全新的面貌。作为仪式诸环节的有机组成部分，祝祭文创作在宋代表现的分外繁荣，祝祭类文体创制于数量上升之外，文体本身也体现出进一步的细化，例祝文之外的祭文创作呈现出繁盛局面，于文体系统之中形成与祝文并列的又一类别。然而，更为瞩目的乃是宋人对谒庙文、

---

① 《兖州仙源县至圣文宣王庙安排御书牌额祭告青词》，《全宋文》，第22册，第303页。
② 此分类标准参照张海鸥、张振谦《唐宋青词的文体形态和文学性》，《文学遗产》2009年第2期。
③ 张海鸥、张振谦《唐宋青词的文体形态和文学性》，《文学遗产》2009年第2期，第53页。

辞庙文、告先圣庙文，以及青词创作的着力开拓。以上文体类型均系伴随谒孔祭孔仪式而产生，且因作为祀事仪节中的重要组成部分而备受重视。鲜明的主题性、较强的仪式性是该类文体的主要特征，然在有限的篇幅内，宋代饱学多才之士亦不放弃炫才弄墨的机会，于是骈体散体、偶辞俪句、典故修辞等诸种手法被充分运用于虔敬诚挚的言辞行文之中，故而也使得这类文体相较于诏制奏议等公牍文体表现出更多的文学色彩。此外，体式的定型与内涵的扩充在较大程度上也丰富了孔庙释奠祝祭文类这一文体系统，使得宋代孔庙释奠所呈现之诸般特色不仅证实于制度层面，同时亦经由释奠文的创作实践而得以诠释。

第三节　反映孔庙释奠礼之其他类文体

围绕释奠孔子这一主题，除以上公牍、祝祭性质的文体之外，在宋人笔下还表现为记、序、跋、论、议、志、仪、学记、碑文、图记、讲义等文体创作。"记"之外的以上各类文体创作虽数量不多，然多样的体裁同样丰富着释奠文之意蕴内涵。这些文体皆因事而作，故而以社会功用性为主。如：志、仪、图记、讲义类文体对仪式的记录反映由文体名称即可见出，其在仪式实施中所发挥的实际作用亦不言而喻。然而以上各类文体又不乏一定的文学色彩，如序、跋于记事叙述中，学记、碑文于记录纪念中仍表现出一定的文学特质。

"记"类体裁是释奠文这一系统中创作数量最多的一类文体，除去重复，《全宋文》中与释奠孔子相关的"记"类作品近300篇。就其主题内容而言，分属于释奠记、礼器记、图记、庙记、学记等五种类别。相较于其他各类文体，"记"因其较长的篇幅能够承载更多的内容，故而释奠主题也通过此类文体得到更多的体现。然需要指出的是，真正围绕释奠主题而作的"记"在《全宋文》中只有张守《福州州学释奠记》、陈文蔚《信州州学礼器记》，二文分属于释奠记和礼器记。另有吴纯臣《桂林府学释奠图记》、丁畴《新昌县学刻释奠图记》，则以"图记"这一并不多见的文体样式反映了地方释奠的诸多侧面。而大多数"记"的创作则系因地方庙学中夫子庙、大成殿之修建而产生，诸如宋人王禹偁《昆山县新修文宣王庙记》、欧阳修《襄州谷城县夫子庙记》、石介《宋城县夫子庙记》、汪藻《镇江府重修州学大成殿记》、真德秀《潭州重修大成殿记》等庙记类的"夫子庙记"与"大成殿记"约有77

篇。然而更多的是地方庙学因立学、修学、迁学等情况而作的"学记",这在《全宋文》中约收录有 206 篇,其中府学 10 篇,州学 60 篇,县学 125 篇,郡学 3 篇,军学 7 篇,监学 1 篇(详见附录:《全宋文》所收同释奠相涉之建(修)学记篇目一览表)。庙记、学记类创作虽篇幅较长且数量最多,但对孔庙释奠的反映却并不集中,庙学祭孔只是作为地方兴学、役举工成之后,庆典行礼的一个表现而被描写记录,并非文章所要集中反映之主题。因颂古学之盛、感今学之废,故行兴学之举、记州官之功,这既是此类"学记"的主题意旨,亦是该类文体谋篇行文的基本程式。尽管该类文体对释奠礼之记载较显零散且比重不大,但其较为广泛的呈现在某种程度上亦不妨作为对宋代教育普及和文化发达的说明。

　　铭题于器,碑记于石;碑铭之体,本于金石。刘勰《文心雕龙·诔碑》云:"上古帝皇,纪号封禅,树石埤岳,故曰碑也。"[1] 后世碑文亦有以"铭"称之的情况,故碑、铭往往合称。其以金石作为书写载体,目的均在于对"不朽"的追求。金石的有形厚重一定意义上传达出释奠礼仪的特殊,因为很少有哪种礼仪形式能够获如此刊于金石之殊荣。宋代地方依托"庙学"兴修而立之碑,于某种程度上实昭示着孔庙所受之尊奉。同时也正是依托于有形的庙学,释奠礼才得以反映在碑铭这一类文体创作中。为《全宋文》所收录的反映释奠主题之碑记、铭文约有 19 篇,其中晁端中《萧县儒学碑记》、范栋《重修儒学碑记》、许景衡《温州瑞安迁县学碑》、叶味道《浦江县重建儒学碑记》4 篇为地方庙学因重建、重修或迁移而撰的具有"学记"性质的碑文。柳开《润州重修文宣王庙碑文》、段全《兴化军文宣王庙碑》、宁智《创建文庙碑记》、张萃《肥乡重建文庙碑记》等则属于地方"庙记"性质的碑文。而太平兴国八年(983)十月吕蒙正《大宋重修兖州文宣王庙碑铭并序》、大中祥符元年(1008)十一月张齐贤《祀文宣王庙题名碑》则系承旨而作,是具有传颂功德性质的碑记铭文。"凡碑面曰阳,背曰阴,碑阴文者,为文而刻之碑背面也,亦谓之记。古无此体,至唐始有之。"[2] 宋人邓至所撰《双流县重修文宣王庙碑阴记》即属此类,其中言:"今所纪者,止明乎屋宇之制,笾豆之数。悦随之众,乣劝之人,具载碑阴,庸被采者之详观,亦以

------

① (南朝梁)刘勰著,范文澜注《文心雕龙注》卷三《诔碑第十二》,人民文学出版社1958年版,第214页。

② (明)徐师曾著,罗根泽校点《文体明辨序说》,人民文学出版社1962年版,第145页。

验风俗之丕变，肇基于此乎！"① 由此观之，碑阴所记某种程度上亦发挥着补充说明、发未尽之意的功效。

序，又言"叙"，有大序、小序之分。关于大序，"其为体有二：一曰议论，二曰叙事。……其序事又有正、变二体（系以诗者为变体）。其题曰某序，曰序某，字或作序，或作叙，惟作者随意而命之，无异义也。"② 其中变体性质的小序，乃于正文之前为叙述篇章创作因由而作，《全宋文》中属释奠文系统的小序创作计有 3 篇：李格非元祐七年（1092）正月《幸太学君臣赋诗序》，以及文彦博为《圣驾幸太学赋》所作之序、宋高宗绍兴十四年（1144）五月御制《宣圣七十二贤赞》之序。这三篇序均具叙事性质，或冠于诗赋之前，或置之赞颂之首，用以交代创作背景、说明创作缘由。与序相对，"跋"是写在篇章之后的一类文体，有后序、后记、后录、题后、书后、读后、题词等多种名称。该类文体在宋代之前并不发达，可能因宋代雕版印刷业的兴盛促进了宋人编纂文集兴盛局面的形成，进而也刺激推动了跋类文体的大量创作，故明人徐师曾曾在其所撰《文体明辨序说》中有"跋起于宋"之说法③。宋代围绕孔庙释奠礼所作之跋在《全宋文》中存有 2 篇，皆产生于南宋宁宗朝。一为宁宗嘉定十一年（1218）度正《跋申请释奠礼》，另一篇则是更早些的宁宗庆元元年（1195）由朱熹所作之《书释奠申明指挥后》。其中观点均围绕释奠礼制、仪节规范而发，故"因事而作"的创作目的使得此类文体的实用功效较为突出，"史"之性质更甚于"文"之色彩。

此外，围绕孔庙释奠仪注，宋人还创作出具有鲜明说理特征的论议类文体。金履祥《文庙祭议》、李焘《论华阳县释奠不当废说》以及李石为诸生而作的《论释奠仪注》即属此类。其中前一篇为"议"，后两篇则属于"论"。至于完全反映孔庙释奠仪注之记事性质文体则另有朱熹《沧州精舍释菜仪》、文天祥《西涧书院释菜讲义》，二者分属"仪""讲义"两种文体。志，"按字书云：'志者，记也，字亦作志。'其名起于《汉书十志》，而后人因之，大抵记事之作也。诸集不多见。"④ 高宗绍兴二年（1132）仲秋上丁，

---

① 《全宋文》，第 48 册，第 259 页。

② （明）徐师曾著，罗根泽校点《文体明辨序说》，人民文学出版社 1962 年版，第 135 页。

③ 此说见于（明）徐师曾著，罗根泽校点《文体明辨序说》，人民文学出版社 1962 年版，第 136 页。

④ （明）徐师曾著，罗根泽校点《文体明辨序说》，人民文学出版社 1962 年版，第 146 页。

惠州州学落成，石公辙特作《志释菜事》以简洁言语记录释菜行礼之事，所采用的文体样式正是宋人诸集之中不多见的"志"。

作为礼乐仪式的衍生和对国家祭祀的反映，除文体自身特征之外，释奠题材的诸类文体创作还因受到功能效用、礼制场合、作者身份等诸多因素影响，而呈现出各自不同的面貌和效用。"文章合为时而著"，因事而作的创作动机通过围绕释奠主题而产生的诸类文体予以明显体现。社会功效，或者说政教目的决定了释奠文诸类体裁创作"政治社会性"为主、"文学审美性"次之的特征，甚至有一些文体创作几乎无任何文学性可言，这是无须争辩的事实。但需特别强调的是，并不能因为古代一些文体创作的社会目的政治效用高于其文学色彩，就去否定该类创作，甚至一概忽略、否定其文学特性。故而以较为客观公正的态度去审视研究此类文体创作，其必要性与重要性自不待言。

作为释奠文系统的重要组成部分，祭告类仪式文体创作存在着自身的特殊性。仪式的即时环境与庄重氛围反映在文体创作上自然缺乏生动自由，特定的环境无形中对创作者的身份地位、精神心理产生约束，这种影响进一步反映于释奠文创作上，则只能是庄重肃穆，而不会是形象生动。尤其体现在用于释奠场合的祭文、谒庙文与辞庙文，可以说多系特定格式之行文，然其中的虔敬诚恳亦在某种程度上冲淡了该类文体的程式化特征。尽管均是针对同一仪式主题，但作为圣贤子弟的创作者，其发自内心的祈愿祝祷更能够彰显出对先贤的崇敬，因为他们面对的是真实的圣贤，而非遥远的神祇。宋代士人对道统的传承是自觉自知的，而孔子即是这道统的象征，至于孔庙更是他们接受精神洗礼之"圣域"。处于"圣域"之中的广大"圣徒"借释奠仪式向圣人表达个人心声，继之内化为圣徒的精神信仰，外化为儒生的道德品行。而伴随这一过程所创作的各类文体，既为释奠仪式的产物，也是士人内心情感之抒写。

第五章

诗以言志：释奠诗的体裁类别与多重意蕴

    在"文"之外的释奠诗歌系统中，除祭孔乐章以外，同样继承《诗经》雅颂传统的赞、颂类体裁亦服务于孔庙释奠主题。尤其是多章长篇、四言韵语式的赞类诗歌，因帝王领衔、君臣合撰而于有宋一代呈现出新的创作规模。同时，释奠作为一种仪式现象，更是体现于宋代广大文士的五言、七言近体诗歌创作中。或是作为仪式主持者，或是作为仪式瞻拜者，亲历亲行、耳濡目染，较唐代文人内心更显纤细敏感之宋代文人实为释奠仪式的最佳记录者。在宋人的释奠诗歌创作中既有对帝王崇儒的功德歌颂，也有对地方丁祭的景象铺陈；此外，对仪式进行以及仪式前后的心态描写亦是其独到之处。也正是由于这些诗歌创作，方能够进一步地升华释奠主题、丰富仪式内涵。与"文"相比，诗歌具有形式灵活自由、内容含蓄蕴藉等特征，尽管面对同样的释奠主题，但是不同文人借助于特殊的体裁形式亦可对礼乐仪式进行别样之书写。

    宋代的释奠主题诗歌按照体裁而言主要有以下三大类：一、释奠文宣王所用之"乐章"三组共 27 首；二、文人所作赞颂类文体，其中尤以历朝君臣分撰的文宣王及七十二子赞为主，此类撰制现存近 200 首，基本为多章长篇之组诗；三、表现孔庙释奠主题之五言与七言近体诗歌，《全宋诗》中所录宋代文人围绕帝王视学谒孔、庙学祀孔、释奠致斋等主题而创作的五七言近体诗歌约 64 首（详见表 2.2：宋哲宗元祐六年幸学群臣唱和存诗辑录表，以及附录：孔庙释奠、致斋类题材诗歌颂赞篇目表）。这 60 余首诗歌以极强的文学特性从场面描写、心理映现、功德歌颂、崇儒理想、治世愿望等不同层面，多重角度展示出孔庙释奠礼仪的方方面面，不仅是释奠诗歌创作中的精华，同时也是释奠文体研究之重点所在。

第一节　多章长篇之四言韵语式颂、赞

颂、赞类体裁出现时代较早，刘勰在《文心雕龙》中就曾对此类文体详加阐述，其《颂赞》篇曰："四始之至，颂居其极。颂者，容也，所以美盛德而述形容也。……赞者，明也，助也。昔虞舜之祀，乐正重赞，盖唱发之辞也。及益赞于禹，伊陟赞于巫咸，并飏言以明事，嗟叹以助辞也。"① 由颂"美盛德而述形容"的主旨可知该类文体本为称颂功德而作，正与"诗三百"中"颂"这一部分的创作主旨相符。而"赞"这一体裁最初并非"赞颂"之意，最早乃是对上文起补充说明作用。直至东汉时，"赞"之主题方多表现为褒扬，其性质与"颂"已无太大差别。

五言、七言诗歌创作在魏晋南北朝期间逐渐兴盛，其中五言古诗作为诗歌创作的主要形式尤以南北朝为著。但是"通观南北朝现存作品可以看出，释奠诗多是多章长篇之制，且全为四言诗"②。魏晋以来，这些四言多章的长篇释奠诗作正是继承了东汉时期"颂"类体裁的诸种文体特征。如西晋傅咸《皇太子释奠颂》、潘尼《释奠颂》均为现存较早的祀孔诗歌，之后的南朝宋元嘉二十年（443）颜延之作《释奠诗》九章，齐武帝永明二年（484）王俭的侍皇太子释奠宴诗作，以及沈约、任昉侍皇太子释奠宴诗作等均为四言，且篇幅较长。魏晋南北朝时期释奠礼多由皇太子所行，且伴随仪式而多举行公宴。宴会上臣僚往往应制为文，赋诗活动十分普遍，释奠诗就是公宴诗的一种。然而释奠宴会无论是性质抑或气氛，均和其他公宴活动有所不同，"正是由于释奠礼的特殊性，释奠诗才呈现出以四言为主的雅重风格，而与当时文坛的新变诗风有所不同"③。考察魏晋南北朝时期的四言释奠诗歌，不难发现其多以"颂"名篇，而鲜见以"赞"命名者。这主要因为"赞"类文体"必结言于四言之句，盘桓乎数韵之辞"④ 的体制特点。然文体之体制特征及主题功用并非总是一成不变，尽管这种变化在特定时期内表现得极其微小。

---

① （南朝梁）刘勰著，范文澜注《文心雕龙注》卷二《颂赞第九》，人民文学出版社 1958 年版，第 156-158 页。

② 钟涛《魏晋南北朝的释奠礼与释奠诗》，《文史知识》2009 年第 4 期，第 22 页。

③ 钟涛《魏晋南北朝的释奠礼与释奠诗》，《文史知识》2009 年第 4 期，第 22 页。

④ （南朝梁）刘勰著，范文澜注《文心雕龙注》卷二《颂赞第九》，人民文学出版社 1958 年版，第 158-159 页。

释奠主题的颂赞类诗歌创作发展至赵宋，其间变化已显著区别于魏晋南北朝时期。尽管歌颂褒崇的主题未有变化，但是"赞"类体裁借助多重因素得以大量创制，"释奠颂"的创作反而大为逊色。《全宋文》中与释奠有关的颂类文体只有两篇，一为理宗淳祐六年（1246）贾南金所作《州学更造释奠祭器颂》①，另为理宗宝祐三年（1255）赵汝腾所作《乙卯仲春丁奠毕作素王颂一首呈承祭之士》②，严格意义上讲，只有后者一篇符合四言长篇之"颂"体特点。可见宋代赞、颂二体地位的转易正与魏晋时期相反。

"庙学制"发展至宋代呈现出诸多新的特征，据《续资治通鉴长编》载宋太祖时"上既受禅，即诏有司增葺祠宇，塑绘先圣、先贤、先儒之像。上自赞孔、颜，命宰臣、两制以下分撰余赞，车驾一再临幸焉"③。帝王为孔门众贤制赞之事多被载于史书，且其目的功用十分明晰。高宗绍兴十四年（1144）《文宣王及其弟子赞》题后序曰："朕自睦邻息兵，首开学校，教养多士，以遂忠良。继幸太学，延见诸生，济济在庭，意甚嘉之，因作《文宣王赞》。机政余闲，历取颜回而下七十二人，亦为制赞。用广列圣崇儒右文之声，复知师弟子间缨弁森森，覃精绎思之训。其于治道，心庶几焉。"④"至于亲制赞宣圣及七十二弟子，以广崇儒右文之声"⑤。继宋太祖之后，以帝王为代表由朝廷为孔庙众圣贤撰赞的传统由此奠定，之后的太宗、真宗、高宗、理宗等赵宋皇帝皆有此举。由于篇幅较巨，除宋高宗曾以帝王身份亲自为先圣以卜全七十二子撰赞之外，其余帝王均采取了君臣分撰的形式，如宋真宗赵恒于大中祥符二年（1009）五月一日所颁《七十子封侯制赞诏》曰：

> 朕乃者封山禅社，昭列圣之鸿休；崇德报功，广百王之彝制。洎言还于阙里，遂躬谒于鲁堂。瞻河海之姿，粹容穆若；出洙泗之上，高风凛然。举茂典之有加，期斯文之益振。由是推恩世胄，并赐其宠荣；祗事祠庭，广增其奉邑。复念性与天道，德冠生民，议兹先圣之名，翼广严师之礼。兼朕亲为制赞，以奉崇儒。至于四科巨贤，并超五等，七十达者，俱赠列侯。伊彼先儒，皆传圣道，咸加赠典，俾耀素风，仍命案寮，分纪遗烈，式尽褒扬之旨，庶资善诱之方。宜令中书门下、枢密院、

---

① 《全宋文》，第 346 册，第 85—86 页。
② 《全宋文》，第 337 册，第 354 页。
③ 《续资治通鉴长编》卷三，第一册，第 68 页。
④ 《全宋诗》，第 35 册，第 22221—22229 页。
⑤ （元）脱脱等《宋史》卷一百三十"乐志五"，中华书局 1977 年版，第 3036 页。

三司使、两制、尚书丞郎、待制、直馆阁校理分撰赞以闻。①

因此，由每朝君臣撰制的近百首"赞"各自形成了一个庞大的组诗系统，就篇幅之大、撰者之众而言，其他文体实难以可匹。这既是赞类体裁发展至宋朝时所呈现出的新特征，同时又映射出"政统"诏令对文体创作的直接作用。除了封建统治者的有力推动之外，赞类文体在宋代之所以能够被大量撰制，亦多得益于此类体裁"图赞"特质的优势。因篇幅较长，仅将赵宋诸帝王所作之"文宣王赞"罗列如下：

> 王泽下衰，文武将坠。尼父挺生，河海标异。
> 祖述尧舜，有德无位。哲人其萎，凤鸟不至。
> （宋太祖《宣圣赞》）②

> 维时载雍，戡此武功。肃昭威仪，海宇聿崇。
> （宋太宗《宣圣赞》）③

> 立言不朽，垂教无疆。昭然令德，伟哉素王。
> 人伦之表，帝道之纲。厥功实茂，其用允臧。
> 升中既毕，盛典载扬。洪名有赫，懿范弥彰。
> （宋真宗《玄圣文宣王赞》）④

> 厥初生民，自天有造。百世之师，立人之道。
> 有彝有伦，垂世立教。爰集大成，千古永蹈。
> 乃立斯所，乃瞻斯宫。瞻彼德容，云孰不崇？
> （宋徽宗《太学宣圣殿赞》）⑤

---

① 《全宋文》，第11册，第434—435页。
② 《全宋文》，第1册，第196页。
③ 《全宋文》，第4册，第415页。按：此赞疑有阙文。《全宋文》中太宗《宣圣赞》引自《锦绣万花谷》续集卷一（（宋）不著撰人，景印文渊阁四库全书，台湾商务印书馆1986年版，第924册，第829页），因《锦绣万花谷》续集卷一于太宗《宣圣赞》之前亦录有太祖《宣圣赞》，但只有"尼父挺生，河海标异。祖述尧舜，有德无位"四句，为原作篇幅的一半。结合太宗《宣圣赞》句式语义，推测此赞亦非原文全貌。
④ 《全宋文》，第13册，第163页。
⑤ 《全宋文》，第166册，第389—390页。

　　大哉宣圣，斯文在兹。帝王之式，古今之师。

　　志在《春秋》，道由忠恕。贤于尧舜，日月其誉。

　　惟时载雍，戡此武功。肃昭盛仪，海宇聿崇。

　　　　　　　　　　　　　（宋高宗《宣圣赞》）①

　　圣哉尼父，秉德在躬。应聘列国，道大莫容。

　　六艺既作，文教聿崇。今古日月，万代所宗。

　　　　　　　　　　　　　（宋理宗《孔子赞》）②

　　"伟哉素王""大哉宣圣""圣哉尼父"等句式均系形容词紧接语气词再引出主语，虽仅四字，然简洁急促的构词方式与仄落平收的洪亮音调使得尊崇敬仰之情于篇什之始即洋溢而出，同时亦将孔圣之生平功业于古朴质直的四言韵语中表现出来。与之类似，以四言韵语写就的七十子赞亦呈现出体式齐整的特征，加之内容上的褒扬尊崇，使其明显区别于"史赞"的褒贬议论而形成典型的"诗赞"风格。"七十子"在宋代作为先贤，只图像于东西庑壁。至于诸弟子之赞是否一同被题于相应画像壁上，仍有待进一步考证，然"七十子赞"所承载的"像赞"功能似不容忽视。宋真宗天禧五年（1021）六月"己未，国子监请以御制《至圣文宣王赞》及近臣所撰《十哲》、《七十二贤赞》镂板，诏可"③。仁宗天圣二年（1024）八月"己卯，幸国子监，谒先圣文宣王。……已而观《七十二贤赞述》，阅《三礼图》，问待讲冯元三代制度"④。镂版印行，帝王观瞻，以上迹象进一步显示出"七十子赞"的"像赞"特质。由仁宗幸国子监谒孔后而观《七十二贤赞述》，推测此类文体创作极有可能以某种形式存之孔庙。此外，宋人仲并曾作有《代谢赐御书御制文宣王及七十二子赞表》，表曰："像列群英，风配春秋之祀；赞扬遗范，共歆旦暮之逢。奉奎画以珍藏，遍黉宫而忭跃。……立赞图形，创自开元之制；议名广礼，备存章圣之规。……臣窃守邦，欣逢盛事，谨百拜而登受，耸万目以荣观。"⑤ 以地方官身份对御赐《文宣王及七十二子赞》上表致谢，可见

　　① 《全宋文》，第205册，第149页。

　　② 《全宋文》，第345册，第417页。

　　③ 《续资治通鉴长编》卷九十七，第四册，第2249页。

　　④ 《续资治通鉴长编》卷一百二，第四册，第2366页。

　　⑤ 《全宋文》，第192册，第252页。

《文宣王及七十二子赞》亦会因帝王御赐或朝廷颁降而出现于地方庙学之中，从而起到崇儒劝学之效。

第二节　释奠情境类诗歌

继齐梁"永明体"之后，五七言诗歌经历唐朝三百年间的不断探索与创新，"近体诗"创作终得以成熟。而以五、七言为主的近体诗歌在创作上的繁荣亦使得唐诗成为中国古代诗歌发展史上难以逾越的高峰。格律诗在唐代的成熟与定型为宋人提供了现成的模式，立足于前人成就的制高点，宋代文人对诗歌发展贡献之一鲜明体现即为对诗境内容之开拓。针对同一释奠主题之诗歌创作，在宋代既有承接《诗经》雅颂传统的声诗乐章，亦有类似于魏晋南北朝释奠公宴上的应制颂赞；然而创作更多的当属宋代文人借助近体格律诗，尤其是七言形式来表现释奠主题的相关诗作。相对于乐章由"国家"性质、"皇权"专利导致的撰者特定性与数量有限性，以及颂赞类诗文的内容相近、篇幅划一等特征，五七言释奠诗歌无论是形式的灵活抑或内涵的多样都较前者有所优势。加之以文人士大夫为主的广大创作群体可以不受特定空间场景限制，情动于中而形于言，通过以手写心、借笔抒怀，从而对升华释奠主题、丰富仪式内涵均起到推动作用。

据《全宋诗》[①] 进行统计，可知宋人围绕孔庙释奠情境所创作的五七言诗作计 29 首。这些诗歌均为律诗，短则四韵八句，长则达六十五韵一百三十句。以孔庙释奠为主题的诗歌在整个宋诗创作中虽然所占比例极小，但与宋代文人就释奠武成王之诗歌创作的空白现象相比[②]，宋人对孔庙释奠礼的重视程度自是不言而喻。《全宋诗》中的 29 首孔庙释奠情境诗歌倘若按照创作缘由、主题内容做进一步细化，则可大致分为中央国学释奠诗、地方府州释奠诗、依韵奉和类释奠诗。前两类主要针对中央与地方官学的释奠场景予以描绘。第三类则因次韵奉和之属性而更偏重于抒情言志，就其诗中内容表达来

---

①　北京大学古文献研究所编，傅璇琮等主编《全宋诗》，北京大学出版社 1991 年版。

②　关于释奠武成王，《全宋诗》中只有宋代历朝所撰乐章四组，分别为《景祐释奠武成王六首》《熙宁祀武成王一首》《大观祀武成王一首》《绍兴释奠武成王七首》，共计十五首，就数量而言仍不及释奠文宣王乐章（三组二十七首）。释奠武成王乐章载《宋史》卷一百三十七"乐志十二"，第3238—3240 页；又见于《全宋诗》第 71 册，第44977—44978 页。

看，或系作为行礼官员以表达奉祀感受，或系作为郡县长吏以申明劝学意旨。
兹分述如下。

一、中央国学释奠诗

宋真宗大中祥符三年（1010）正月，"同判太常礼院孙奭言：'释奠旧礼
以祭酒、司业、博士为三献，新礼以三公行事。近年止命献官二员兼摄，伏
恐未副崇祀向学之意。望自今备差太尉、太常、光禄卿以充三献。'诏可"①。
此后，宋朝中央国学孔庙释奠每以太尉、太常、光禄卿为三献，名崇位高的
三献官正可传达朝廷的崇祀向学之意。宋代虽未见以太尉、太常、光禄卿身
份就释奠仪式进行诗歌创作的，然仍有两首诗歌是以三献官之外的官员身份
对太学释奠予以描绘。其中一首为宋祁《观太学释奠》：

> 乡盛菁莪选，邦崇奠菜仪。
> 涓辰大昕鼓，持节少牢祠。
> 粉衮瞻凝眸，银袍豫摄齐。
> 芼羹纷涧沚，郁斋泛尊彝。
> 壁水回寒影，经槐堕晓柎。
> 幸观三献罢，共荷百朋时。②

该诗五言六韵十二句，是宋代科举试诗的主要体式。联句之间对仗工整，在
"乡盛"与"邦崇"的大小对比之间，表现出孔庙释奠作为"国之大事"的
主题。"涓"，指精心而选；"持"，谓虔敬秉执，以上两个动词的运用为仪式
的开展营造出了庄严的氛围。接下来的两联如持续转接的镜头一般，由"瞻"
"豫""纷""泛"四个动词相继引出"粉衮""银袍""芼羹""尊彝"等名
物，不同的服饰分别代了飨祀之圣与祭祀之官。随之祭品、祭器彼此对举，
数语之间呈现出斯时隆盛的动态场面。紧接着的一联可谓造景清寒，在点明
时间之外实为全诗增添了一层清冷意境；然而境由心生，意境所传递出的其
实也是作者当时之心境写照。三献的结束标志着仪式的告终，礼毕事成的内
心欣悦也由此而生，但此欣悦却又表现得并不那么浓烈。所谓平淡之中亦见

---

① 《续资治通鉴长编》卷七十三，第三册，第 1652 页。
② 《全宋诗》，第 4 册，第 2514 页。

意境，宋诗同唐诗的区别由此可窥一班。

另一首乃系宋人强至《依韵奉和司徒侍中仲春释奠》：

> 先圣祠逾重，尊儒世适丁。
> 上公仪最熟，太学祭频经。
> 晓月衣冠净，春风俎豆馨。
> 魏人休请颂，在泮已言形。①

这首诗同样为五言律诗，造句简洁、语言明快。围绕太学释奠，前三联分别刻画事、人、景，由祀孔之事引出祭孔之日、行礼之人。颔联陈事，作者特将身为献官的"上公"入诗，以进一步表现其人的明于礼、熟于仪。颈联状景，"晓月""春风"用语清新，于皎皎月光下致祭、微微春风中奉俎，"净""馨"二字的巧妙使用不仅是对实景之客观表述，同时亦将视觉与味觉效应融入诗境，继而为全诗营造出一种新意境。该诗虽为依韵奉和之作，但却清新自然，不乏意趣。

二、地方庙学释奠诗

宋代州县释奠一般以刺史、县令初献，上佐、县丞亚献，州博士、县主簿终献，有故则以次官摄事。地方官员参与祭孔祀事，普遍的文士出身使他们在触景生情之后更有条件赋诗为文。庙学的道统性质规定了谒庙群体的儒士身份，而政统控制下释奠仪式之神圣性愈加限制并强调着参祀者作为统治精英的社会属性，所以宋代释奠题材的诗歌创作只有也只能以这一批国家统治阶层的精英士人为主。宋代以地方官身份摄事释奠仪式且将充任献官的至上荣耀见之笔端者，其中不乏著名文士，欧阳修就是颇具代表性的一位。如其曾作《早赴府学释奠》一诗曰：

> 羽籥兴东序，春秋纪上丁。
> 行祠汉丞相，学礼鲁诸生。
> 俎豆兼三代，樽罍莫两楹。
> 雾中槐市暗，日出杏坛明。

---

① 《全宋诗》，第 10 册，第 6951 页。

　　　　昔齿公卿胄，尝闻弦诵声。
　　　　何须向阙里，首善本西京。①

题中"府学"当为河南府学，诗系仁宗明道二年（1033）秋，欧阳修于西京留守推官任上陪同钱惟演行释奠礼时所作。诗中主要颂扬西京洛阳弘儒兴教之盛况，语言典雅，叙事简劲。全诗五言六韵十二句，前两联点明地点、时间、人物，"羽籥"分别指雉羽和一种编组多管乐器，代指释奠礼所用的舞具和乐器。"东序"相传为夏代的学校，后为学校通称。"汉丞相""鲁诸生"分别指钱惟演和府学生。中间两联为祀事环境之描写，"俎豆""樽罍"均为祭器，"槐市""杏坛"皆指学校。古代长安、洛阳多植槐树，为文人聚会、民众贸易之所，后遂以"槐市"借指学宫；"杏坛"则为孔子授徒讲学之处，后世亦作为庠序之代称。联句之间对仗工整，用典亦颇为贴切。后两联系诗人借自己昔日于国子监授业习诵之事而卒章显志，再一次烘托出西京府学的文教昌盛。时至南宋，著名文人张孝祥亦曾以丁祭献官的身份赋《释奠》之诗云：

　　　　又领诸儒款泮宫，车书同处礼应同。
　　　　柏庭老影留江月，竹屋寒声作社风。
　　　　坐客语残香一穗，候人催起鼓三通。
　　　　归来税冕仍分肉，更觉休官兴未穷。②

全诗七言八句，是典型的律诗形式。首联以一"又"字开篇，在表明自己久历祀事之余，更传递出一种自豪之情。"车书同处礼应同"，于推理设问之间流露着诗人的肯定之意——上丁之日天下同礼，南宋虽居半壁江山，但对释奠之事仍推行不辍且不遗余力。古代释奠行礼多在夜深月明的卯时前后进行，鼓鸣三通，随着致斋的结束，释奠大幕便正式拉开。张孝祥于诗中没有正面铺陈礼乐场景，但却为读者留下足够的遐想空间。尾联言及"归来税冕仍分肉"之事，"税冕"即脱去礼帽，典出《孟子·告子下》："孔子为鲁司寇，不用，从而祭，燔肉不至，不税冕而行。"③ 通过对比昔日孔子之遭遇以状自

---

　　①（宋）欧阳修撰，刘德清、顾宝林、欧阳明亮笺注《欧阳修诗编年笺注》卷二，中华书局 2012 年版，第 234 页。

　　②（宋）张孝祥撰，彭国忠校点《张孝祥诗文集》卷七，黄山书社 2001 年版，第 84 页。

　　③（宋）朱熹《四书章句集注》卷十二，中华书局 2012 年 2 月第 2 版，第 349 页。

己今日之礼遇，"分肉"事小，其意义却大。诗人以祀事后的这样一件小事结束全篇，可谓构思巧妙而意蕴深远；在叙述自己"兴未穷"的闲适同时，亦使得全诗余味无穷。

同样以献官身份进行创作的还有宋人王十朋，其在《上丁释奠备数献官书十二韵呈莫子齐教授赵可大察推》①一诗中首先描绘曰："备乐阅九奏，银袍烂千亿。兹焉客莲幕，滥与俎豆职。登阶瞻睿容，炳晔若亲识。壮哉芹藻宫，不减鲁侯国。"在一系列的场景铺陈之后，诗人不禁发出"归赓泮水颂，才劣惭史克"的叹息。之所以有此感叹，是因为学浅才陋的自己躬逢盛世圣典却辞不达意、言不尽意，手中之笔不足以描绘眼前的盛景与心中的欣悦。表达出类似心情的还有喻良能《释奠礼成上安抚大观文十四韵》②，该诗篇末如"陋儒何幸会，典礼获周旋""斐然形颂述，深愧采芹篇"之语亦呈现出同样惭愧谦逊的心情。与之不同，陈邕以礼官身份所作《泮水释奠偶缘摄事遂获充员窃观礼义乐奏之盛不胜欣叹辄成小诗奉呈僚友》一诗，则于笔下流露出欣喜自豪之情：

> 春丁逢上日方中，涓吉修诚荐泮宫。
> 奠璧采璘诚可格，代庖越俎数徒充。
> 八音合奏东南少，一道相传古今同。
> 我辈因文须识本，浴沂好咏舞雩风。③

整首诗歌行文流畅、语言明快，内心的喜悦感在题目之中就首先透露了出来。诗中虽不乏"代庖越俎数徒充"的谦卑之辞，然蕴含更多的乃是当事人躬逢礼备乐举之盛世时的自豪。至于尾联"我辈因文须识本，浴沂好咏舞雩风"在表达自勉之意的同时，字里行间亦传递出欣喜快慰之情。

宋朝全国性的科举考试分为发解试、省试、殿试三级，南宋高宗绍兴十二年（1142）之后省试、殿试皆以三年开科为定制，直至清末不改。宋代的四川因距离京师路途遥远、行程艰难，故在四川举行"类省试"以方便广大举子考生。全国范围内的省试多在二月举行，而四川地区则早在半年前的八月举行，因此四川官学诸生多会遇到于仲秋上丁释奠之后紧接着就该赶赴省

---

① 《全宋诗》，第 36 册，第 22702 页。
② 《全宋诗》，第 43 册，第 27020 页。
③ 《全宋诗》，第 50 册，第 31440 页。

试考场的现象。南宋文人袁说友《成都府学释奠》一诗即为对上述情状的真实写照：

> 西风渐渐露溥溥，释菜雍容礼可观。
> 冠带三千严鹄立，风云九万欲鹏抟。
> 锦江曾吐胸中凤，泮水新回笔下澜。
> 拭目诸君快秋捷，胪传高压万人看。①

"西风""露水"表明时节当为仲秋，"三千"以示学子人数之众。省试在即，因而这一次的释奠仪式也多了一重涵义。作者没有描述释奠过程中的仪式场景，而是借上丁祭孔之日、诸生集结之际以表达内心的期望。"风云九万欲鹏抟"化用《庄子·逍遥游》中语，以寄托对莘莘学子大展宏图的殷切之情。"锦江""泮水"对举巧妙，尤其是借助富有地方色彩的锦江入诗，使得颔联在巧妙设喻中彰显出恢弘气势。结句再次表达心声，以"快秋捷""万人看"的豪壮之语承载劝勉激励之意！此外，吴芾《释奠礼毕偶得数语呈广文兼简诸生》一诗借学官身份同样表达出对与祀诸生笃行学业、精进学问之勉励：

> 黉舍修方毕，还欣祭服成。
> 豆笾罗庶品，环佩出新声。
> 已见威仪肃，更须经术明。
> 愿言俱努力，看即奋鹏程。②

就孔庙释奠之举的社会功用而言，一方面是为表现"崇儒"，另一方面则是为实现"劝学"。然"崇儒"之目的最终也还是落实于文人诸生的向学言行等方面。地方孔庙释奠仪式最直接的目的和功用就是在于对地方精英施以耳濡目染之感发作用，进而推动地方实现教化风行、斯文昌盛等一系列政教目的。因此可以说孔庙释奠仪式的"劝学"目的自是首要之旨，观照吴芾诗中"愿言俱努力，看即奋鹏程"一语，其激劝向学之意表露无遗。

---

① 《全宋诗》，第 48 册，第 29959 页。
② 《全宋诗》，第 35 册，第 21878 页。

三、依韵奉和类释奠诗

《全宋诗》中共收录有 7 首依韵奉和释奠诗歌，分别为刘一止《次韵徐季山学正释奠先圣之作》、吴芾《释奠于学和刘判官韵》、虞俦《秋释奠于学万舍人示诗次韵以酬》《和巩使君释奠韵》、罗愿《次韵和子澄春祠先圣律诗》、魏了翁《和胡秘书有开学中释奠》，以及强至《依韵奉和司徒侍中仲春释奠》，在祀孔级别上皆属于地方庙学性质。需要指出的是，依韵奉和的写作特征使得此类诗歌不同于地方庙学释奠诗的多叙场景，而是更倾向于抒情议论性质，其劝勉内省、寄托怀抱的色彩尤为明显。

综观此类诗歌，次韵奉和的创作性质无形中制约着诗歌的表情达意。表彰对方的"德行"，表达自身的"惭愧"，换言之，抬高别人、贬低自己，为此类奉和创作的主要倾向。如刘一止《次韵徐季山学正释奠先圣之作》诗云：

> 阙里躬祠通古昔，升平礼乐信光明。
> 威仪复见周多士，迂鄙何求汉两生。
> 佩委霜侵裳绣冷，犀开风振戟衣鸣。
> 使君肃穆神心格，更看雍容佐国衡。①

该诗为典型的借释奠之事以行歌颂之辞。尾联句中所谓的"使君"当指题目中的"徐季山学正"，释奠仪式上的使君表情肃穆、举止雍容。在作者看来，礼乐升平之世更需要像徐季山这样的学官儒士来辅佐社稷、承传道统。又如吴芾《释奠于学和刘判官韵》一诗云：

> 忆昔未冠随亲庭，采芹曾把泮水清。
> 仰高先圣空有志，逮壮才能脱白丁。
> 三釜及亲虽可喜，抗尘不复论书史。
> 旧游恍若一梦中，十载何期两来此。
> 惭无善政及邦人，况负平生道德心。
> 再瞻庙像直汗下，正恐不为神所歆。
> 朝来俎豆敬通灵，幸赖贤僚赞礼成。

---

① 《全宋诗》，第 25 册，第 16703 页。

　　　　　　　　更勤佳句愧盛意，敢与前贤齐令名。

　　　　　　　　词场自顾非元帅，白发星星徒满戴。

　　　　　　　　尚期君与振斯文，休嗟莲幕淹三载。①

　　诗中作者述今及昔，借光阴流转之迅忽以表达德业未进的惭愧。同时，身为地方官却"惭无善政及邦人"，作为文士儒生又"况负平生道德心"，乃至瞻望庙像而汗流直下，内心的惭愧恐惧借助释奠仪式上反躬自省表现出来。尽管作为孔子门生而为官一方，但德政未修、儒业未进，反顾自身更是白发星星，惆怅之余的惭愧之意于此可见。然而这毕竟是和韵酬赠之作，谦卑自己是为了更好地突出对方，故在末句中由己及人，勉励后进要沉潜精进，以担当振新斯文之重任。

　　此外，曾任湖州知府的虞俦在其《和巩使君释奠韵》一诗曰：

　　　　　　　　畴昔东家一亩宫，推尊昭代比天崇。

　　　　　　　　弦歌未辍文斯在，俎豆亲陪献有终。

　　　　　　　　采藻载歌思泮水，浴沂行咏舞雩风。

　　　　　　　　自惭谬玷诗书走，未美诸儒舍盖公。②

　　诗人自述"俎豆亲陪献有终"，即虽以释奠终献官的身份和韵赋诗，但在纪事抒怀之余仍觉学业未进而自惭形秽。诗中流露出的谦逊之意并未因礼官身份减少丝毫，反而随着和韵之作愈见深切，类似的谦卑之辞在另外两首宋人奉和之作中亦有体现，如虞俦《秋释奠于学万舍人示诗次韵以酬》自谓"已愧薄书成俗吏，却陈俎豆见诸生"③，魏了翁《和胡秘书有开学中释奠》则称"盛事留篇什，赓酬愧不扬"④。围绕孔庙释奠仪式，文人儒士次韵之作普遍表现出的"惭愧"基调在某种意义上虽系奉和主题模式的影响所致，但此类诗作亦不失为释奠仪式过程中对文人心理体验的即时记录。

---

　　① 《全宋诗》，第 35 册，第 21867 页。

　　② 《全宋诗》，第 46 册，第 28522 页。

　　③ 《全宋诗》，第 46 册，第 28497 页。

　　④ 《全宋诗》，第 56 册，第 34923 页。

第三节　释奠致斋类诗歌

　　区别于孔庙释奠赞颂类体裁，祭孔乐章及五七言释奠诗均呈现出明显的"时间区别性"。乐章歌辞用于释奠仪式而与仪式共时进行；五七言释奠主题诗歌作为仪式感召下的书写，相对于仪式过程中乐章施用之即时性特征，其创作多少呈现出滞后性。以七言为主的致斋类诗歌与上述二者类似，其创作同样具备时间特征；然不同之处却在于此类诗歌创作乃先于释奠仪式而产生，这主要由"致斋"作为释奠仪式之一环节的特征所决定。

　　据《新唐书·礼乐志》载："凡祭祀之节有六：一曰卜日，二曰斋戒，三曰陈设，四曰省牲器，五曰奠玉帛、宗庙之晨裸，六曰进熟、馈食。……二曰斋戒。其别有三：曰散斋，曰致斋，曰清斋。大祀，散斋四日，致斋三日；中祀，散斋三日，致斋二日；小祀，散斋二日，致斋一日。"① 在唐代，中央国学释奠属于中祀，地方庙学释奠则属小祀。宋代大部分时间内中央与地方释奠亦分别属于中祀、小祀，南宋高宗绍兴十年（1140）到宁宗庆元元年（1195），中央国子监释奠为大祀，州县则为中祀。据北宋《政和五礼新仪》及南宋朱熹《绍熙州县释奠图仪》相关记载，可知宋代州县释奠文宣王对执事官斋戒天数之要求与中祀相同，皆为散斋三日、致斋二日，同唐代相比亦可见其重视程度。所谓散斋、致斋，即"前释奠五日，应行事执事官散斋三日，治事如故。宿于正寝，不吊丧问疾作乐、判书刑杀文书、决罚罪人、及与恶秽。致斋二日，一日于厅事；其一日，质明赴祠所宿斋，唯释奠事得行，其余悉禁"。② 作为孔庙释奠的前奏，斋居环节往往被祭孔大礼的盛光所掩，故未引起研究者的足够重视，然而释奠礼仪过程中的虔敬之心实肇端于此一环节。

　　宋代文人在斋居期间的诗歌创作形象生动地反映出该阶段之独特心态，尽管此类诗歌的创作数量并不算多，但对升华释奠主题、丰富仪式内涵，以及对孔庙释奠的充分研究无疑起到重要作用。据笔者统计，《全宋诗》中可确定为作于孔庙释奠致斋期间以反映斋居心态的诗作约有 8 首。这 8 首诗歌体

---

　　① （宋）欧阳修，宋祁等《新唐书》卷十一"礼乐志"，中华书局 1975 年版，第 310-311 页。

　　② （宋）朱熹《绍熙州县释奠仪图》，中华书局 1985 年版，第 11 页。

裁不拘,五言、七言均有。其中既有写景清新、理趣盎然之作,亦有因事寄托、感时抒怀之篇。其中葛胜仲《次韵张宏道劝释奠致斋》一诗以五言十韵的较长篇幅,相对完整地反映出由致斋到释奠的前后过程,其诗曰:

> 斋居屏尘务,况复儒宫清。
>
> 木落必粪本,祭菜敢不诚。
>
> 瑚簋见三代,错落罗两楹。
>
> 骨冷破梦境,虚窗坐黎明。
>
> 祠官趣盥頮,珊然环佩声。
>
> 巍巍素王像,视若四海营。
>
> 当时杏坛士,与享影华缨。
>
> 乐教属昭代,弟子陈歌笙。
>
> 端如从陈蔡,琴舞纷纵横。
>
> 元功流万祀,德大遍诸生。①

致斋次日,执事官员于祠所内屏除俗日事务而唯行释奠之事。祠庙圣地,学宫清静,这样的环境实有助于致斋者萌生恬淡虚静之心境,况且当事人本就怀有"祭菜敢不诚"的恭敬心理。特殊的主客观环境便于感情之趋正,本为文士出身的宋代官员在这样的环境下用诗歌记录自身心态,自然与平日应酬唱和之作有所不同,其中的逸兴理趣也更为丰富真实。"骨冷破梦境,虚窗坐黎明",字里行间营造出清冷意境,而外界的清冷其实也是对诗人澄明宁静之内心的真实写照。"祠官趣盥頮,珊然环佩声"是说斋事既毕,祠官应时摧促盥洗,故而使得珊然环佩之声击破了黎明夜色。静中之声,正可以动衬静,空灵中的环佩相击声巧妙地扣出了下一环节,随之祭孔仪式的大幕也由此张开。

"春秋代序,阴阳惨舒,物色之动,心亦摇焉。……天高气清,阴沉之志远;霰雪无垠,矜肃之虑深。"② 斋居中宁静清远的心理状态在诗人笔下往往借助于季节书以更好地传递出来,尤其是仲秋上丁更易引起文人的纷繁思绪。纵观释奠斋居之诗,也确实呈现出多作于秋季之特征。如赵蕃《教授知县以

---

① 《全宋诗》,第24册,第15598页。

② (南朝梁)刘勰著,范文澜注《文心雕龙》卷十《物色第四十六》,人民文学出版社1958年版,第693页。

释奠宿于学宫辄尔奉简》诗中云:"秋色肃已甚,斋居清可知。无由一夜话,漫兴五言诗。"① 又如李洪《秋祀上丁斋宿中夜雨凉因思去岁气候颇同书壁》一诗曰:

> 秋云黯黯结层阴,颍水人稀夜漏沉。
> 独有芭蕉如道侣,二年相伴宿斋心。②

秋云与秋色已为斋居染上一层清肃色调,夜话、夜漏则从声音角度再次对这一色调予以渲染。"芭蕉"的形象设喻可谓诗中有画,使短小的篇幅之中蕴含着无限意趣。再如朱熹于宋高宗绍兴二十三年(1153)仲秋所作《释奠斋居》一诗云:

> 理事未逾月,簿书终日亲。
> 简编不及顾,几阁积埃尘。
> 今辰属斋居,烦蹐一舒伸。
> 瞻眺庭宇肃,仰首但秋旻。
> 茂树禽哢幽,忽如西涧滨。
> 聊参物外趣,岂与俗子群!③

诗人以为平日之中俗务缠扰,如今幸逢斋居之日,腰背才得以任情舒展一番。虽是秋高气爽之日,然南国依旧是树茂禽鸣,外界环境的清爽静谧愈加为斋居中的内心增添了一分安宁。清心寡欲而唯参物外之趣,斯时精神上的澄澈宁静岂是平日抑或俗人可及。朱熹虽为理学大家,然此诗却未见道学气萦绕。虽作于致斋之日,却不乏灵动活泼之气,遂性适意之旨自然流露,看似严肃的礼典亦因之而增添了些许生趣。

　　既为释奠的前奏,斋居期间的凝神静坐自然不可避免,然而于宋人笔下却未表现出丝毫的枯燥乏味;相反,诚敬之际由内心体验到的空灵与外界观察到的生趣在此期间反而得到了最佳呈现,尤其是宋诗特有的理趣借助于斋居书写更是得以充分体现。理趣之外,宋人作诗多用典、好议论的特征在斋

---

① 《全宋诗》,第 49 册,第 30868 页。
② 《全宋诗》,第 43 册,第 27192 页。
③ (宋)朱熹著,郭齐、尹波编注《朱熹文集编年评注》卷一,福建人民出版社 2019 年版,第 59-60 页。

居所作中亦有所表现，如袁说友《释奠斋宿》：

> 云高天白夜沉沉，墙外谁家送远砧。
> 有月林梢鸣翠羽，无风窗下落黄金。
> 百年已老安仁鬓，三径空怀靖节心。
> 病眼细书何龃龉，短檠犹得对孤斟。①

由诗中对云天、落叶的描绘，不难推知此诗当值仲秋斋居时所作。全诗先写
景后抒怀，借助月下捣衣声、窗下黄金叶营造出幽静沉寂的氛围，进而引出
作者的内心寄托。"安仁""靖节"接连用典，系借西汉潘岳、东晋陶潜之事
以显示自己视衰鬓白之际向慕恬静的暮年心态与生活旨趣。

与袁说友不同，张孝祥在其《上丁斋宿》一诗中因事寄托、感时抒怀，
借释奠斋居之作传递出了截然不同的感情基调：

> 青衿陪祀忆初年，老矣斋居重慨然。
> 俎豆不知鹅鹳事，牲牢空荐犬羊膻。
> 北来被发车连野，东去乘槎浪接天。
> 汲汲两宫常旰食，受脤归去泪如川。②

张孝祥乃南宋杰出的爱国词人，为"辛派"之先驱，其一生主张抗金大业，
渴望收复北方失地。文如其人，孝祥诗风亦多慷慨沉雄、骏发踔厉，这首诗
虽为斋居期间之作，但上述风格依旧可见。全诗四联除首联外，几乎句句用
典，"俎豆"典出《论语·卫灵公第十五》，卫灵公曾向孔子请教军队陈列之
法，孔子对曰："俎豆之事，则尝闻之矣；军旅之事，未之学也。"③ 本义指
的是与礼乐相关之事。"鹅鹳事"典出《左传·昭公二十一年》"郑翩愿为
鹳，其御愿为鹅"④ 一语，在诗中代指军阵之事。"被发""车连"之典亦出
自《论语》，孔子曾对子路称颂管仲之功德曰："桓公九合诸侯，不以兵车，

---

① 《全宋诗》，第 48 册，第 29948 页。
② （宋）张孝祥撰，彭国忠校点《张孝祥诗文集》卷六，黄山书社 2001 年版，第 71 页。
③ （宋）朱熹《四书章句集注》卷八，中华书局 2012 年 2 月第 2 版，第 162 页。
④ 杨伯峻编著《春秋左传注（修订本）》，中华书局 2009 年 10 月第 3 版，第 1429 页。

管仲之力也。"① 又曾对子贡言："微管仲，吾其被发左衽矣。"② 句中"被发""车连"二语连用，均系表达靖康失地之恸。"乘槎"语出《论语·公冶长第五》："子曰：'道不行，乘桴浮于海。'"③ 本指壮志难酬之后的独善其身，然张孝祥却未选择乘桴浮海，并非因为海浪凶险，只缘生平壮志未酬。靖康一难而北宋灭亡，山河沦丧，曾为孔子行教的邹鲁圣地亦被金兵占领。绍兴三十二年（1162）高宗禅位，孝宗登基后宵衣旰食、勤于政事，礼毕受膰之际的诗人念及于此，故而泪如雨下。可见"泪如川"并非仅仅是为受膰之赐所感，由斋居释奠联想到时事的荣辱兴废与帝王的励精图治而不禁百感交集，这才是下泪的真正缘由。诗人于同年（1162）又作有《六州歌头·长淮望断》④ 一首，词中"洙泗上，弦歌地，亦膻腥"之语即表达出对金人腥膻之气玷污孔子讲学圣地的悲痛与愤慨；至于该词下阕中的"闻道中原遗老，长南望、羽葆霓旌。使行人到此，忠愤气填膺。有泪如倾"。更不失为本词的注脚。如果说斋居之作在某种意义上丰富了释奠诗文的表现内涵，那么张孝祥此诗则为释奠斋居诗歌增添了新的意蕴、开拓出新的境界。

---

① （宋）朱熹《四书章句集注》卷七，中华书局 2012 年 2 月第 2 版，第 154 页。
② （宋）朱熹《四书章句集注》卷七，中华书局 2012 年 2 月第 2 版，第 154 页。
③ （宋）朱熹《四书章句集注》卷三，中华书局 2012 年 2 月第 2 版，第 77 页。
④ （宋）张孝祥撰，宛敏灏校笺《张孝祥词校笺》卷一，中华书局 2010 年版，第 1 页。

结　语

在中国古代释奠制度不断演进之历史背景下，文体自身的发展变革和丰富完善于华夏文明造极之世的赵宋王朝，愈加呈现出新的风貌。全面审视宋人笔下多样的文体创作，可知宋代孔庙释奠诗文与释奠礼二者间的彼此作用和相互联系主要表现为以下两方面：一方面，各类文体作为仪式不可或缺的环节而被创作，例如祭孔乐章、释奠祝文之类；另一方面则作为对仪式的多重再现而被创作，如五言、七言格律诗歌及兴学碑记对释奠主题的反映。然而以上两方面都直接诠释出释奠文体创作与祭孔礼仪形式的紧密联系，同时也揭示出仪式与文学的相互作用及存在与意识的辩证关系。

作为与仪式相伴相生的文体类型，特定的主题及功能自然使得释奠诗文具备并表现出有异于其他主题文学作品的诸多特征，这首先便是仪式性。特定的社会功用是释奠类文体创作最为鲜明的特征，尤其对于祭孔乐章和祝祭赞颂文而言更体现为其本质特征。相较于"审美性"，"应用性"的即时功利目的乃居于首位。例如诸类释奠文体创作中，为推动仪式进行而创作的诏奏疏表类公牍确实以实际功用目的为首，甚至几乎没有多少文学色彩可言，而祭文、祝文一定程度上还存在有程式化的创作倾向，但以上现象并不能够概括所有的释奠文体。程式化、应用性确实为某些文体的显著特征，然而从另一角度讲这亦是礼乐文学、仪式文体创作的特有印迹，这是客观存在的，不能因为文学色彩不足就完全忽视甚至否定对此类文体的研究。其次是文学性，这主要针对释奠诗文的审美层面而言。客观来说，释奠诗文的文学色彩并不突出，然而也并非意味着全无可观之处。宋代文人笔下的　些祭祝谒庙文创作或骈或散，内中实不乏佳什；而相对唐代及之前历朝，由宋人创作的释奠诗歌无论数量抑或水平均堪称超越，以筋骨思理见长的宋诗风貌亦蕴涵于此。

孔庙释奠的礼制进程是一个动态连续的历史过程，所以切不可将历史阶段中的某项礼制措施视为突如其来的个别事件。文学创作中所具备的丰富内涵与诸多细节，恰恰能够呈现历史发展中的某些细节和盲区，能够对历史现象的产生予以多角度之书写、阐释，乃至匡正。而这也正是本研究尝试以文学研究与礼制史研究相结合为代表之"文史结合"研究方法的学术追求所在。围绕宋代孔庙释奠诗文研究这一主题，正是借助于文学与礼制相结合的研究方法，通过对诸类释奠文体的创作背景、文体特征、士人心态等三个层面的审视考察，形成了上述行文与相关结论。同时，围绕贯穿于分析论述过程中的"制度—国家政治内涵—政统（治统）""仪式—宗教仪式内涵—宗教""文体创作—文治教化内涵—道统（文统）"三条主线，不难发现：孔庙释奠之目的是政治的，但其效果却又是文化的。

附 录

新见国图藏《中州题咏集》民国抄本及其文献价值

摘　要：明代佚名纂辑的《中州题咏集》作为一部题咏河南山川风物之盛的诗歌总集，明清以来仅见少数私家藏书目著录。长期以来学界普遍以为其已亡佚，事实上商务印书馆涵芬楼藏明刊本《中州题咏集》至 1932 年方毁于日军炮火。今发现于国图的十卷本《中州题咏集》系清末民初扬州吴氏测海楼所藏抄本，全书辑录唐至明代近 200 位诗人 310 题计 511 首诗作，以府别卷、以地系诗的纂辑体例使该书体现出鲜明的地域特征，而显著的辑佚校勘功能亦突显出此集的重要文献价值。

关键词：《中州题咏集》，涵芬楼，明刊本，民国抄本，文献价值

佚名纂辑的《中州题咏集》一书不见于历代官修、史志目录，明清以来仅为数家私家藏书目所著录。由于此书流传未广，历来对其体例内容、版本年代等情况鲜有考辨。1980 年代北京大学古文献研究所编纂的 72 册《全宋诗》先后印行，其中卷七四七至卷一二七〇录有北宋梁焘、周商、韩忠彦、李之纯、刘奉世、王岩叟、李师德、李阶共 8 首《驾幸太学》诗。8 首诗虽全部注明出于《中州题咏集》，但系《全宋诗》自清人厉鹗《宋诗纪事》转引，可见《全宋诗》编纂过程中是将《中州题咏集》视为佚籍而未直接采用。又《中原文化大典·著述典外编·河南方志总目》撰《中州题咏集》条目为："中州题咏集九卷 佚 佚名撰。……《涵芬楼烬馀书录》附《涵芬楼原存善本书目》作'明刊本'，未著卷数及编者。《虞山钱遵王藏书目录汇编》在史部地理名胜类著录作'《中州题咏集》一卷'，而同书名胜类又著录有'《中州题咏集》十卷'。未闻有传本"①。该条目将《涵芬楼原存善本草目》误作"《涵芬楼原存善本书目》"，并论定《中州题咏集》亡佚且"未闻有传本"。

事实上，明刊十卷本《中州题咏集》民国时犹藏于上海商务印书馆所属之涵芬楼，至 1932 年"一·二八"事变方遭日军焚毁。今发现国家图书馆藏

---

① 栾星主编《中原文化大典·著述典外编·河南方志总目》，中州古籍出版社 2008 年版，第 431 页。

有佚名纂辑的《中州题咏集》十卷乃系民国初期抄本，因其鲜为人知，该集的文献价值至今未引起研究者之关注。

一、《中州题咏集》的著录情况

较早对《中州题咏集》予以著录的是明代《万卷堂书目》，该书目初成于隆庆四年（1570），系宗室朱睦㮮所编。原书本不分卷，清光绪二十九年（1903）叶德辉据所藏本就四部分类法列为四卷并刊行，其卷二史部"杂志"类著录为"《中州题咏集》九卷"①。之后的万历三十年（1602），徐𤊹编有《徐氏家藏书目》七卷，其卷二史部"各省题咏"类著录为"《中州题咏》十卷"。②此外，明人董其昌据其家藏卷帙而撰成《玄赏斋书目》八卷，其中史部卷第三"名胜"类亦著录有《中州题咏集》③，但未说明具体卷数。清人对《中州题咏集》的著录，主要为江南藏书名家钱曾、范邦甸所著之私家藏书目。钱曾《述古堂藏书目》卷三名胜类有"《中州题咏集》十卷"④，其《也是园藏书目》第三卷史部名胜类另作"《中州题咏集》一卷"⑤；又据钱曾所撰《钱遵王述古堂藏书目录》十卷，卷四"名胜"类著录为"《中州题咏集》十卷二本"⑥，可知钱氏家藏《中州题咏集》有十卷本和一卷本两种，然此二本具体之关系如何，今已难考。嘉庆十三年（1808）刊行的《天一阁书目》四卷系由范邦甸等编，其卷二之一史部一"传记类"著录为"《中州题咏集》

---

① （明）朱睦㮮编《万卷堂书目》，丛书集成续编本据《玉简斋丛书》影印，新文丰出版公司1988年版，第419页。

② （明）徐𤊹《徐氏家藏书目》，《续修四库全书》（第919册）据国家图书馆藏清道光七年刘氏味经书屋抄本影印，上海古籍出版社2002年版，第155页。

③ （明）董其昌《玄赏斋书目》，中华书局编辑部编《宋元明清书目题跋丛刊》（第5册）据国家图书馆藏民国间张钧衡适园抄本影印，中华书局2006年版，第84页。然有学者指出董其昌《玄赏斋书目》系伪书，认为其所有类目采自《近古堂书目》《也是园藏书目》并删改而成，"从文献的角度看，今传之《玄赏斋书目》是一部毫无使用价值的伪书目，而且是一部伪中之伪的私家书目。"详见李丹、武秀成《一部伪中之伪的明代私家书目——董其昌〈玄赏斋书目〉辨伪探》，《中国典籍与文化论丛》（第九辑），北京大学出版社2007年版，第184-215页。

④ （清）钱曾编《述古堂藏书目五卷·附宋版书目》，丛书集成初编本据《粤雅堂丛书》排印，商务印书馆1935年版，第33页。

⑤ （清）钱曾编《也是园藏书目》，丛书集成续编本据《玉简斋丛书》影印，新文丰出版公司1988年版，第35页。

⑥ （清）钱曾《钱遵王述古堂藏书目录》，《续修四库全书》（第920册）据国家图书馆藏清钱氏述古堂抄本影印，上海古籍出版社2002年版，第460页。

十卷刊本 不著撰人名氏"①。

综上可知,《中州题咏集》在明清两代私家目录中多被著录为"十卷",同时也有"九卷"本、"一卷"本行世;十卷本当为足本,九卷本、一卷本是否足本暂且存疑。诸家于该书或置之杂志、传记类,或归以名胜、题咏类,但前后均列之于"史部"大类。民国时张元济编《涵芬楼烬余书录》附《涵芬楼原存善本草目》,该善本草目所著录之书系涵芬楼被毁前的部分典藏,内中即有"中州题咏集 明刊本"②,未著撰人名氏。涵芬楼所藏这一《中州题咏集》刊本同样为十卷本(详下文),推测其与《天一阁书目》所著录者为同一版本。张元济昔自述涵芬楼藏书"其曾入于著名藏家如鄞县范氏之天一阁、昆山徐氏之传是楼、常熟毛氏之汲古阁、钱氏之述古堂、张氏之爱日精庐、秀水朱氏之曝书亭、歙县鲍氏之知不足斋、吴县黄氏之士礼居、长洲汪氏之艺芸书舍及泰兴延令季氏者,不可胜计"③。所以不排除此本有天一阁、涵芬楼递藏的可能。需要注意的是《涵芬楼原存善本草目》在著录十卷本《中州题咏集》时首次指出该本为"明刊本",结合上述明清私家目录的著录情况,这一有关《中州题咏集》刊行时代的论断应不无依据。

此外,清人厉鹗于乾隆十一年(1746)辑撰《宋诗纪事》一百卷,内有12首诗引自《中州题咏集》,分别见于《宋诗纪事》④ 卷五钱昆《游铁岸》,卷五十一京镗《曹操疑冢》,以及卷十九顾临,卷二十二丰稷、于岩叟,卷二十四韩忠彦,卷二十六李之纯、梁焘、刘奉世、周鼎、李师德、李阶的同题次韵唱和诗《驾幸太学》。同撰成于乾隆朝而略晚的李调元《全五代诗》,卷六六亦自《中州题咏集》辑录钱昆《游铁岸》⑤ 一诗。

二、涵芬楼与明刊本《中州题咏集》的焚烬

基于《涵芬楼原存善本草目》的著录,可知民国时明刊本《中州题咏集》犹存于上海商务印书馆的涵芬楼——东方图书馆。此《善本草目》系对

① (清)范邦甸《天一阁书目》,《续修四库全书》据浙江图书馆藏清嘉庆十三年扬州阮氏文选楼刻本影印,上海古籍出版社2002年版,第920册,第87页。

② 张元济《涵芬楼烬余书录》,《张元济全集(第8卷)·古籍研究著作》,商务印书馆2009年版,第517页。

③ 张元济《涵芬楼烬余书录·序》,《张元济全集(第8卷)·古籍研究著作》,商务印书馆2009年版,第146页。

④ (清)厉鹗辑撰《宋诗纪事》,上海古籍出版社2013年版。

⑤ (清)李调元编,何光清点校《全五代诗》,巴蜀书社1992年版,第1342页。

涵芬楼——东方图书馆未遭兵火前之部分典藏的著录，张元济《涵芬楼烬余书录·序》中说："涵芬善本，原有簿录，未毁之前，外人有借出录副者。起潜语余，北京图书馆有传抄本，盍借归并印，以见全豹。"① 此处所谓之"传抄本"即《涵芬楼原存善本草目》，其中便著录了"《中州题咏集》明刊本"。

1932 年"一·二八"事变，上海商务印书馆总厂及所属涵芬楼——东方图书馆惨遭日军轰炸，除事先寄存于金城银行库内及临时取出的"宋本凡九十二种，元本百〇五种，明本同校本八十一种，抄本百四十七种，稿本十种"② 计 435 种 5000 余册善本幸存外，涵芬楼——东方图书馆典藏可谓百不存一。是年三月廿一日张元济致瞿宣颖信中说："东方图书馆数十万卷尽成灰烬。方志一门，凡二万六千余册，一旦化为乌有，宁不痛心。"③ 涵芬楼被毁不久，张元济便着手编纂《涵芬楼烬余书录》，他在民国二十一年（1932）四月十三日致傅增湘的信中说："《烬余书录》弟正在编纂，因公司善后事务甚忙，恐须数月后方能脱稿，容再呈正，并乞弁言。"④ 翌年九月二十五日致傅增湘信说："《涵芬楼烬余书录》业经卒业，现正打印毛样。"⑤ 1937 年夏，铁琴铜剑楼主人瞿启甲应张元济请为此书撰序。然直至 1951 年 5 月，由张元济编并经顾廷龙赓续雠对的《涵芬楼烬余书录》方由商务印书馆出版繁体直排线装本。此书录系对烬余之书 562 种计 6324 册又 1 函⑥的详细记载，而其中于《中州题咏集》一书已无任何著录，可知涵芬楼所藏明刊本《中州题咏集》正毁于此次兵燹。

需提及的是，早在"一·二八"事变涵芬楼——东方图书馆典藏被毁之前的 1919 年，商务印书馆就曾计划对明刊本《中州题咏集》等一批古籍予以发行。据民国八年（1919）二月二十七日时任内务总长钱能训签发的《内务部布告第五号》文载：

> 为布告事，据上海商务印书馆经理高凤池呈称："查《著作权法》施行细则第十一条'欲发行无主著作者，应豫将原由禀请该管官署登载

---

① 张元济《张元济全集（第 8 卷）·古籍研究著作》，商务印书馆 2009 年版，第 147 页。

② 据民国二十一年三月十七日张元济致傅增湘信，张元济《张元济全集（第 3 卷）·书信》，商务印书馆 2007 年版，第 390 页。

③ 张元济《张元济全集（第 3 卷）·书信》，商务印书馆 2007 年版，第 524 页。

④ 张元济《张元济全集（第 3 卷）·书信》，商务印书馆 2007 年版，第 391 页。

⑤ 张元济《张元济全集（第 3 卷）·书信》，商务印书馆 2007 年版，第 397 页。

⑥ 该数据系笔者据《涵芬楼烬余书录》统计所得，张元济《张元济全集（第 8 卷）·古籍研究著作》，商务印书馆 2009 年版。

《政府公报》，自登报之日起满一年无人承认者始得发行'等语，本馆现拟发行无主著作三十九种，请察核登载《政府公报》。俟一年内并无原著作权之承继人出而承认再由本馆发行等情，并将原书名及原著作人姓名开送到部。"除核与《著作权法》注册程序及规费施行细则第一条第一款不合者外，其馀各种应即照准。为此开列原书名及原著作人姓名，依法登载《政府公报》。自登报之日起如有各该著作人之承继人，务于一年内出而承认。特此布告。①

紧承《布告》正文之后，即开列有拟发行的《南岳总胜集》《太平宝训政事纪年》《虎丘诗集》《朱文公大同集》《女教史传通纂》《古梅遗稿》《天台山志》《何义门校法书要录》《吴中日记》《雪庵字要》《中州题咏集》等"无主著作"共计 33 种。所谓"无主著作"系指当时无人承继原著作权者，在这 33 种"无主著作"内又有 10 种作者姓名无考，其中"《中州题咏集》十卷"便赫然在列，并注明"不著撰人名氏"。惜未能确定商务印书馆此发行计划之后是否得以实现，倘其事果行，则明刊十卷本《中州题咏集》的影印或排印本今尚有可能存于天地间。

三、国图藏《中州题咏集》抄本及其文献价值

（一）国图藏十卷本《中州题咏集》抄本情况概述

今国家图书馆所藏《中州题咏集》当系民国初期抄本，该抄本线装一本十卷全，亦不著撰人，无序跋类文字，无格阑，全书一百三十二叶（目录十八叶，正文一百十四叶），每半叶九行，行二十字。据卷前目录首叶右侧"中州题咏集目录"七字下端钤有的篆书"真州吴氏有福读书堂藏书"长方形白文印，可知该抄本曾系晚清至民国间扬州吴引孙（1851-1920）测海楼藏书。紧承"真州吴氏有福读书堂藏书"印下识有"一本二元四角"小字，当为吴引孙笔迹，"吴氏藏书，求备而不求精，与世之专尚版本者不同，然每得一书，必钤藏印于首叶，并手识曰：几函几册，几元几角，函以板，悬以签，

---

① 中国第二历史档案馆整理编辑《政府公报》（影印本第 140 册）1919 年 3 月 4 日第 1106 号，上海书店 1988 年版，第 87-88 页。该处引文标点系笔者所加。

无折角，无缺叶"①。另在卷六中部书缝左侧钤有一楷书朱文"徽顺张记"花边印，此印深嵌书缝中，应在该抄本线装前就已钤好，当为昔日书商或抄书工的商标类图印。该抄本"玄""仪"等字不避讳，国图将其鉴定为"民国抄本"大致不误。吴氏逝后，民国二十年（1931）其后人将测海楼藏书尽数出售给北平富晋书社主人王富晋，之后这批书又被转售北平图书馆、上海涵芬楼等处②，但王富晋所编《扬州吴氏测海楼藏书目录》七卷未见著录此《中州题咏集》抄本。今所见抄本卷首叶右下角处有矩形剜补，所剜揭部分似为印章之类，后又粘纸贴补并钤以小篆"北京图书馆藏"长方形朱文印，所剜揭部分已不可考。吴氏测海楼《中州题咏集》抄本如何辗转并最终藏于北平图书馆（今国家图书馆），其中细节亦不得而知。

检国图所藏《中州题咏集》抄本，全书十卷卷目完全按照地方府州的行政建制划分，分别系明代河南一地开封府（卷一至卷三）、汝宁府（卷四）、南阳府（卷五）、河南府（卷六）、怀庆府（卷七）、卫辉府（卷八）、彰德府（卷九）、汝州（卷十）计7府1直隶州共104县（州），若不考虑明朝州县的分合升降诸问题，几涉当时河南全部州县。古豫州位于"九州"中央，遂多以"中州"代指河南，《中州题咏集》作为一部诗歌总集即承此命名。全书辑录唐至明代诗歌310题计511首，除部分诗歌未标明作者外，明确注有作者姓名或字号的共175家（含"无名氏"1家）：唐25家、北宋44家、金元42家、明40家、待考24家。所涉诗人虽属不同朝代，但"按府分卷""以地别卷"的纂辑体例却为该书的一个主要特征，府之下系以州县，州县之下再依照不同的题咏内容分类，每类题材系以一位或多位诗人的具体诗作。而所涉诗人皆与中州相关，或曾仕宦于中州，或曾羁旅于中州，不一定占籍斯地，但皆曾题咏此方，鲜明的地域特色是为该书在纂辑标准上呈现的又一特征。该集500余首诗作皆为近体而无一长篇，内容涉及登涉游赏、咏史怀古、行旅凭吊、辞谒唱和诸方面。其中收诗数量最多者为元初王恽、明人刘咸各35首，次为唐人胡曾18首、金人元好问16首，多数诗人只有数首或1首见录。入选诗篇数固然与诗人文学修养及创作才能相关，同时亦须考虑《中州题咏集》纂辑体例之地域标准，如元遗山、刘咸皆曾久仕中州，元初诗文大家王恽本身就系卫州汲县（今河南汲县）人；晚唐胡曾异于前者，此人

---

① 陈乃乾著，虞坤林整理《〈测海楼旧本书目〉自序》，《陈乃乾文集》，国家图书馆出版社2009年版，第357页。

② 参见蔡贵华《扬州吴氏兄弟及其测海楼》，《图书情报论坛》1996年第2期。

漫游四方且尤擅咏史,《中州题咏集》所录胡诗均属咏史之作。

(二)《中州题咏集》成书年代及纂辑者考辨

关于《中州题咏集》的成书年代,因此集目录所反映的"中州"河南诸府县建置皆为明制,并收录于谦(1398-1457)、岳正(1418-1472)等明人诗作,加之初成于明隆庆四年(1570)《万卷堂书目》的较早著录,知其编于明朝无疑。若进一步考辨,由《中州题咏集》卷三列"归德州"于"开封府"之下,可知是书编纂之时归德州为开封府属州,然据《明史·地理志》"(归德府)洪武元年五月降为州,属开封府。嘉靖二十四年六月升为府。领州一,县八"。① 可知《中州题咏集》编成时间必在嘉靖二十四年(1545)六月归德由州升府之前。又,《中州题咏集》卷十"汝州"所辖之伊阳县系"成化十二年十二月以汝州之伊阙故县置,析嵩及鲁山二县地益之"。② 也就是说"伊阳县"的建置乃成化十二年(1476)十二月之事。此外,参之《中州题咏集》所录生平可考且卒年较晚之明代诗人如刘昌(1424-1480,字钦谟)、吴节(1397-1481,字与俭),进一步可证《中州题咏集》成书当不早于成化十七年(1481)。要之,《中州题咏集》成书时间约在明成化十七年(1481)至嘉靖二十四年(1545)六月之间。至于该集的纂辑者,鉴于《中州题咏集》意在全面反映河南一地诸府州县的风物名胜和乡邦文献之盛,就此编纂宗旨言,需广泛征集各属地题咏篇什,如此"工程"很可能系由当时的中州官方所倡导主持;然亦不排除私人出于乡梓之情,博采旧章以编成此集的情况。朱睦㮮因系明朝周藩镇平王朱有爌诸孙而世居河南之地,其所编《万卷堂书目》能够较早著录《中州题咏集》,与此地缘因素不无关联。

(三)《中州题咏集》的辑佚、校勘价值

作为一部汇辑数朝作品的诗歌总集,《中州题咏集》的文献价值首先突显为对历代"佚篇"的辑佚作用。以宋哲宗元祐六年(1091)幸学释奠,群臣赋诗唱和的文学活动为例,笔者据宋人笔记《枫窗小牍》及今人所编《全宋文》《全宋诗》考察出参与此次诗歌唱和者逾40人,《全宋诗》录有其中22人的"幸太学"同题次韵唱和诗22首,《中州题咏集》存录《幸太学》诗18首。除去与《全宋诗》重复者外,《中州题咏集》中尚有冯京、孔武仲、赵

---

① (清)张廷玉等《明史》卷四二,中华书局1974年版,第984页。
② (清)张廷玉等《明史》卷四二,中华书局1974年版,第993页。

挺之、佚名等 4 首《幸太学》诗不见于他籍，这 4 首新见的宋人诗作实可补
《全宋诗》《全宋诗订补》①《全宋诗辑补》② 之未收，对全面考察元祐六年朝
臣赋诗唱和的文学活动亦不无裨益。又如文彦博《葫芦泉》《凤跑泉》《琵琶
泉》3 首佚诗就系新见，此外，今人申利《文彦博集校注》③ 另辑录文彦博
集外佚诗计 23 首又 1 句，其中《珍珠泉》《拔剑泉》《月泉》《裴休洞》4 首
亦见录于《中州题咏集》卷七。就"佚集"的钩沉索隐而言，如明人刘咸
"字士皆，泰和人，永乐进士，历官河南按察副使……著有《河南咏古集》
《虚庵集》"④，《虚庵集》《河南咏古集》今皆不传，其中《河南咏古集》为
明代《晁氏宝文堂书目》《万卷堂书目》所著录，后者仅著录作"一卷"。然
而刘咸却有 35 首诗经《中州题咏集》辑录得以保存，这 35 首均为作者宦履
中州时所作，很可能系《河南咏古集》中的部分诗篇，从中不难发现刘咸的
题咏行迹遍及河南当时的七个州府。

相较于唐宋两朝，《中州题咏集》辑录金元明诗作尤多，其中颇有今人所
编《全金诗》⑤《全辽金诗》⑥《全元诗》⑦ 所未收者。仅就《全元诗》之未
收而言，据《中州题咏集》可补陈孚《禹王祠》1 首、傅若金《黄河》1 首、
韩凖《苏门百泉》1 首、刘赓《苏门百泉》2 首、李志全《济渎》1 首、吕海
运《天坛》1 首、邵公高《罗汉院》1 首、宋德方《平阳洞》《鸣钟泓》《拄
杖石》《不老泉》《天坛》《玉阳宫》6 首、耶律楚材《梅溪》3 首、赵恒
《裴公亭》1 首、张伯禹《淮渎庙》《望嵩楼》2 首、崔帖谟尔普化《邵公庙》
1 首、吉丙《重阳登陵山》1 首、孙著《裴公亭》1 首、王公孺《济渎庙》1
首共 24 首元人诗作，其中王公孺、孙著、崔帖谟尔普化三人更属《全元诗》
未收之诗人。此外身世时代不详，如汝梅天民、懒云、詹九挥、欧阳翘、赵
日升、张虚靖、柳公递、金云溪、韩镛、黄平、刘湜、卢信、陆闻、潘洙、
司齐、汪翰、王潘、赵伟、张政等数十人不见于他籍之诗，亦为《中州题咏
集》所辑录。

现存《中州题咏集》虽为后世抄本，但承继和反映了明刊祖本，渊源有

---

① 陈新等补正《全宋诗订补》，大象出版社 2005 年版。

② 汤华泉辑撰《全宋诗辑补》（全 12 册），黄山书社 2016 年版。

③ （宋）文彦博撰，申利校注《文彦博集校注》，中华书局 2016 年版。

④ （清）谢旻等监修《江西通志》卷七十七，景印文渊阁四库全书，台湾商务印书馆 1986
年版，第 515 册，第 660 页。

⑤ 薛瑞兆、郭明志编纂《全金诗》（全 4 册），南开大学出版社 1995 年版。

⑥ 阎凤梧、康金声主编《全辽金诗》（全 3 册），山西古籍出版社 1999 年版。

⑦ 杨镰主编《全元诗》（全 68 册），中华书局 2013 年版。

自，无疑具备独特的校勘价值。如《全元诗》录元人吉丙诗 2 首而将诗人名氏误作"丙吉"，并加按语曰："本诗，［乾隆］《续河南通志》卷七十五、［乾隆］《济源县志》卷十六，原署作者为'吉丙'。［乾隆］《续河南通志》卷七十四有元人丙吉诗，暂归丙吉。"① 《中州题咏集》辑其诗作 3 首，其中《重阳登陵山》1 首新见，而这 3 首诗作者皆作"吉丙"，今当据《中州题咏集》作"吉丙"为是。总之，以《中州题咏集》所录各家诗作与今存诸本比勘，多见异文。尤其是该集载有不少明代作品，因成书距诗歌创作时间较近，所以很能保存文本的原始面貌。

《中州题咏集》作为一部汇辑数朝且地域色彩鲜明的诗歌总集，其"佚"而复见使得我们可以藉此题咏篇什，一窥中州自唐迄明近千年间山川名胜、人物斯文的盛况。而以府别卷、以地系诗的纂辑体例，实有助于考察文人行迹与其诗歌创作之关系。同时，该集还具备显著的辑佚、校勘功能。由此可见，《中州题咏集》一书具有多方面的文献价值，对其予以整理并进行较为全面深入的研究是十分必要的。

（本文刊于《中国诗学》第三十一辑）

---

① 杨镰主编《全元诗》，第 66 册，中华书局 2013 年版，第 390 页。

据《中州题咏集》辑补宋金元诗39首

　　摘　要：明代佚名纂辑的《中州题咏集》作为题咏河南山川风物之盛的一部诗歌总集，长期以来被学界视为亡帙。今新见于国家图书馆的十卷本《中州题咏集》系清末扬州吴氏测海楼所藏抄本，经考证其成书年代约在明成化十七年（1481）至嘉靖二十四年（1545）六月之间。全书十卷卷目依明朝河南地方府州的行政建制划分，辑录唐、宋、金、元、明代近200位诗人310题计511首诗作。其中标明作者且诗人时代可考的近40首诗作，实为《全宋诗》《全宋诗订补》《全宋诗辑补》《全金诗》《全辽金诗》《全元诗》所未收。

　　关键词：《中州题咏集》，辑佚，宋金元诗

　　明代佚名纂辑的《中州题咏集》作为题咏河南山川风物之盛的一部诗歌总集，明清以来仅见少数私家藏书目著录，长期以来学界普遍以为其已亡佚。事实上，民国时期上海商务印书馆涵芬楼犹藏有明刊十卷本《中州题咏集》，惜1932年毁于日军炮火。今发现于国家图书馆的十卷本《中州题咏集》系清末民初扬州吴氏测海楼所藏抄本，据笔者考证，其成书年代约在明成化十七年（1481）至嘉靖二十四年（1545）六月之间。

　　《中州题咏集》十卷卷目完全按照地方府州的行政建制划分，分别系明代河南一地开封府（卷一至卷三）、汝宁府（卷四）、南阳府（卷五）、河南府（卷六）、怀庆府（卷七）、卫辉府（卷八）、彰德府（卷九）、汝州（卷十）计7府1直隶州共104县（州），几涉当时河南全部州县。全书辑录唐、宋、金、元、明代近200位诗人310题计511首诗作，所选诗人或曾仕宦于中州，或曾羁旅于中州，要之均与中州相关；而题咏内容涉及登涉游赏、咏史怀古、行旅凭吊、辞谒唱和诸方面，意在反映河南一地的风物名胜和乡邦文献之盛。

　　就《中州题咏集》①一书的文献价值而言，突出体现为该集的辑佚功能。

---

　　① 本文所录佚诗均据国家图书馆所藏十卷本《中州题咏集》民国抄本。关于对《中州题咏集》一书的版本著录、佚而复见、体例内容、成书年代、文献价值诸问题的考辨将另文探讨，此不赘述。

除作者身世时代不详及佚名诗作外，据《中州题咏集》可辑补今人所编《全宋诗》①《全宋诗订补》②《全宋诗辑补》③《全金诗》④《全辽金诗》⑤《全元诗》⑥ 等未收诗作 39 首，兹就宋、金、元各朝分列如下。

一、补《全宋诗》《全宋诗订补》《全宋诗辑补》未收 8 首

（一）冯京 1 首

幸太学

承师问道圣心庄，雕辇雍容暨国庠。万骑袍新花作阵，诸生班定玉联行。
观荣圜堵逾明帝，拜下祠宫轶夏王。扈从成仪叨接武，独惭晚景去堂堂。
（《中州题咏集》卷一/开封府上/祥符县）

（二）孔武仲 1 首

幸太学

至尊亲览近臣章，羽葆云回集上庠。天日粹清临古训，鹓鸾肃穆序周行。
千篇许拟东都赋，两庙亲祠异姓王。击攘颇能歌圣泽，幸叨簪笔侍华堂。
（《中州题咏集》卷一/开封府上/祥符县）

（三）赵挺之 1 首

幸太学

六龙回辔自斋房，治世尊儒国有庠。阙里遗书开圣训，桥门多士缀朝行。
百年施德先中夏，七叶修文继圣王。当日尚惭持使节，阻陪鹓鹭集公堂。
（《中州题咏集》卷一/开封府上/祥符县）

---

① 北京大学古文献研究所编《全宋诗》（全 72 册），北京大学出版社 1991 年版。
② 陈新等补正《全宋诗订补》，大象出版社 2005 年版。
③ 汤华泉辑撰《全宋诗辑补》（全 12 册），黄山书社 2016 年版。
④ 薛瑞兆、郭明志编纂《全金诗》（全 4 册），南开大学出版社 1995 年版。
⑤ 阎凤梧、康金声主编《全辽金诗》（全 3 册），山西古籍出版社 1999 年版。
⑥ 杨镰主编《全元诗》（全 68 册），中华书局 2013 年版。

（四）佚名 1 首

幸太学

宪天尧德焕文章，访落崇儒幸国庠。四座辅臣星拱极，两阶髦士雁分行。规衡述作光尧考，稼穑忧勤悟哲主。翠□首刊元宰颂，一时风烈贲公堂。（《中州题咏集》卷一/开封府上/祥符县）

按：依照该诗的次韵性质，颈联对句"稼穑忧勤悟哲主"中"主"字应作"王"，此处当系传抄致误。

宋元祐六年（1091）哲宗行幸学释奠礼，朝臣为此赋诗唱和。据宋人笔记《枫窗小牍》①及今人所编《全宋诗》等进行考察，可知参与此次赋诗次韵唱和者逾40人。《全宋诗》录有其中22人的"幸太学"同题次韵唱和之作22首，《中州题咏集》存录《幸太学》诗18首。除去与《全宋诗》重复者外，《中州题咏集》尚存以上冯京、孔武仲、赵挺之、佚名等4首《幸太学》诗未见于他籍所载，而冯京、孔武仲、赵挺之三人亦见于《枫窗小牍》所列之唱和者名单内。

（五）孙仅 1 首

河上公祠

云霓衣服星斗冠，古庙阴阴昼掩轩。万里几邀文帝□，五千曾注老聃言。莓苔裂雨香坛滑，铃铎鸣风雨盖翻。寂寂云台祈谯罢，柳青槐绿统颜垣。（《中州题咏集》卷六/河南府/陕州）

按：该诗作者《中州题咏集》作"孙瑾"，而清乾隆五十一年（1786）由光山知县杨殿梓总修的《光山县志》②录有宋人孙仅《老君洞》诗："云霓衣服星斗冠，古洞阴阴昼掩轩。万里几邀文帝驾，五千曾注老聃言。莓苔裂雨香坛滑，铃铎鸣风羽盖翻。寂寂云台祈醮罢，柳青槐绿总颓垣。"就文字完整及文意顺畅言，《光山县志》所录该诗较《中州题咏集》为妥。《中州题咏集》录"孙瑾"诗只此1首，不排除抄本将"孙仅（僅）"误写作"孙瑾"的可能。孙仅（969-1017），字邻几，蔡州汝阳（今河南汝南）人。宋真宗咸平元年（998）进士甲科，解褐舒州团练推官。大中祥符年间，官至集贤院

① （宋）袁褧撰，袁颐续，尚成校点《枫窗小牍》卷下，上海古籍出版社2012年版，第26-27页。

② （清）杨殿梓总修，光山县史志编纂委员会点校《（乾隆）光山县志》卷十八"艺文二"，1987年版，第283页。

学士、权知开封府，后复领审刑院，进给事中，《宋史》卷三·六有传。有集五十卷今不存，《全宋诗》录孙仅诗 7 首又 10 残句，《全宋诗订补》辑补其诗 1 首。

（六）文彦博 3 首

葫芦泉

壶中别景泪无缘，绿影倾波据兴边。紫雾横川堆沇上，半眉斜月照双莲。
（《中州题咏集》卷七/怀庆府/济源县）

凤跑泉

昔凤跑泉几今古，冰潭驱暑义濠深。清渐助沇临涂侧，解尽平生用渴心。
（《中州题咏集》卷七/怀庆府/济源县）

琵琶泉

寒波滚滚出琵琶，独渗阴阴异景嘉。怪沼匿虬犹自畏，一方滋雾映烟霞。
（《中州题咏集》卷七/怀庆府/济源县）

按：文彦博佚诗除以上 3 首之外，今人申利《文彦博集校注》① 另辑录文彦博集外佚诗计 23 首又 1 句，其中《珍珠泉》《拔剑泉》《月泉》《裴休洞》4 首亦见录于《中州题咏集》卷七。

二、补《全金诗》《全辽金诗》未收 7 首

（一）高有邻 1 首

砥柱山

灵源一派出昆仑，吞伏群流巨浪浑。造物始知天有意，亭亭砥柱立三门。
（《中州题咏集》卷六/河南府/陕州）

（二）郝子玉（郝俣）1 首

横波亭

劳生何处是刀头，且喜他山意趣幽。大士不应嫌扰扰，小亭聊可效休休。望穷物外烟霞景，兴入溪边雪月舟。明月征鞍万峰外，秪应回梦继清游。
（《中州题咏集》卷六/河南府/卢氏县）

---

① （宋）文彦博撰，申利校注《文彦博集校注》，中华书局 2016 年版。

（三）李晏1首

陈侍中庵

古树苍茫一径幽，庵前红芰不惊秋。尘容应被修筠笑，何事匆匆不少留。
（《中州题咏集》卷七/怀庆府/温县）

（四）王廷（庭）筠2首

面山亭

烟中山色近不出，雨后溪流骄欲平。日暮留连有鱼鸟，主人于此独无情。
（《中州题咏集》卷九/彰德府/安阳县）

游烘峪山

峭壁嵌空紫翠堆，中藏兰若碧崔嵬。红尘不到老僧梦，佳景屡招诗客来。
冰塔冻疑春笋出，金灯时放夜莲开。一游胜绝平生冠，所惜匆匆无酒杯。
（《中州题咏集》卷九/彰德府/林县）

（五）张正伦2首

荣归堂

黄尘涨眼厌城居，明秀山川别一区。形势大纲磐谷序，典刑小样辋川图。
紫荆寂寂卧鸡犬，芦苇纷纷飞雁凫。我欲幽栖烟月底，明年准拟结茅庐。
（《中州题咏集》卷九/彰德府/安阳县）

黄华山

溪流漱玉振苍崖，林树号风吼怒雷。为谢山灵幸宽责，漫郎投劾已归来。
（《中州题咏集》卷九/彰德府/林县）

按：《全金诗》未收其人。张正伦（1176-1243），字公理，世为彰德府
汤阴县（今河南安阳市汤阴县）人。幼聪颖，十二岁即能背诵五经。登金章
宗泰和二年（1202）词赋进士第，释褐徐州录事判官，丁父忧，服除调许州
郾城主簿。宣宗兴定三年（1219）为陕西东路转运副使。哀宗正大七年
（1230）为右谏议大夫兼户部侍郎，正大八年（1231）授吏部尚书。晚年结庐
洹水之上，以图书遣老，卒后葬于辅岩县（今安阳县）将相乡新安里东南原
之新茔。元好问撰有《资善大夫吏部尚书张公神道碑铭并引》，述张正伦身世
爵里等事迹甚详。

三、补《全元诗》未收 24 首

（一）傅与砺（傅若金）1 首

黄河

临流一望盖天涯，岛外青山映落霞。万派波涛皆到海，片帆烟雨独思家。鱼龙习化掀春浪，鸥鹭忘机立晚沙。更欲穷源询博望，御风何处好乘槎。（《中州题咏集》卷一/开封府上/祥符县）

（二）邵公高 1 首

罗汉院

乱山深处春深处，殿阁参差压石垣。藜白桃红寒食节，风香雨细给孤园。修廊拂拭看诗句，好景留连卧酒樽。幽兴此时殊未浅，林边归路踏黄昏。（《中州题咏集》卷一/开封府上/祥符县）

（三）陈孚 1 首

禹王祠

洪水滔天日横流，下民昏垫帝心忧。向微神禹疏通力，亿兆应为鱼鳖游。（《中州题咏集》卷二/开封府中/杞县）

（四）崔帖谟尔普化 1 首

邵公庙

周德兴隆见二南，风光不尽照寒潭。召公功业何须问，政化甘棠万古谈。（《中州题咏集》卷六/河南府/陕州）

按：《全元诗》未收其人。据 2008 年 12 月河南新安县磁涧镇发现的"晋太保孝土祥之碑"①，碑阳右下方刻"至正三年五月河南府路总管梁宜、达鲁花赤伯答罕等立石"小字，左下方刻"嘉议大夫河北河南道肃政廉访副使崔帖谟尔普化书"小字。碑文中的元惠宗至正三年（1343）河北河南道肃政廉访副使"崔帖谟尔普化"之名，与《邵公庙》一诗作者完全相同；且《中州题咏集》将此诗系于河南府陕州之目，亦合于崔帖谟尔普化的宦履行迹。

---

① 张亚武《新安县发现元代王祥碑》，《洛阳日报》2008 年 12 月 13 日第 2 版。

（五）王公孺1首

济渎庙

竹树萧森百亩宫，灵源中与海相通。典仪望秩千年后，香火祈禳百郡同。
洞府有灵深莫测，溪山环秀画难工。眼中碑志题评尽，疏瀹何曾说禹功。
（《中州题咏集》卷七/怀庆府/济源县）

按：《全元诗》未收其人。王公孺系元初诗文大家王恽长子，生卒年不
详，字绍卿，卫州汲县（今河南汲县）人。另据《全元文》作者小传载：
"至元三年（一二六六）十二月，娶宣差石君之第三女为妻。至元三十一年十
一月二十八日，以将仕郎任秘书监著作佐郎。大德二年（一二九八）七月十
四日，以从仕郎进著作郎。历官奉议大夫、翰林应举。延祐间出知颍州，至
治元年（一三二一）为翰林侍制。"① 延祐末整理其父王恽遗稿编为《秋涧先
生大全文集》100 卷并刊刻流传，但王公孺本人未见有文集传世，《全元文》
辑录王公孺佚文 10 篇。

（六）孙著1首

裴公亭

春晴与客上高台，迥野风尘曙色开。山势似从王屋起，河声先傍首阳来。
松间坐石云生岫，水面流香酒泛杯。别去恐招猿鹤怨，月明车马尚迟徊。
（《中州题咏集》卷七/怀庆府/济源县）

按：《全元诗》未收其人，仅《全元文》录其《创建颍川忠襄王庙碑》
一文，作者小传曰："孙著，洛阳（今属河南）人，至正时在世（雍正《山
西通志》卷一九五）。"②

（七）吉丙1首

重阳登陵山

俯窥盘谷接天坛，平地危峰岂易攀。鳌足断来移海外，天星落处化人间。
世尘汩没谁常到，樽酒登临我倦还。岁岁邦民重九会，孟嘉休独羡龙山。
（《中州题咏集》卷七/怀庆府/济源县）

按：作者字里生平不详。《全元诗》据《续河南通志》辑其诗 2 首（亦

---

① 李修生主编《全元文》，第 13 册，江苏古籍出版社 1999 年版，第 249 页。
② 李修生主编《全元文》，第 58 册，凤凰出版社 2004 年版，第 407 页。

见于《中州题咏集》），又据《续河南通志》卷七十四确定系元人，但将诗人姓名误作"丙吉"，且加按语曰："本诗，［乾隆］《续河南通志》卷七十五、［乾隆］《济源县志》卷十六，原署作者为'吉丙'。［乾隆］《续河南通志》卷七十四有元人丙吉诗，暂归丙吉。"① 《中州题咏集》辑其诗3首，作者皆标明为"吉丙"，今当据《中州题咏集》作"吉丙"为是。

（八）李志全1首

济渎

水底微茫见贝宫，灵源直与海相通。雪晴人立冰壶外，春暖鱼游玉镜中。鹤返松林巢夜月，神归蓬岛驾天风。裴公亭上行唫处，他日重来兴未穷。（《中州题咏集》卷七/怀庆府/济源县）

按：《全元诗》只存李志全《题天坛》诗1首且曰"生平不详"，而《全元文》卷46收李志全文7篇，其作者小传曰："李志全（一一九·一一二六一），字鼎丞，号纯成子，太原太谷（今山西太谷）人。当立之年遇战事，进取无门。恰逢玄风大振，归心河阳张尊师，后谒见丘长春，山居多年，奉朝旨收拾劫后道书，使三洞灵文号为完书。奉恩例赐为纯成大师，提举燕京玄学（李蔚《纯成子李君墓志铭》）。著述有《酣泉集》三十卷，又集七真以下诸师诗赋，题为《修真义苑》二十卷。"② 可知李志全入元后为道士。检李蔚《纯成子李君墓志铭》，载李志全晚年"复还天坛旧隐，徜徉岩壑，将终老焉。忽以升闻，中统二年六月日也，享年七十有一。"③ 按照墓志铭的说法推算，其生年应为金章宗明昌二年（1191）。

（九）吕海运1首

天坛

天坛绝顶瞰蓬瀛，九万扶摇似有程。感激古今愁复及，天门□（该字左半部分因抄本纸张残破而无法识别，右半为"蜀"字，推测原本当作"獨"字）倚叹浮生。（《中州题咏集》卷七/怀庆府/济源县）

按：《全元诗》录吕海运诗3首，且曰生平不详。依《中州题咏集》纂辑体例推测，吕海运极有可能籍于河南或曾宦游于中州之地，《天坛》1首系其

---

① 杨镰主编《全元诗》，第66册，中华书局2013年版，第390页。
② 李修生主编《全元文》，第2册，江苏古籍出版社1997年版，第1页。
③ 李修生主编《全元文》，第10册，江苏古籍出版社1998年版，第552页。

佚诗。

（十）宋德方6首

平阳洞

平阳石洞本天然，上有幽林下有泉。野客栖迟堪养道，蓬来无处不成仙。
（《中州题咏集》卷七/怀庆府/济源县）

　　按：另据（旧题）宋陈思编、元陈世隆补编的《两宋名贤小集》①，《平阳洞》一诗又系宋人文彦博佚作，待考。

鸣钟泓

数仞悬流聚一泓，时闻渊底巨钟鸣。多疑惊觉骊龙睡，恐失明珠故作声。
（《中州题咏集》卷七/怀庆府/济源县）

拄杖石

得道仙人不易寻，故宫遗迹古犹今。苍苍片石千山月，宫杖凿开玉□深。
（《中州题咏集》卷七/怀庆府/济源县）

不老泉

山下希音不老泉，春潜秋出溉芝田。一湾湛湛明无垢，每岁中秋印月圆。
（《中州题咏集》卷七/怀庆府/济源县）

天坛

清虚小有洞中天，银座金腰玉顶坚。芝草秀从龙汉劫，丹砂结自赤明年。
洗参井记烟萝子，聚虎坪传白水仙。寄语远尘沟里客，茅斋先盖两三椽。
（《中州题咏集》卷七/怀庆府/济源县）

玉阳宫

东西并列玉阳山，中构灵都气象闲。石塌昼看云淡淡，虚窗夜听水潺潺。
玉真成道登仙府，羽士栖心炼大还。丛桂珍禽方外景，更于何处扣玄关。
（《中州题咏集》卷七/怀庆府/济源县）

　　按：《全元诗》辑录宋德方诗仅2首，《中州题咏集》存宋德方诗8首，其中《平阳洞》等6首均系佚诗。

---

　　① （旧题）（宋）陈思编、（元）陈世隆补《两宋名贤小集》卷七，景印文渊阁四库全书，台湾商务印书馆1986年版，第1362册，第419页。继四库馆臣之后，学界对《两宋名贤小集》一书的真伪问题不乏讨论，近有学者通过详细考辨进而指出该书实系清人托名前人的伪编。参见王媛《陈世隆著作辨伪》一文，载《文学遗产》2016年第2期。

（十一）赵恒 1 首

裴公亭

昔年曾此远风尘，盘谷烟霞每见分。万里山河还壮观，一朝冠盖属元勋。海鸥春暖眠沙草，辽鹤秋高度岭云。今日重来倍惆怅，草堂应是勒遗文。
（《中州题咏集》卷七/怀庆府/济源县）

（十二）耶律楚材 3 首

梅溪（其一）

玉泉莲芰逼人情，敢与梅溪也抗衡。今日湛然都入手，二桥风月老馀生。
（《中州题咏集》卷八/卫辉府/辉县）

梅溪（其二）

积年戈甲荡苏门，辜负梅溪月一轮。远寄新诗访陈迹，凭君招唤玉香魂。
（《中州题咏集》卷八/卫辉府/辉县）

梅溪（其三）

湛然垂老不愁贫，得与梅溪作主人。问说永华无恙否，香魂应也长精神。
（《中州题咏集》卷八/卫辉府/辉县）

（十三）韩準 1 首

苏门百泉

三月一日出苏门，西望人家水竹村。前年南游八千里，江山信美非中原。
（《中州题咏集》卷八/卫辉府/辉县）

（十四）刘赓 2 首

苏门百泉（其四）

锅沸沮洳过柳塘，云门东下即舟航。无穷永济渠中利，谁识泉源此滥觞。
（《中州题咏集》卷八/卫辉府/辉县）

苏门百泉（其八）

尽推天子好生心，□到饥寒胜雨金。清白传家典刑在，贻谋言行有馀箴。
（《中州题咏集》卷八/卫辉府/辉县）

（十五）张伯禹2首

淮渎庙

百折丹梯杪万松，凤生台殿赤城钟。亲从海上来司马，宁复山中起卧龙。琼阙排云窥坐席，银桥乘月认仙踪。真人及此东行日，笑说卢敖向九峰。

（《中州题咏集》卷五/南阳府/桐柏县）

望嵩楼

闻说高楼建自唐，尚留禹锡践行章。壁间题跋名千古，台上经营梦一场。汝海自来东漾漾，嵩峰依旧北苍苍。忘机众乐俱尘迹，莫向樽前谩感伤。

（《中州题咏集》卷十/汝州）

按：《全元诗》辑录张伯禹诗仅1首，《中州题咏集》存3首，其中《淮渎庙》《望嵩楼》2首系佚诗。

此外，无名氏以及身世时代不详如：汝梅天民、懒云、詹九挥、欧阳翘、赵日升、张虚靖、柳公逵、金云溪、韩镛、黄平、刘湜、卢信、陆闾、潘洙、司齐、汪翰、王潘、赵伟、张政等数十人不见于他籍之诗作，亦为《中州题咏集》所辑录。

（本文刊于《北京大学中国古文献研究中心集刊》第十九辑）

宋代孔庙释奠、致斋类题材诗歌颂赞篇目表

序号	篇名	作者	体裁	出处/册数/页数
	孔庙释奠题材诗歌（29首）			
1	《观太学释奠》	宋祁	五言长律	《全宋诗》，4，2514
2	《早赴府学释奠》	欧阳修	五言长律	《全宋诗》，6，3783
3	《释奠庙中作》	韩琦	五律	《全宋诗》，6，4018
4	《仲春释奠》	韩琦	五律	《全宋诗》，6，4075
5	《颖州府学释奠先圣郡中童子亦来拜谒以诗勉之》	陈襄	五绝	《全宋诗》，8，5086
6	《依韵奉和司徒侍中仲春释奠》	强至	五律	《全宋诗》，10，6951
7	《和潘朝奉邹国公配飨》	徐积	七律	《全宋诗》，11，7667
8	《仲春上丁，知府金部躬率僚寀释奠于先圣，既而升公堂命学官讲〈书〉。窃惟〈中庸〉之篇，自安定先生常以是诲人，阅岁既久，嗣音者希，某孤陋无似，窃慕前哲其启讲也。今龙阁黄公尝临之，其终讲也，金部使君又临之。郡儒在列，咸与荣观，辄成五言律诗二十韵叙谢》	朱长文	五言长律	《全宋诗》，15，9787
9	《止谒先圣庙者》	孔平仲	五言长律	《全宋诗》，16，10830
10	《次韵徐季山学正释奠先圣之作》	刘止	七律	《全宋诗》，25，16703
11	《新学□□□落成释奠诸生毕集喜而有作》	王庭珪	七律	《全宋诗》，25，16787
12	《释奠于学和刘判官韵》	吴芾	七言长律	《全宋诗》，35，21867
13	《释奠礼毕偶得数语呈广文兼简诸生》	吴芾	五律	《全宋诗》，35，21878

续表

序号	篇名	作者	体裁	出处/册数/页数
	孔庙释奠题材诗歌（29首）			
14	《上丁释奠备数献官书十二韵呈莫子齐教授赵可大察推》	王十朋	五言长律	《全宋诗》，36，22702
15	《上丁》 .	陆游	五言长律	《全宋诗》，39，24652
16	《释奠礼成上安抚大观文十四韵》	喻良能	五言长律	《全宋诗》，43，27020
17	《释奠》	张孝祥	七律	《全宋诗》，45，27769
18	《秋释奠于学万舍人示诗次韵以酬》	虞俦	七律	《全宋诗》，46，28497
19	《和巩使君释奠韵》	虞俦	七律	《全宋诗》，46，28522
20	《次韵和子澄春祠先圣律诗》	罗愿	七律	《全宋诗》，46，28974
21	《成都府学释奠》	袁说友	七律	《全宋诗》，48，29959
22	《泮水释奠偶缘摄事遂获充员窃观礼文乐奏之盛不胜欣叹辄成小诗奉呈僚友》	陈邕	七律	《全宋诗》，50，31440
23	《叙赵守备学释菜会馔》	陈淳	七言长律	《全宋诗》，52，32340
24	《宝庆改元孟春中浣敬拜十贤于学宫谨哦唐律》	汪统	七律	《全宋诗》，55，34727
25	《和胡秘书有开学中释奠》	魏了翁	五律	《全宋诗》，56，34923
26	《释奠诗》	虞玨	七律	《全宋诗》，63，39368
27 28	《景定甲子，理宗尝以颜、曾传道配飨下问词臣。越咸淳丁卯，昉以曾子、子思升侑孔庭，盖推本先意也。先臣所被宸笔藏之私室，会军学撤旧庙崇新阁，愿得摹刻其上，而某固未敢也。府教张君遂诗以成之，后之观者将有考于斯文。谨用韵以谢》二首	牟巘	七律	《全宋诗》，67，41948
29	《经行旧城过宣圣庙欲看石鼓不得入》	江梦斗	七律	《全宋诗》，67，42364

续表

序号	篇名	作者	体裁	出处/册数/页数
	释奠致斋题材诗歌（8首）			
1	《次韵张宏道劝释奠致斋》	葛胜仲	五言长律	《全宋诗》，24，15598
2	《秋祀上丁斋宿中夜雨凉因思去岁气候颇同书壁》	李洪	七绝	《全宋诗》，43，27192
3	《释奠斋居》	朱熹	五言长律	《全宋诗》，44，27477
4	《上丁斋宿》	张孝祥	七律	《全宋诗》，45，27762
5	《丙辰二月上丁释奠致斋于经史阁呈郡僚》	虞俦	七律	《全宋诗》，46，28522
6	《释奠斋宿》	袁说友	七律	《全宋诗》，48，29948
7	《教授知县以释奠宿于学宫辄尔奉简》	赵蕃	五律	《全宋诗》，49，30868
8	《三池丁祭宿斋所赋》	虞刚简	七律	《全宋诗》，53，32993
	赞（91首）、颂（1首）、乐章（27首）			
1	《宣圣赞》	宋太祖	四言	《全宋文》，1，196
2	《颜子赞》	宋人祖	四言	《全宋文》，1，196
3	《宣圣赞》	宋太宗	四言	《全宋文》，4，415
4	《玄圣文宣王赞》	宋真宗	四言	《全宋文》，13，163
5	《太学宣圣殿赞》	宋徽宗	四言	《全宋文》，16，389
6	《文宣王及其弟子赞》	宋高宗	四言	《全宋诗》，35，22221
7	《道统十三赞》	宋理宗	四言	《全宋文》，345，415
8	《乙卯仲春丁奠毕作素王颂一首呈承祭之士》	赵汝腾	四言	《全宋诗》，62，38870
9	《景祐祭文宣王庙六首》		四言	《宋史·乐志十二》10，3234-3235
10	《大观三年释奠六首》		四言	《宋史·乐志十二》10，3235-3236
11	《大晟府拟撰释奠十四首》		四言	《宋史·乐志十二》10，3236-3238

宋代孔庙释奠、致斋类题材诗歌颂赞辑录

观太学释奠
宋祁

乡盛菁莪选，邦崇奠菜仪。涓辰大昕鼓，持节少牢祠。
粉衮瞻凝睟，银袍豫摄齐。苾羹纷涧沚，郁齐泛尊彝。
璧水回寒影，经槐堕晓枝。幸观三献罢，共荷百朋时。

早赴府学释奠
欧阳修

羽籥兴东序，春秋纪上丁。行祠汉丞相，学礼鲁诸生。
俎豆兼三代，樽罍奠两楹。雾中槐市暗，日出杏坛明。
昔齿公卿胄，尝闻弦诵声。何须向阙里，首善本西京。

释奠庙中作
韩琦

舍奠修彝礼，斋诚致吉蠲。普天同日祀，圣道几人传。
穷厄当时教，雅崇万世贤。蒙然如可寤，朝夕在拳拳。

仲春释奠
韩琦

明祀严先甲，嘉辰历上丁。采芹因旧馆，释菜协前经。
俎豆由斯学，粢盛信匪馨。欲知时祭重，百世仰仪刑。

颍州府学释奠先圣郡中童子亦来拜谒以诗勉之
陈襄

蔼蔼青衿子，来修谒庙仪。怜他眉宇秀，中有起家儿。

依韵奉和司徒侍中仲春释奠
强至

先圣祠逾重，尊儒世适丁。上公仪最熟，太学祭频经。

晓月衣冠净，春风俎豆馨。魏人休请颂，在泮已言形。

和潘朝奉邹国公配飨
徐积

丹书一下人神庆，美矣先朝贵孟公。能与百王兴漏典，长令万国仰遗风。

躬为独行生无禄，道配弥高祭有宫。孰谓阔迂穷至死，正而穷胜枉而通。

仲春上丁，知府金部躬率僚寀释奠于先圣，既而升公堂命学官讲《书》。窃惟《中庸》之篇，自安定先生常以是诲人，阅岁既久，嗣音者希，某孤陋无似、窃慕前哲其启讲也。今龙阁黄公尝临之，其终讲也，金部使君又临之。郡儒在列，咸与荣观，辄成五言律诗二十韵叙谢
朱长文

天意绍斯文，成书在圣孙。一篇穷妙理，万古诵微言。

美行敷华叶，精诚固本根。并明参日月，幽赞极乾坤。

奥义谁钻仰，真儒善讨论。自注：谓安定先生也。披云观泰华，行水自昆仑。

庠序非才处，诗书素志敦。崇朝羞倚席，暇日废窥园。

辨惑开群听，潜心到大原。意将追往哲，学岂为专门。

盛府连称治，耆英继典藩。始终临讲席，前后枉高轩。

全帐罗金鼎，盈庭倒玉樽。旌旗来有庆，衿佩寂无喧。

士识师资贵，民知道义尊。僖公史官颂，郑校相君存。

芹藻欢欣意，陵阿长育恩。中材多杞梓，宝器列瑶琨。

五纪登朝盛，群英著籍繁。美哉文正学，遗泽洽元元。

止谒先圣庙者
孔平仲

高密古名城，其地近阙里。弦歌声相闻，往往重夫子。

学宫虽荒凉，庙貌颇严伟。上元施灯烛，下俗奠醪醴。

高焚百和香，竞爇黄金纸。所求乃福祥，此事最鄙俚。

朝廷谨庠序，五路兹焉始。建宫以主之，不肖实当此。

浇敝皆扫除，安可循旧轨。丁宁戒阍人，来者悉禁止。

尝闻之鲁论，丘之祷久矣。生也既无求，殁岂享淫祀。

夜亭甚清虚，古柏自风起。悦之以其道，吾祖当亦喜。

次韵徐季山学正释奠先圣之作

刘一止

阙里躬祠通古昔，升平礼乐信光明。威仪复见周多士，迁鄙何求汉两生。
佩委霜侵裳绣冷，庠开风振戟衣鸣。使君肃穆神心格，更看雍容佐国衡。

新学□□□落成释奠诸生毕集喜而有作

王庭珪

洗尽西江战伐尘，忽开黉宇照城闉。一时人物风云会，千里溪山俎豆新。
傥使将军皆遣子，定知夷狄却来宾。修文偃武须今日，鸣玉锵金未乏人。

释奠于学和刘判官韵

吴芾

忆昔未冠随亲庭，采芹曾挹泮水清。仰高先圣空有志，逮壮才能脱白丁。
三釜及亲虽可喜，抗尘不复论书史。旧游恍若一梦中，十载何期两来此。
惭无善政及邦人，况负平生道德心。再瞻庙像直汗下，正恐不为神所歆。
朝来俎豆敬通灵，幸赖贤僚赞礼成。更勤佳句愧盛意，敢与前贤齐令名。
词场自顾非元帅，白发星星徒满戴。尚期君与振斯文，休嗟莲幕淹三载。

释奠礼毕偶得数语呈广文兼简诸生

吴芾

黉舍修方毕，还欣祭服成。豆笾罗庶品，环珮出新声。
已见威仪肃，更须经术明。愿言俱努力，看即奋鹏程。

上丁释奠备数献官书十二韵呈莫子齐教授赵可大察推

王十朋

鲁人呼东家，陈蔡不火食。当时虽高第，往往亦愠色。
孰知梦奠后，庙祀亘无极。巍然衮冕尊，王侯面俱北。
武成祭上戊，龙弃配社稷。隆杀良不同，论功岂如德。
去载游上庠，观礼杏坛侧。备乐阅九奏，银袍烂千亿。
兹焉客莲幕，滥与俎豆职。登阶瞻睿容，炳晬若亲识。
壮哉芹藻宫，不减鲁侯国。归赓泮水颂，才劣惭史克。

上丁

陆游

燎火明中庭，老槐泣残雨。白头奉祀事，恐惧剧仰俯。

三终乐在悬，再拜肉升俎。谁言千载后，恍若到邹鲁。

吾国虽褊小，大社胙茅土。如何俨章绶，日夜临棰楚。

藏书如丘山，及物无一羽。吾其可怜哉，去去老农圃。

释奠礼成上安抚大观文十四韵

喻良能

巨宋中兴日，全闽极治年。保厘须硕德，镇抚赖真贤。

燕寝何曾逸，儒宫最所先。上丁将蒇事，仲月乃修虔。

铏鼎参罍洗，牺尊间豆笾。低昂衮绣服，拜起冕旒前。

庭燎明如昼，炉薰瀹似烟。向风人引领，观礼士填咽。

阖郡欢声沸，熙朝盛事传。僖公甘避路，常相敢差肩。

宜有新诗播，庸昭美化宣。陋儒何幸会，典礼获周旋。

南纪非工部，_{自注：子美《题衡山文宣王庙》：南纪收波澜，西河共风味。}

中和岂子渊。斐然形颂述，深愧采芹篇。

释奠

张孝祥

又领诸儒款泮宫，车书同处礼应同。柏庭老影留江月，竹屋寒声作社风。

坐客语残香一穗，候人催起鼓三通。归来税冕仍分肉，更觉休官兴未穷。

秋释奠于学万舍人示诗次韵以酬

虞俦

昔年泮水忽专城，文会何妨一再盟。已愧簿书成俗吏，却陈俎豆见诸生。

一时同队鱼犹在，千载重来鹤更清。况有卞峰青眼旧，试登杰阁快双明。

和巩使君释奠韵

虞俦

畴昔东家一亩宫，推尊昭代比天崇。弦歌未辍文斯在，俎豆亲陪献有终。

_{自注：某忝与终献。}采藻载歌思泮水，浴沂行咏舞雩风。_{自注：湖学故事，上巳日拜安定墓。}自惭谬

玷诗书走，未羡诸儒舍盖公。

次韵和子澄春祠先圣律诗
罗愿

天明悦洗动轻漪，礼殿巍巍百世师。伏几亲瞻古人象，陪祠颇杂汉官仪。
诗书自可谋元帅，俎豆何妨示小儿。春服咏归千古意，只今童冠可无诗。

成都府学释奠
袁说友

西风渐渐露溥溥，释菜雍容礼可观。冠带三千严鹄立，风云九万欲鹏抟。
锦江曾吐胸中凤，泮水新回笔下澜。拭目诸君快秋捷，胪传高压万人看。

泮水释奠偶缘摄事遂获充员窃观礼文乐奏之盛不胜欣叹辄成小诗奉呈僚友
陈邕

春丁逢上日方中，涓吉修诚荐泮宫。奠璧采璘诚可格，代庖越俎数徒充。
八音合奏东南少，一道相传今古同。我辈因文须识本，浴沂好咏舞雩风。

叙赵守备学释菜会馂
陈淳

嘉定四年日在房，赵侯来守南清漳。下车百事所未遑，先务化原修泮宫。
发帑市材鸠众工，改偏易陋规模洪。大门复旧正当阳，直挹名第真仙峰。
泮渠下疏清波溶，时与潮汐相流通。两廊轩轩如翚飞，朱栏翼之森卫防。
讲堂严严峙中央，高明洞豁无暧曚。东西两舍夹其旁，扉楹新厂标祠堂。
诸祠畴昔乱无章，从今一正峣相望。东祀无极濂溪翁，浑沦再辟如羲皇。
二程从而大发扬，千载绝学始有光。文公继之撷精刚，发挥大学明中庸。
善集诸儒粲朝纲，金声玉振真玲珑。此邦况又旧游乡，流风遗泽尤洋洋。
合为四座俨颙颙，卓示师表开群蒙。女令圣门知所从，无从自弃甘面墙。
西祀唐人相国常，自注：名袞。首变蛮俗趋文风。配以周欧二俊良，破荒桂籍先传芳。
端明蔡公著清忠，始自莲幕起腾骧。东溪高公拔上庠，劲节凛凛凌秋霜。
力摧秦桧锐锋铓，濒死奋不顾厥躬。列为五像竦昂昂，论世尚友激懦慵。
要令片善有磨砻，无往不切进修功。越惟明年神祝融，群工告备襫器藏。
侯曰轮奂美而彰，落成合与诸宾同。释菜之礼久已亡，在泮饮酒仪亦荒。
今其举之始自邛，不宜草略宜周详。时惟月琯中林钟，旬有三日方曈昽。
阖郡文武诸曹郎，下及生员隶学供。庙廷叙立严班行，银青错间绯紫裳。

主人升自阼阶东，束茅灌献文宣王。韭芹蔬笋罗芬芗，配食兖邹二国封。

跪伏拜起仪从容，精神昭格孚冥茫。恭惟道德万世隆，参天配地相始终。

再诣东祠诸儒宗，荐以时器陈时饗。粢盛醴齐烹羔羊，尊师一意照无穷。

三诣西祠诸贤踪，馈荐一视东祠丰。岂应故事诚有将，示人友善何日忘。

祀事既毕登堂埠，峨冠列坐咸肃恭。广文巍榻歌鲁颂，_{自注：古音容。}讲扬经义发童蒙。

卷经群趋跻而跄，旧堂序列环而重。老少团拜敬而雍，申明孝弟消强梁。

更衣紫袖巾缩缝，旋复故坐举馂馂。羞桃华瓜仍蕉黄，左殽右胾羹及粱。

五行大白益静庄，威仪秩秩无禳祥。_{自注：徙倚也。}三劝和乐恩意浓，酬酢指逊交更相。

主人载笑色而康，方今太平无征攘。幸与诸宾相庆逢，愿均饮醉文字中。

众宾欣谢且惭惶，此会旷典昔未尝。今幸亲与沾霈霶，报之愧无圭与璋。

文班进请输肺肠，泮仪民则诗言飏。风教基本今既崇，礼逊兴行道义充。

观听感德还降衷，自达闾巷无奸凶。异时刺史入三公，又推此道柔万邦。

移风易俗归醇酿，均令天下跻虞唐。武班进请披心胸，侯饮于泮为道长。

可屈群丑服淮羌，献囚献馘不告讻。坐格飞鸮食我桑，赂金贡齿皆来降。

异时锡命侯弓彤，又相君德成安强。樽俎自折万里冲，会同四海来氏羌。

诸生继进吐卑悰，惟申文武无异方。加之俾尔炽而昌，加之俾尔寿而臧。

降尔遐福如陵冈，嗣续与国同无疆。北溪野人狷且狂，躬陪盛仪喜莫量。

直述诗史为铺张，昭示来世惊盲聋。

宝庆改元孟春中浣敬拜十贤于学宫谨哦唐律

汪统

诗书流泽自宫墙，祀谨先贤配孔堂。黄道中天临下土，清时群牧盛维扬。

固应奕世思功德，曾与皇家作栋梁。生晚敢斯师轨躅，寒泉一勺荐春觞。

和胡秘书有开学中释奠

魏了翁

祠官环邃殿，晰燎响晨光。工有歌咸夏，人无问国庠。

_{自注：古乐府祀先圣先师歌《咸夏》，又舒元舆有《问国庠记》。}

豆笾陈吉飨，磬管奏和锵。盛事留篇什，赓酬愧不扬。

释奠诗

虞珏

珏假守二水，秋丁释奠宿斋。靖惟湖湘理学自周元公倡之，五峰、南轩继之，远有端绪。因记先君旧赋，和韵述怀，录呈别驾并束僚友。宝祐元年秋八月丁未，会稽虞珏。

正学昭昭贵力行，湖湘一派到于今。好翻愚岛词锋手，密察濂溪理窟心。
二水秋清严奠礼，九疑云近想韶音。咏归也觉西风好，须信诗□在泮林。

景定甲子，理宗尝以颜、曾传道配飨下问词臣。越咸淳丁卯，昉以曾子、子思升侑孔庭，盖推本先意也。先臣所被宸笔藏之私室，会军学撤旧庙崇新阁，愿得摹刻其上，而某固未敢也。府教张君遂诗以成之，后之观者将有考于斯文。谨用韵以谢。

牟巘

在昔前朝帝问颁，龙楼当日正承颜。曾思参侑褒崇后，尧舜相传密勿间。
遹骏先猷昭若日，於皇吾道重于山。老臣独抱乌号痛，不及临雍扈从班。

藻有嘉鱼首自颁，师儒乐育士欢颜。宸奎恍若从天下，杰阁崇成不日间。
要识道原观泮水，坐令文物盛黔山。熙明殿下槐龙舞，便合归陪讲读班。

经行旧城过宣圣庙欲看石鼓不得入
江梦斗

墙院人家少市声，高槐古柳绿初新。阴云犹阁西山雨，城郭常吹东海尘。
杏颊簪花红照树，虫丝罗巷昼窥人。岐阳石鼓无由见，深锁儒宫碧草春。

次韵张宏道劝释奠致斋
葛胜仲

斋居屏尘务，况复儒宫清。木落必粪本，祭菜敢不诚。
瑚簋见三代，错落罗两楹。骨冷破梦境，虚窗坐黎明。
祠官趣盥颒，珊然环佩声。巍巍素王像，视若四海营。
当时杏坛士，与享髣华缨。乐教属昭代，弟子陈歌笙。
端如从陈蔡，琴舞纷纵横。元功流万祀，德大遍诸生。

秋祀上丁斋宿中夜雨凉因思去岁气候颇同书壁
李洪

秋云黯黯结层阴，頮水人稀夜漏沉。独有芭蕉如道侣，二年相伴宿斋心。

释奠斋居

朱熹

理事未逾月，簿书终日亲。简编不及顾，几阁积埃尘。
今辰属斋居，烦蹄一舒伸。瞻眺庭宇肃，仰首但秋旻。
茂树禽转幽，忽如西涧滨。聊参物外趣，岂与俗子群。

上丁斋宿

张孝祥

青衿陪祀忆初年，老矣斋居重慨然。俎豆不知鹅鹳事，牲牢空荐犬羊膻。
北来被发车连野，东去乘槎浪接天。汲汲两宫常旰食，受脤归去泪如川。

丙辰二月上丁释奠致斋于经史阁呈郡僚

虞俦

泮水分明记旧游，上丁祠事得重修。音遗金石疑犹在，菜有苹蘩信可羞。
老我今惭郡文学，诸生试觅汜乡侯。缅怀安定规模远，杰阁城西最上头。

释奠斋宿

袁说友

云高天白夜沉沉，墙外谁家送远砧。有月林梢鸣翠羽，无风窗下落黄金。
百年已老安仁鬓，三径空怀靖节心。病眼细书何龃龉，短檠犹得对孤斟。

教授知县以释奠宿于学宫辄尔奉简

赵蕃

秋色肃已甚，斋居清可知。无由一夜话，漫兴五言诗。
祀有同王者，居无陋九夷。校官俱长吏，不比判司卑。

三池丁祭宿斋所赋

虞刚简

洙泗微言日夜行，天高地下昨犹今。□□□□六经意，识得皇皇万古心。
宗庙百官谁不见，朱弦疏越有知音。同人得似三池盛，属目冠裳俨若林。

宣圣赞　建隆三年

宋太祖

王泽下衰，文武将坠。尼父挺生，河海标异。
祖述尧舜，有德无位。哲人其萎，凤鸟不至。

颜子赞　建隆三年

宋太祖

生值衰周，爵不及鲁。一箪藜藿，陋巷环堵。
德冠四科，名垂千古。没表万邦，遂封东土。

宣圣赞

宋太宗

维时载雍，戢此武功。肃昭威仪，海宇聿崇。

玄圣文宣王赞　并序

宋真宗

若夫检玉介丘，回舆阙里，缅怀于先圣，躬谒于严祠。以为易俗化民，既仰师于彝训；崇儒尊道，宜益峻于徽章。增荐崇名，聿陈明祀。思形容于盛德，爰刻镂于斯文。赞曰：

立言不朽，垂教无疆。昭然令德，伟哉素王。
人伦之表，帝道之纲。厥功实茂，其用允臧。
升中既毕，盛典载扬。洪名有赫，懿范弥彰。

太学宣圣殿赞　宣和四年三月

宋徽宗

太学教养多士，严奉先圣。殿室滋圮，作而新之，命驾奠谒，系之以赞曰：

厥初生民，自天有造。百世之师，立人之道。
有彝有伦，垂世立教。爰集大成，千古永蹈。
乃立斯所，乃瞻斯宫。瞻彼德容，云孰不崇？
命刻石于太学，昭示无穷。

文宣王及其弟子赞

宋高宗

朕自睦邻息兵，首开学校，教养多士，以遂忠良。继幸太学，延见诸生，济济在庭，意甚嘉之，因作《文宣王赞》。机政余闲，历取颜回而下七十二人，亦为制赞。用广列圣崇儒右文之声，复知师弟子间缨弁森森，覃精绎思之训。其于治道，心庶几焉。

孔丘，字仲尼，鲁人，开元廿七年制追谥为文宣王。

　　　　大哉宣圣，斯文在兹。帝王之式，古今之师。
　　　　志则春秋，道由忠恕。贤于尧舜，日月其誉。
　　　　惟时载雍，戢此武功。肃昭盛仪，海宇聿崇。

颜回，字子渊，鲁人，赠兖公。

　　　　德行首科，显冠学徒。不迁不贰，乐道以居。
　　　　食埃甚忠，在陋自如。宜称贤哉，岂止不愚。

闵损，字子骞，鲁人，赠费侯。

　　　　天经地义，孝哉闵骞。父母昆弟，莫间其言。
　　　　污君不仕，志气轩轩。复我汶上，出处休焉。

冉雍，字仲弓，鲁人，赠薛侯。

　　　　懿德贤行，有一则尊。子也履之，成性存存。
　　　　骍角有用，犁牛莫论。刑政之言，惠施元元。

冉耕，字伯牛，鲁人，赠郓侯。

　　　　德以充性，行以澡身。二事在躬，日跻而新。
　　　　并驰贤科，得颜为邻。不幸斯疾，命也莫伸。

冉求，字子有，鲁人，赠徐侯。

　　　　循良之要，在于有政。可使为宰，千室百乘。
　　　　师门育材，治心扶性。退则进之，琢磨之柄。

言偃，字子游，吴人，赠吴侯。

　　　　道义正已，文学擅科。为宰武城，聊以弦歌。
　　　　割鸡之试，牛刀谓何。前言戏尔，博约则多。

宰予，字子我，鲁人，赠齐侯。

　　　　辩以饰诈，言以致文。苟弗执礼，宜奠释纷。
　　　　朽木粪墙，置不足云。言语之科，卓然有闻。

仲由，字子路，卞人，赠卫侯。

　　　　升堂惟光，千乘为权。陵暴知非，委质可贤。

折狱言简，结缨礼全。恶言不耳，仲尼赖焉。

端木赐，字子贡，卫人，赠黎侯。

谦德知二，器实瑚琏。动必机先，孰并其辨。

一使存鲁，五国有变。终相其主，誉处悠远。

卜商，字子夏，卫人，赠魏侯。

文学之目，名重一时。为君子儒，作魏侯师。

不要后礼，始可言诗。假盖小嫌，圣亦不疵。

林放，字子丘，鲁人，赠清河伯。

礼之有本，子能启问。大哉斯言，光昭明训。

德辉泰山，诬祭莫奋。崇兹祀典，盍永令闻。

樊须，字子迟，齐人，赠樊伯。

养才以道，圣人兼济。始谓不仁，问鲍良喜。

寓志农圃，似睽仁义。学稼之辞，岂姑舍是。

澹台灭明，字子羽，武城人，赠江伯。

惟子有道，天与异容。状虽云恶，德则甚丰。

南止江沱，学者云从。取士自兹，貌或非公。

曾参，字子舆，南武城人，赠郕伯。

夫孝要道，周训群生。以纲百行，以通神明。

因子侍师，答问成经。事亲之实，代为仪刑。

公冶长，字子长，齐人，赠莒伯。

子长宏度，高出伦辈。虽在缧绁，知非其罪。

纯德备行，夫子所采。以子妻之，尤知英概。

公西葳，字子上，鲁人，赠祝阿伯。

猗尔子上，鲁邦之望。以德则贵，惟道是唱。

师聪师明，友直友谅。伯于祝阿，儒风斯畅。

原宪，字子思，鲁人，赠原伯。

轼彼穷阎，达士所宾。邦无道榖，进退孰伦。

敝衣非病，无财乃贫。赐虽不怿，清节照人。

有若，字子有，鲁人，赠卞伯。

人禀秀德，气貌或同。而子俨然。温温其容。

两端发问，未答机锋。以礼节和，斯言可宗。

郑国，字子徒，鲁人，赠荥阳伯。

伯夫荥阳，实惟令德。优入圣门，过不留迹。

道以目传，妙则心识。倚欤伟欤，后代之则。

商泽，字子季，鲁人，赠睢阳伯。

邈矣子季，睢阳是伯。屏息受业，延教登席。

未践四科，困涉六籍。祀典载之，好是正直。

秦非，字子之，鲁人，赠汧阳伯。

乐善哲士，伯于汧阳。传道克正，垂名允臧。

执德以洪，用心必刚。衮广业履，式赞素王。

曾点，字皙，鲁人，赠宿伯。

惟时义方，有子诚孝。怡怡圣域，俱膺是道。

暮春舞雩，咏歌至教。师故与之，和悦宜召。

巫马施，字子旗，鲁人，赠鄫伯。

天清日明，密雨曷有。师命持盖，子亦善扣。

惟夫子博，三才允究。学者之乐，所得遂茂。

公皙哀，字季次，齐人，赠郳伯。

周衰伪隆，政在群公。廉耻道微，家臣聿崇。

不为屈节，㧑默自容。子于是时，凛然清风。

漆雕徒父，字子期，鲁人，赠须句伯。

遐想子期，挟策圣帷。涉道是嗜，惟士可縻。

在德既贤，在名乃垂。洋洋之风，逮今四驰。

颛孙师，字子张，陈人，赠陈伯。

念昔颛孙，商德与邻。学以干禄，问以书绅。

参前倚衡，忠信是遵。色取行违，作戒后人。

高柴，字子羔，卫人，赠共伯。

婉彼子羔，受业先圣。宗庙之问，一出乎正。

克笃于孝，非愚乃令。师知其生，有辉贤行。

荣旂，字子祺，鲁人，赠雩娄伯。

伯兹雩娄，务学实著。三千之徒，七十是预。

匪善莫行，惟德乃据。纪于前书，式彰厥誉。

秦祖，字子南，秦人，赠少梁伯。

秦有子南，蜚声述作。守道之渊，成德之博。

范若铸金，契犹发药。历世明祀，少梁宠爵。

陈亢，字子禽，陈人，赠颍伯。

惟禽之问，从容其鲤。求以异闻，诗礼云尔。

　　　　　　请一得三，诚退而喜。且知将圣，不私其子。
梁鳣，字叔鱼，齐人，赠梁伯。
　　　　　　室家壮年，无子则逐。见于信史，全齐之俗。
　　　　　　原本厥初，师言可复。以学则知，揆之宜笃。
冉孺，字子鲁，鲁人，赠纪伯。
　　　　　　纪伯子鲁，圣学是务。厉己斯的，好问乃裕。
　　　　　　周旋中规，容止可度。允矣昔贤，后世所慕。
颜之仆，字叔，鲁人，赠东武伯。
　　　　　　贤行颜叔，亲承尼父。志锐所期，道尊是辅。
　　　　　　泥在钧陶，木就规矩。终縻好爵，扬名东武。
石作蜀，字子明，秦人，赠石邑伯。
　　　　　　在昔石邑，能知所尊。懋依有德，克述无言。
　　　　　　鼓箧槐市，扬名里门。此道久视，彼美长存。
颜高，字子骄，鲁人，赠琅琊伯。
　　　　　　琅琊之伯，其惟子骄。微言既彰，德音孔昭。
　　　　　　已观雩舞，同听齐韶。历千百祀，跂想高标。
邦巽，字子敛，鲁人，赠平陆伯。
　　　　　　彼美邦子，先圣是承。墙仞已及，堂陛将升。
　　　　　　良玉斯琢，寒水必冰。锡壤平陆，茂实骞腾。
任不齐，字选，楚人，赠任城伯。
　　　　　　任城建伯，其表曰选。淑问雅驰，才华清远。
　　　　　　竞辰力行，爱日黾勉。孔教崇崇，令绪显显。
颜无繇，字路，鲁人，赠杞伯。
　　　　　　人谁无子，尔嗣标奇。行为世范，学为人师。
　　　　　　请车诚非，顾匪其私。千载之下，足以示慈。
曹邺，字子循，蔡人，赠曹伯。
　　　　　　肃肃曹伯，王室之裔。积习乐道，切磋明义。
　　　　　　惟善则主，尔德是类。史笔有焕，令名永纪。
县成，字子祺，鲁人，赠巨野伯。
　　　　　　至圣立教，子祺安雅。擅誉鲁邦，启祚巨野。
　　　　　　炜矣风猷，时哉用舍。出伦离类，后学是假。
颜哙，字子声，鲁人，赠朱虚伯。
　　　　　　褒锡朱虚，在器轮舆。儒室振领，圣门曳裾。

贤业得蕴，美材以摅。百世不刊，载观成书。

孔忠，字子蔑，鲁人，赠汶阳伯。

惟子挺生，道德之门。佩服至论，鲤则弟昆。

三得三亡，所问殊温。君子归宓，义不掩恩。

狄黑，字皙，卫人，赠临济伯。

仰止狄皙，抱负渊通。游泳德化，扬厉素风。

伟识既异，持教乃隆。厥志茂焉，恊祀无穷。

漆雕哆，字子敛，鲁人，赠武城伯。

子敛受封，爰居武城。亹亹其闻，翩翩其英。

抠衣时习，愿学日明。诞敷孔教，爵里疏荣。

申枨，字子续，鲁人，赠鲁伯。

刚毅近仁，志操莫渝。性匪祝鮀，面岂子都。

有一于此，刚名可图。云欲则柔，盖生之徒。

壤驷赤，字子徒，秦人，赠北微伯。

式是壤伯，昭乎圣徒。执经请益，载道若无。

诗书规矩，问学楷模。得时而驾，领袖诸儒。

施之常，字子恒，鲁人，赠乘氏伯。

开国乘氏，有德斯彰。参稽百行，赞理三纲。

自拔行间，荣名甚光。在史蔼蔼，历久弥芳。

公祖句兹，字子之，鲁人，赠期思伯。

惟彼子之，锡伯期思。与贤并进，得圣而师。

彬彬雅道，翼翼令仪。上目至言，庙食不隳。

伯虔，字子折，鲁人，赠聊伯。

有怀子折，全鲁之彦。儒行既名，聊伯乃建。

兢兢受道，奕奕峨弁。懿选嘉访，世享馨荐。

南宫括，字子容，鲁人，赠郯伯。

先觉既位，簪履并驰。尚德君子，尔乃兼之。

羿奡可惭，禹稷可师。三复此道，载观白圭。

公孙龙，字子石，楚人，赠黄伯。

黄伯著祀，公孙是云。弥缝中道，协辅斯文。

藏修方异，渐渍其勤。史词不忘，播为清芬。

廉絜，字庸，卫人，赠莒父伯。

兄弟之邦，士有廉庸。涵泳素教，表揭儒宗。

杏坛探颐，洙泗从容。作兴一时，莒父其封。

叔仲会，字子期，鲁人，赠瑕丘伯。

瑕丘祚邑，子期是为。亲训有日，广业于时。

四教允隆，五常以持。比肩俊杰，闻望斯垂。

商瞿，字子木，鲁人，赠蒙伯。

易之为书，弥合天地。五十乃学，师则有是。

子能受授，洗心传世。知几其神，宜被厥祀。

司马耕，字子牛，宋人，赠向伯。

手足甚亲，志异出处。魋将为乱，子乃脱去。

在污能洁，危而有虑。内省若斯，何忧何惧。

蘧瑗，字伯玉，卫人，赠卫伯。

有卫伯玉，夫子与居。寡过未能，荐赞使乎。

以尸谏君，友则史鱼。果得进贤，烂然简书。

公西赤，字子华，鲁人，赠郜伯。

学者行道，敝缊亦称。使齐光华，偶为肥轻。

周急之言，君子所令。答问允严，理皆先经。

公伯僚，字子周，鲁人，赠任伯。

人有贤否，道有废兴。子如命何，营营震惊。

季孙虽惑，景伯莫平。师资一言，秩祀亦惩。

漆雕开，字子开，鲁人，赠滕伯。

仕进之道，要在究习。具臣而居，咎欲谁执。

斯未能信，谦以有立。阙里说之，多士莫及。

宓不齐，字子贱，鲁人，赠单伯。

君子若人，单父之政。引肘痦君，放鱼禀令。

傅郭勿获，遂能制命。百代理邑，用规观听。

燕伋，字思，秦人，赠渔阳伯。

师席高振，大成是集。至道克传，贤达斯执。

善道云袤，儒风可立。渔阳之士，得跂而及。

申党，字周，鲁人，赠邵陵伯。

侁侁申周，四科与俦。逸驾文圃，鼓柑儒流。

冠佩既燕，言动允休。邵陵得封，可想清修。

琴牢，字子开，卫人，赠南陵伯。

多能鄙事，圣人曲意。惟其知之，是以不试。

宗鲁虽友，吊必以义。尚师嘉言，祀亦罔替。

秦商，字子丕，楚人，赠上洛伯。

孔父秦父，相尚以力。俱生贤嗣，相与以德。

是父是子，致诘畴克。会弁儒林，令名无极。

步叔乘，字子车，齐人，赠淳于伯。

勉勉子车，封邑淳于。亲炙避席，唯诺趋隅。

发微既博，雅道是扶。抑可尚也，不亦美乎。

颜辛，字子柳，鲁人，赠萧伯。

孰封于萧，实惟子柳。凤饫格言，克遵善诱。

明德斯馨，贤业所就。以侑于儒，传芳逾茂。

奚容蒧，字子皙，鲁人，赠下邳伯。

雍容子皙，已望堂室。幼则有造，成则祖述。

文采日化，儒效力弼。永观厥成，德音秩秩。

冉季，字子产，鲁人，赠东平伯。

东平子产，性著盛时。奉师于塾，讲道之微。

答问其敏，婉妙以思。升降陛廉，尚想英姿。

后处，字子里，齐人，赠营丘伯。

温温子里，人闻至圣。揽道之华，秉德之柄。

深造阃域，不乖言行。全齐之封，竹素为盛。

左人郢，字行，鲁人，赠临淄伯。

伯彼临淄，左行称贤。睎踪十哲，秀颖三千。

心悦诚服，家至户传。乐只君子，文声益宣。

秦冉，字开，蔡人，赠彭衙伯。

彭衙高士，经籍是亲。赞成德艺，协于彝伦。

砥绩圣道，期肖素臣。优哉游哉，学以致身。

乐欬，字子声，赠昌平伯。

乐氏子声，锡爵昌平。信道之笃，见善乃明。

引领高节，载惟思诚。先贤聿集，出为时英。

道统十三赞　并序　绍定三年

宋理宗

朕获承祖宗右文之绪，祗遹燕谋，日奉慈极。万几余闲，博求载籍，推迹道统之传，自伏羲迄于孟子。凡达而在上其道行，穷而在下其教明，采其大指，各为之赞。虽未能探赜精微，姑以寓尊其所闻之意云耳。

伏羲

继天立极，为百王先。法度肇建，道德纯全。
八卦成文，三坟不传。无言而化，至治自然。

尧

大哉帝尧，盛德巍巍。垂衣而治，光被华夷。
圣神文武，四岳是咨。揖逊之典，万世仰之。

舜

於皇圣德，至孝尽伦。所以为大，乐善取人。
惟精惟一，帝心之纯。垂拱无为，尧道是循。

禹

克勤于邦，烝民乃粒。历数在躬，厥中允执。
恶酒好言，九功由立。不伐不矜，振古莫及。

汤

顺天应人，本乎仁义。以质继忠，匪曰求异。
盘铭一德，桑林六事。人纪肇修，垂千万世。

文王

道被南国，首正人伦。仁政一施，必先穷民。
翼翼小心，秉兹德纯。丕显文谟，万邦仪刑。

武王

受天眷命，继志前人。遐迩悦服，偃武修文。
惟贤是宝，法度彰明。建用皇极，爰叙彝伦。

周公

美哉公旦，翼辅成周。施兼四事，才艺俱优。
制礼作乐，惠泽敷流。有大勋劳，宗社延休。

孔子

圣哉尼父，秉德在躬。应聘列国，道大莫容。
六艺既作，文教聿崇。今古日月，万代所宗。

颜子

学冠孔门，德行科首。闻一知十，若虚实有。
乐道箪瓢，不易所守。步趋圣师，瞠若其后。

曾子

守约博施，反躬三省。孝为德先，禄仕不忍。

圣道正传，意会神领。一唯忠恕，门人深警。

子思

闲居请问，世业克昌。可离非道，孜孜力行。

发挥中庸，体用有常。入德枢要，治道权衡。

孟子

生禀淑质，教被三迁。博通儒术，气养浩然。

深造自得，亚圣之贤。高揖孔氏，独得其传。

乙卯仲春丁奠毕作素王颂一首呈承祭之士

赵汝腾

於穆素王，天纵将圣。小用于鲁，振挈纲领。莱兵面却，齐人退听。

三都隳奸，两观锄佞。市无饰贾，朝无乱政。少壮悉逊，道途不竞。

曲阜大治，诸侯交儆。女乐间之，可以出迸。俟膰不至，于卫之境。

留不暖席，去复俄顷。几围于匡，幸释以宁。归主蘧瑗，耻居次乘。

彷徨过宋，流离在郑。雠恶习礼，木不留影。立郭东门，累然谁省。

在陈徘徊，弗授寸柄。河水洋洋，不渡者命。蒲盟止兵，蔡惧设阱。

楚尼书社，彼哉谗胜。辙环靡归，不容何病。十有四年，鲁复来聘。

亦卒果用，六经是订。易系礼编，诗删书定。私淑三千，弦歌雩咏。

维持太极，与天地并。贤于尧舜，功用之盛。专飨南面，此感彼应。

笾豆牲牢，庭燎辉映。万有千载，垂于祀令。承祭儒绅，孰敢不敬。

何以事之，存心养性。

景祐祭文宣王庙六首

迎神，《凝安》

> 大哉至圣，文教之宗！纪纲王化，丕变民风。
>
> 常祀有秩，备物有容。神其格思，是仰是崇。

初献升降，《同安》

> 右文兴化，宪古师今。明祀有典，吉日惟丁。
>
> 丰牺在俎，雅奏来庭。周旋陟降，福祉是膺。

奠币，《明安》

> 一王垂法，千古作程。有仪可仰，无德而名。
>
> 斋以涤志，币以达诚。礼容合度，黍稷非馨。

酌献，《成安》

　　　自天生圣，垂范百王。恪恭明祀，陟降上庠。
　　　酌彼醇旨，荐此令芳。三献成礼，率由旧章。

饮福，《绥安》

　　　牺象在前，豆笾在列。以享以荐，既芬既洁。
　　　礼成乐备，人和神悦。祭则受福，率遵无越。

兖国公配位酌献，《成安》哲宗朝增此一曲。

　　　无疆之祀，配侑可宗。事举以类，与享其从。
　　　嘉栗旨酒，登荐惟恭。降此遐福，令仪肃雍。

送神，《凝安》

　　　肃肃庠序，祀事惟明。大哉宣父，将圣多能！
　　　歆馨胖螽，回驭凌兢。祭容斯毕，百福是膺。

大观三年释奠六首

迎神，《凝安》

　　　仰之弥高，钻之弥坚。於昭斯文，被于万年。
　　　峨峨胶庠，神其来止。思款无穷，敢忘于始。

升降，《同安》

　　　生民以来，道莫与京。温良恭俭，惟神惟明。
　　　我洁尊罍，陈兹芹藻。言升言旋，式崇斯教。

奠币，《明安》

　　　於论鼓钟，于兹西雍。粢盛肥硕，有显其容。
　　　其容洋洋，咸瞻像设。币以达诚，歆我明洁。

酌献，《成安》

　　　道德渊源，斯文之宗。功名糠秕，素王之风。
　　　硕兮斯牲，芬兮斯酒。绥我无疆，与天为久。

配位酌献，《成安》

　　　俨然冠缨，崇然庙庭。百王承祀，涓辰惟丁。
　　　于牲于醑，其从予享。与圣为徒，其德不爽。

送神，《凝安》

　　　肃庄绅绥，吉蠲牲牺。於皇明祀，荐登惟时。
　　　神之来兮，胖螽之随。神之去兮，休嘉之贻。

大晟府拟撰释奠十四首

迎神,《凝安》

　　黄钟为宫

　　　　　大哉宣圣, 道德尊崇! 维持王化, 斯民是宗。

　　　　　典祀有常, 精纯并隆。神其来格, 於昭盛容。

　　大吕为角

　　　　　生而知之, 有教无私。成均之祀, 威仪孔时。

　　　　　维兹初丁, 洁我盛粢。永适其道, 万世之师。

　　太簇为徵

　　　　　巍巍堂堂, 其道如天。清明之象, 应物而然。

　　　　　时维上丁, 备物荐诚。维新礼典, 乐谐中声。

　　应钟为羽

　　　　　圣王生知, 阐迺儒规。《诗》《书》文教, 万世昭垂。

　　　　　良日惟丁, 灵承不爽。揭此精虔, 神其来飨。

初献盥洗,《同安》

　　　　　右文兴化, 宪古师经。明祀有典, 吉日惟丁。

　　　　　丰牺在俎, 雅奏在庭。周旋陟降, 福祉是膺。

升殿,《同安》

　　　　　诞兴斯文, 经天纬地。功加于民, 实千万世。

　　　　　笙镛和鸣, 粢盛丰备。肃肃降登, 歆兹秩祀。

奠币,《明安》

　　　　　自生民来, 谁底其盛! 惟王神明, 度越前圣。

　　　　　粢币具成, 礼容斯称。黍稷非馨, 惟神之听。

奉俎,《丰安》

　　　　　道同乎天, 人伦之至。有飨无穷, 其兴万世。

　　　　　既洁斯牲, 粢明醋旨。不懈以忱, 神之来暨。

文宣王位酌献,《成安》

　　　　　大哉圣王, 实天生德! 作乐以崇, 时祀无致。

　　　　　清酤惟馨, 嘉牲孔硕。荐羞神明, 庶几昭格。

兖国公位酌献,《成安》

　　　　　庶几屡空, 渊源深矣。亚圣宣猷, 百世宜祀。

　　　　　吉蠲斯辰, 昭陈尊篚。旨酒欣欣, 神其来止。

邹国公位酌献,《成安》

　　　　道之由兴,於皇宣圣。惟公之传,人知趋正。

　　　　与飨在堂,情文实称。万年承休,假哉天命。

亚、终献用《文安》

　　　　百王宗师,生民物轨。瞻之洋洋,神其宁止。

　　　　酌彼金罍,惟清且旨。登献惟三,於嘻成礼。

彻豆,《娱安》

　　　　牺象在前,豆笾在列。以飨以荐,既芬既洁。

　　　　礼成乐备,人和神悦。祭则受福,率遵无越。

送神,《凝安》

　　　　有严学宫,四方来宗。恪恭祀事,威仪雍雍。

　　　　歆兹惟馨,飚驭旋复。明禋斯毕,咸膺百福。

《全宋文》所收同释奠相涉之建(修)学记篇目一览表

序号	篇名	撰者	府/州/县/军学	年代	卷/册/页数
1	仙游县建学记	段全	仙游县县学	真宗咸平间	195,9,410
2	余杭县建学记	章得一	余杭县县学	真宗景德三年	209,10,278
3	改建信州州学记	青阳楷	信州州学	真宗景德中	209,10,280
4	南丰县兴学记	曾易古	南丰县县学	仁宗庆历四年	270,13,330
5	通州学记	王随	通州州学	仁宗天圣元年	281,14,135
6	县学记	翁纬	海盐县县学	真宗大中祥符元年	305,15,130
7	邠州建学记	范仲淹	邠州州学		386,18,421
8	越州新学记	张伯玉	越州州学	英宗治平元年	480,23,44
9	浔州新成州学记	余靖	浔州州学	仁宗庆历七年	569,27,53
10	饶州新建州学记	余靖	饶州州学	仁宗庆历六年	569,27,55
11	雷州新修郡学记	余靖	雷州郡学	仁宗嘉祐八年	569,27,57
12	桐城县学记	梅尧臣	桐城县县学		593,28,166
13	新建府州州学记	史纶	府州州学		640,30,120
14	吉州学记	欧阳修	吉州州学	仁宗庆历四年	739,35,111
15	筠州学记	欧阳修①	筠州州学	英宗治平三年	744,35,200
16	湖州新建州学记	张方平	湖州州学	仁宗康定元年	817,38,152
17	定州新建州学记	韩琦	定州州学		854,40,35
18	元氏新建县学记	曾宏	真定府元氏县县学	仁宗皇祐二年	891,41,318
19	袁州学记	李觏	袁州州学	仁宗至和元年	914,42,303
20	郴州学记	祖无择	郴州州学	仁宗皇祐五年	935,43,322

---

①　又见于曾巩名下,《全宋文》,第58册,第162页。

续表

序号	篇名	撰者	府/州/县/军学	年代	卷/册/页数
21	东阳县学记	毛维瞻	东阳县县学	仁宗庆历中	992,46,150
22	邵州新迁州学记	孔延之	邵州州学	英宗治平五年	1033,48,73
23	海盐县建学记	褚理	海盐县县学	仁宗嘉祐八年	1097,50,337
24	连江县建学记	周希孟	连江县县学	仁宗嘉祐中	1097,50,341
25	宜黄县县学记	曾巩	宜黄县县学		1261,58,141
26	州学记	章望之	台州州学	仁宗皇祐二年	1275,58,350
27	常州无锡县学记	章望之	无锡县学		1275,58,351
28	虔州学记	王安石	虔州州学		1407,65,36
29	太平州新学记	王安石	太平州州学	英宗治平四年	1407,65,42
30	繁昌县学记	王安石	繁昌县县学		1407,65,43
31	慈溪县学记	王安石	慈溪县县学		1408,65,52
32	安州重修学记	郑獬	安州州学	神宗熙宁元年	1479,68,163
33	河南府密县新作县学记	刘攽①	河南府密县县学		1503,69,186
34	常州学记	王安国	常州州学		1587,73,59
35	徙南恩州学记	丁琏	恩平州州学	哲宗绍圣四年	1633,75,76
36	寿州学记	刘挚	寿州州学	神宗元丰三年	1678,77,102
37	杭州新作州学记	沈括	杭州州学		1691,77,349
38	广州州学记	蒋之奇	广州州学	哲宗元祐三年	1706,78,235
39	保州重建州学之记	李尧臣	保州州学	神宗熙宁四年	1708,78,285
40	杭州学记	吕惠卿	杭州州学	英宗治平三年	1721,79,132
41	高唐县学记	王安礼	高唐县县学	仁宗嘉祐七年	1804,83,128
42	宜禄移县学记	张舜民	宜禄县县学		1816,83,318

---

① 又见于刘恕名下,《全宋文》,第80册,第40页。

序号	篇名	撰者	府/州/县/军学	年代	卷/册/页数
43	兴国县改迁儒学记	郭知章	兴国县县学	英宗治平四年	1848,85,126
44	上高县学记	苏辙	上高县县学	神宗元丰五年	2095,96,173
45	卫州新乡县学记	詹文	新乡县县学	哲宗元祐五年	2216,101,349
46	信州学记	王严叟	信州州学	哲宗元祐五年	2227,101,102
47	洪州学记	张商英	洪州州学		2232,102,197
48	鄂州通城县学资深堂记	黄庭坚	通成县县学		2322,107,166
49	陕西大都督府奉诏兴建府学记	张励	陕西大都督府府学	徽宗崇宁二年	2526,117,221
50	潼川府学记	杨天惠	潼川府府学	徽宗大观三年	2532,117,319
51	萧县儒学碑记	晁端中	萧县县学	哲宗绍圣五年	2569,120,294
52	成州重建学记	蒲浚	成州州学	哲宗元祐八年	2631,122,117
53	京山县新学记	程祁	京山县县学	徽宗崇宁二年	2633,122,157
54	太原府寿阳县新修学记	李毅	寿阳县县学	哲宗元祐七年	2634,122,169
55	修学记	耿南仲	蒲城县县学	哲宗元祐六年	2636,122,206
56	曹州重修学记	刘跂	曹州州学	哲宗元祐四年	2661,123,220
57	郑州荥阳县移建新学记	刘跂	荥阳县县学		2661,123,222
58	徐州学记	陈师道	徐州州学	哲宗元祐五年	2669,123,365
59	高陵重修县学记	吴柔嘉	高陵县县学	哲宗绍圣元年	2705,125,190
60	冠氏县新修学记	晁补之	冠氏县县学	神宗元丰七年	2738,127,2
61	沈丘县学记	晁补之	沈丘县县学	哲宗元祐二年	2738,127,4
62	林虑县学记	晁补之	林虑县县学		2738,127,8

序号	篇名	撰者	府/州/县/军学	年代	卷/册/页数
63	万寿县学记	张耒	万寿县县学		2771,128,107
64	华亭县学记	刘发	华亭县县学		2773,128,205
65	新繁县学记	吴兹	新繁县县学	徽宗崇宁四年	2780,128,377
66	襄城新修县学记	苏时	襄城县县学	徽宗崇宁二年	2822,130,393
67	襄州迁学记	邹浩	襄州州学	哲宗绍圣元年	2841,131,330
68	襄州光化县重修县学记	李鷹	光化县县学	哲宗元符三年	2853,132,177
69	唐州比阳县新学记	李鷹	比阳县县学	哲宗元祐五年	2853,132,181
70	湖州武康县学记	毛滂	武康县县学	徽宗建中靖国元年	2859,132,287
71	武功县学记	赵茂曾	武功县县学	徽宗崇宁二年	2861,132,342
72	泉州重建州学记	张读	泉州州学	高宗绍兴八年	2862,132,352
73	平山县学记	武渐	平山县县学	徽宗崇宁元年	2869,133,114
74	千乘县修学记	黄玫	千乘县县学		2911,135,69
75	临邑县新学记	吴岩夫	临邑县县学	徽宗崇宁元年	2872,133,167
76	临朐迁学记	黄显	临朐县县学	哲宗绍圣五年	2911,135,69
77	常州无锡县崇宁增建学记	王相	无锡县县学	徽宗崇宁三年	2914,135,137
78	绍兴重建县学记	李大有	绍兴县学		2914,135,153
79	重修儒学碑记	范栋	高陵县县学	徽宗崇宁四年	2918,135,215
80	淳安县重建学记	方闻	淳安县县学	高宗绍兴九年	2958,137,206
81	宣州重建学记	汪伯彦	宣州州学	高宗绍兴十年	2970,138,39
82	军学记	葛胜仲	相州军学	高宗绍兴十年	3074,143,37
83	温州瑞安迁县学碑	许景衡	瑞安县县学	徽宗政和五年	3097,144,89
84	阳谷县重修庙学记	王平	阳谷县县学	徽宗崇宁中	3120,145,103

序号	篇名	撰者	府/州/县/军学	年代	卷/册/页数
85	建宣圣殿记	周虎臣	永康县县学	徽宗政和四年	3134,145,325
86	府学记	叶梦得	建康府府学	高宗绍兴中	3183,147,333
87	重修儒学记	陈汝锡	青田县县学		3204,148,394
88	昌化军学记	李光	昌化军军学	高宗绍兴二十二年	3317,154,234
89	安福县重修学记	王庭珪	安福县县学	高宗绍兴十二年	3412,158,259
90	抚州宜黄县学记	孙觌	宜黄县县学	高宗绍兴四年	3479,160,357
91	临安府临安县学记	孙觌	临安县县学	高宗绍兴十六年	3480,160,375
92	和州含山县学记	孙觌	含山县县学	高宗绍兴二十四年	3481,160,392
93	重修学记	李正民	海盐县县学	高宗绍兴十六年	3542,163,141
94	全州学记	刘岑	全州州学		3884,177,321
95	溧水县学记	郑刚中	溧水县县学	孝宗乾道中	3908,178,316
96	温州乐清县学记	林季仲	乐清县县学	高宗绍兴十七年	3921,179,123
97	重修永新县儒学记	尹躬	永新县县学	高宗绍兴十五年	3922,179,149
98	古县学记	高登	古县县学	高宗绍兴八年	3960,180,418
99	平江府修学记	郑亿年	平江府府学	高宗绍兴十五年	3980,181,356
100	南剑州重建州学记	张致远	南剑州州学	高宗绍兴十七年	3988,182,110
101	天台县学记	洪兴祖	天台县县学		3989,182,124
102	盐官县学之记	胡珵	盐官县县学	高宗绍兴五年	3991,182,153
103	无锡县学之记	李弥正	无锡县县学	高宗绍兴十六年	3998,182,288
104	沙洋重修县学记	邓肃	沙洋县县学	高宗建炎二年	4017,183,168
105	袁州学记	张九成	袁州州学	高宗绍兴十一年	4042,184,151
106	昆山学记	张九成	昆山县县学	高宗绍兴二十八年	4042,184,158
107	龙水县新修学记	邵博	龙水县县学	高宗绍兴十二年	4056,184,404
108	重修溧阳县学记	陈闻远	溧阳县县学	高宗绍兴二十年	4090,186,164

序号	篇名	撰者	府/州/县/军学	年代	卷/册/页数
109	襄阳府重修州学记	张嵲	襄阳府州学	高宗绍兴十四年	4117,187,214
110	秀州重建州学记	张嵲	秀州州学	高宗绍兴十二年	4117,187,216
111	重建明州州学记	李璜	明州州学	高宗绍兴七年	4141,188,216
112	重修镇江学记	张扶	镇江府州学	高宗绍兴中	4150,188,376
113	东安县重建学记	胡寅	东安县县学	高宗绍兴十一年	4181,190,64
114	建州重修学记	胡寅	建州州学		4182,190,86
115	合州建学记	薛经	合州州学	高宗绍兴十一年	4229,192,109
116	重修义屋县学记	黄中辅	义屋县县学	孝宗乾道四年	4263,193,254
117	修成都府学记	冯时行	成都府府学	高宗绍兴二十九年	4268,193,341
118	雷州府修学记	贾洋	雷州府府学	高宗绍兴十一年	4283,194,199
119	仙游重建儒学记	谢天民	仙游县县学	高宗绍兴十三年	4283,194,201
120	太平州绍兴 迁州学记	郑仲熊	太平州州学	高宗绍兴中	4290,194,311
121	信州新学记	周之才	信州州学	高宗绍兴中	4293,194,360
122	永丰县新学记	董良史	永丰县县学	高宗绍兴十八年	4295,194,389
123	顺昌县重修儒学记	余良弼	顺昌县县学	高宗绍兴二十一年	4297,195,10
124	修永丰县儒学记	尹穑	永丰县县学		4349,197,91
125	增修处州学记	王之望	处州州学	高宗绍兴十三年	4370,197,412
126	华亭县修学记	廖兼	华亭县县学	高宗绍兴十四年	4379,198,170
127	庐陵县修学宫记	柴绂	庐陵县县学	高宗绍兴十四年	4380,198,197
128	邵州学记	胡宏	邵州州学		4390,198,373
129	安岳县修学记	唐文若	安若县县学	高宗绍兴十三年	4395,199,49
130	广昌县儒学记	刘嵘	广昌县县学	高宗绍兴十八年	4428,200,315
131	重修州学记	郑耕老	四明州州学	孝宗乾道三年	4429,200,324

续表

序号	篇名	撰者	府/州/县/军学	年代	卷/册/页数
132	富顺监学记	李石	富顺监监学		4567,206,38
133	兴化军重建军学记	黄公度	兴化军军学	高宗绍兴二十一年	4578,206,313
134	内江县重修儒学记	邓棐	内江县县学	高宗绍兴二十一年	4595,207,210
135	广州重建学记	王十朋	广州州学	孝宗乾道七年	4636,209,138
136	重修建昌军学记	汪皋会	建昌军军学	高宗绍兴十三年	4642,209,248
137	重修萧山县学记	莫济	萧山县县学	高宗绍兴二十六年	4674,210,413
138	宁武县学记	晁公遡	宁武县县学	高宗绍兴二十一年	4699,212,57
139	张郏重修儒学记	韩元吉	仪真县县学	孝宗乾道三年	4799,216,229
140	重修双流县学记	梁介	双流县县学		4862,219,196
141	安东县重修学记	孙清	安东县县学		4866,219,276
142	黔江修学记	窦敷	黔江县县学	高宗绍兴三十一年	4877,220,117
143	万载新学记	杨愿	万载县县学	孝宗淳熙中	4881,220,200
144	信阳军改建学记	洪迈	信阳军军学	光宗绍熙二年	4919,222,83
145	绍兴府修学记	陆游	绍兴府府学	高宗绍兴二年	4943,223,108
146	旌德县修学记	徐锐	旌德县县学		4959,223,379
147	绍兴府上虞县重修学记	丰谊	上虞县县学	孝宗淳熙十四年	4994,225,136
148	台州重建学记	季翔	台州州学		4998,225,197
149	陈侯修学记	项寿	高邮军军学	孝宗乾道三年	5002,225,264
150	赣州赣县重修学记	周必大	赣县县学		5149,231,240
151	梅州重修学记	周必大	梅州州学		5149,231,241
152	庐陵县重修县学记	周必大	庐陵县县学		5150,231,248
153	通州重修学记	杨万里	通州州学		5351,239,301
154	邵州重修复旧学记	杨万里	邵州州学	宁宗庆元二年	5353,239,326

序号	篇名	撰者	府/州/县/军学	年代	卷/册/页数
155	隆兴府重新府学记	杨万里	隆兴府府学	宁宗庆元二年	5353,239,330
156	赣县学记	杨万里	赣县县学	宁宗庆元二年	5353,239,335
157	永新县修学记	何恪	永兴县县学		5404,242,46
158	华亭县修学记	许克昌	华亭县县学	高宗绍兴三十年	5409,242,197
159	南剑州尤溪县学记	朱熹	尤溪县县学	孝宗乾道九年	5652,252,48
160	衢州江山县学记	朱熹	江山县县学	孝宗淳熙三年	5654,252,66
161	信州铅山县学记	朱熹	铅山县县学	孝宗淳熙中	5655,252,85
162	太平州学记	张孝祥	太平州州学	孝宗乾道中	5703,254,107
163	邵州复旧学记	张栻	邵州州学	孝宗淳熙元年	5739,255,356
164	江陵府松滋县学记	张栻	松滋县县学	孝宗淳熙元年	5739,255,365
165	重修溧阳县学记	秦煜	溧阳县县学	宁宗庆元三年	5804,258,206
166	兴国军大冶县学记	王质	大冶县县学		5813,258.328
167	遂宁府迁学记	杨辅	遂宁府府学	宁宗嘉泰四年	5824,259,104
168	儒学记	史容	通江县县学	宁宗庆元二年	5838,259,333
169	重修台州郡学记	唐仲友	台州郡学		5864,260,351
170	奉化县学记	楼钥	奉化县县学		5966,264,370
171	重建宁德县儒学记	张瀚	宁德县县学	孝宗淳熙八年	6265,277,26
172	灌阳重修儒学记	余元一	灌阳县县学	孝宗淳熙十年	6272,277,162
173	处州重建州学记	陈孔硕	处州州学		6391,282,56
174	安庆府新建庙学记	黄榦	安庆府府学	宁宗嘉定六年	6556,288,382
175	巢县学记	焦抑	巢县县学	宁宗庆元三年	6563,289,521
176	改建钦州儒学记	颜械	钦州州学	光宗绍熙五年	6595,290,175
177	重建新城学记	钱厚	新城县县学	宁宗庆元二年	6648,292,209
178	金谿县改建儒学记	王衡仲	金谿县县学	宁宗嘉定二年	6677,293,260

序号	篇名	撰者	府/州/县/军学	年代	卷/册/页数
179	昆山重修县学记	莫子纯	昆山县县学	宁宗庆元六年	6701,294,244
180	淳安县修学记	洪璞	淳安县县学	宁宗嘉定九年	6705,294,328
181	修瑞昌县儒学记	朱质	瑞昌县县学	宁宗嘉泰三年	6762,297,33
182	黄州麻城县学记	刘宰	麻城县县学	宁宗嘉定中	6843,300,110
183	邵州迁学记	王元春	邵州州学	宁宗嘉定十三年	6875,301,246
184	四明修学记	叶秀发	四明州州学	宁宗嘉定七年	6877,301,286
185	重修吴江县学记	盛章	吴江县县学	宁宗嘉定十年	6911,302,399
186	分宜县学记	赵师恕	分宜县县学	理宗端平元年	6948,304,253
187	金坛县新修儒学记	王遂	金坛县县学	理宗嘉熙中	6953,304,349
188	武冈军修学记	王之制	武冈军军学	宁宗嘉定八年	6975,305,439
189	平阳新修县学记	戴栩	平阳县县学	理宗绍定四年	7033,308,208
190	夔州重建州学记	魏了翁	夔州州学		7103,310,398
191	铅山县修学记	真德秀	铅山县县学	理宗绍定二年	7183,313,408
192	歙县新学记	吕午	歙县县学	理宗淳祐十一年	7217,315,127
193	钱塘县学记	吴泳	钱塘县县学		7256,316,368
194	浦江县重建儒学碑记	叶味道	浦江县县学	理宗绍定四年	7678,333,322
195	长泰县儒学记	赵与坦	长泰县县学		7710,334,429
196	新城县修学记	谢梦生	新城县县学	理宗嘉熙元年	7724,335,205
197	吴县重修学记	王极	吴县县学	理宗淳祐十年	7759,336,369
198	仙游县军学记	张邦用	仙游县县学		7862,341,11
199	淳祐重修学记	黄端亮	南丰县	理宗淳祐七年	7925,343,192
200	仁化县重建县学记	汤露	仁化县县学	理宗淳祐九年	7998,346,274
201	平江县学记	汪有开	平江县县学	理宗宝祐中	8090,350,27

续表

序号	篇名	撰者	府/州/县/军学	年代	卷/册/页数
202	江宁县建学记	杨巽	江宁县县学	理宗景定四年	8166,353,98
203	青溪县修学记	方逢辰	青溪县县学		8175,353,259
204	余干州学记	李谨思	余干州州学		8251,356,253
205	吉水县修学记	刘辰翁	吉水县县学		8265,357,93
206	吉州龙泉县新学记	刘辰翁	龙泉县县学		8271,357,186
备注:共计206篇,其中府学10篇,州学60篇,县学125篇,郡学3篇,军学7篇,监学1篇。					

参考文献

一、古籍类

［1］（魏）王弼注，（唐）孔颖达疏，李申等整理，《周易正义》，北京大学出版社 1999 年版。

［2］程俊英、蒋见元注析，《诗经注析》，中华书局 1991 年版。

［3］（汉）郑玄注，（唐）贾公彦疏，赵伯雄整理，《周礼注疏》，北京大学出版社 1999 年版。

［4］（汉）郑玄注，（唐）贾公彦疏，彭林整理，《仪礼注疏》，北京大学出版社 1999 年版。

［5］（汉）郑玄注，（唐）孔颖达疏，龚抗云整理，《礼记正义》，北京大学出版社 1999 年版。

［6］杨伯峻编著，《春秋左传注》（修订本），中华书局 2009 年 10 月第 3 版。

［7］（宋）朱熹撰，《四书章句集注》，中华书局 2012 年 2 月第 2 版。

［8］（汉）司马迁撰，《史记》，中华书局 1959 年版。

［9］（南朝宋）范晔撰，《后汉书》，中华书局 1965 年版。

［10］（晋）陈寿撰，《三国志》，中华书局 1959 年版。

［11］（梁）沈约撰，《宋书》，中华书局 1974 年版。

［12］（北齐）魏收撰，《魏书》，中华书局 1974 年版。

［13］（后晋）刘昫等撰，《旧唐书》，中华书局 1975 年版。

［14］（宋）欧阳修，宋祁等撰，《新唐书》，中华书局 1975 年版。

［15］（元）脱脱等撰，《宋史》，中华书局 1977 年版。

［16］（宋）李焘撰，《续资治通鉴长编》，中华书局 2004 年 9 月第 2 版。

［17］（宋）李心传编撰，胡坤点校，《建炎以来系年要录》，中华书局 2013 年版。

［18］（清）黄以周等辑注，顾吉辰点校，《续资治通鉴长编拾补》，中华书局 2004 年版。

［19］（宋）郑樵撰，王树民点校，《通志二十略》，中华书局 1995 年版。

［20］（唐）萧嵩等撰，《大唐开元礼》，民族出版社 2000 年版。

［21］（宋）郑居中等撰，景印文渊阁四库全书（第 647 册），《政和五礼新仪》，台湾商务印书馆 1986 年版。

［22］（宋）朱熹撰，《绍熙州县释奠仪图》，中华书局 1985 年版。

［23］（宋）马端临著，上海师范大学古籍研究所、华东师范大学古籍研究所点校，《文献通考》，中华书局 2011 年版。

［24］（清）郎廷极著，《文庙从祀先贤先儒考》，中华书局 1985 年版。

［25］（清）洪若皋撰，（清）王晫辑，张潮校，《释奠考》，上海古籍出版社 1992 年版。

［26］（清）孔继汾撰，周海生点校，《阙里文献考》，上海古籍出版社 2019 年版。

［27］（清）永瑢等撰，《四库全书总目》，中华书局 1965 年版。

［28］（清）皮锡瑞著，周予同注释，《经学历史》，中华书局 2012 年版。

［29］（清）郭庆藩撰，王孝鱼点校，《庄子集释》，中华书局 20012 年 2 月第 3 版。

［30］许维遹撰，梁运华整理，《吕氏春秋集释》，中华书局 2009 年版。

［31］（宋）王钦若等编纂，周勋初等校订，《册府元龟》，凤凰出版社 2006 年版。

［32］（宋）王辟之撰，吕友仁点校，《渑水燕谈录》，中华书局 1981 年版。

［33］（宋）欧阳修撰，李伟国点校，《归田录》，中华书局 1981 年版。

［34］（宋）王明清著，《挥麈录》，上海书店出版社 2001 年版。

［35］（宋）周密著，李小龙、赵锐评注，《武林旧事》，中华书局 2007 年版。

［36］（宋）袁褧撰，袁颐续，尚成校点，《枫窗小牍》，上海古籍出版社 2012 年版。

［37］（南朝梁）刘勰著，范文澜注，《文心雕龙注》，人民文学出版社 1958 年版。

［38］（唐）韩愈撰，马其昶校注，马茂元整理，《韩昌黎文集校注》，上海古籍出版社 2014 年版。

［39］（宋）范仲淹撰，李勇先、刘琳、王蓉贵点校，《范仲淹全集》，中华书局 2020 年版。

［40］（宋）欧阳修著，洪本健校笺，《欧阳修诗文集校笺》，上海古籍出

版社 2009 年版。

[41]（宋）欧阳修撰，刘德清、顾宝林、欧阳明亮笺注，《欧阳修诗编年笺注》，中华书局 2012 年版。

[42]（宋）苏轼撰，（明）茅维编，孔凡礼点校，《苏轼文集》，中华书局 1986 年版。

[43]（宋）苏轼著，（清）冯应榴辑注，黄任轲、朱怀春校点，《苏轼诗集合注》，上海古籍出版社 2001 年版。

[44]（宋）黄庭坚著，（宋）任渊、（宋）史容、（宋）史季温注，《山谷诗集注》，上海古籍出版社 2003 年版。

[45]（宋）秦观著，周义敢、程自信等校注，《秦观集编年校注》，人民文学出版社 2001 年版。

[46]（宋）张孝祥撰，彭国忠校点，《张孝祥诗文集》，黄山书社 2001 年版。

[47]（宋）张孝祥撰，宛敏灏校笺，《张孝祥词校笺》，中华书局 2010 年版。

[48]（宋）朱熹著，郭齐、尹波编注，《朱熹文集编年评注》，福建人民出版社 2019 年版。

[49]（宋）郭茂倩编，《乐府诗集》，中华书局 1979 年版。

[50]（明）吴讷著，于北山校点；《文体明辨序说》，（明）徐师曾著，罗根泽校点，《文章辨体序说》，人民文学出版社 1998 年版。

[51]（清）厉鹗辑撰，《宋诗纪事》，上海古籍出版社 2008 年 4 月第 2 版。

[52] 北京大学古文献研究所编，傅璇琮等主编，《全宋诗》，北京大学出版社 1991 年版。

[53] 曾枣庄、刘琳主编，上海辞书出版社，《全宋文》，安徽教育出版社 2006 年版。

二、专著类

[54] 余英时著，《士与中国文化》，上海人民出版社 1987 年版。

[55] 钱穆著，《国史大纲（修订本）》，商务印书馆 1996 年 6 月修订第 3 版。

[56]［台湾］周愚文著，《宋代的州县学》，台湾编译馆 1996 年版。

[57] 朱筱新著，《中国古代的礼仪制度》，商务印书馆 1997 年版。

[58] 陈戍国著，《中国礼制史》（隋唐五代卷），湖南教育出版社 1998 年版。

[59] 邹昌林著，《中国礼文化》，社会科学文献出版社 2000 年版。

[60] 杨志刚著，《中国礼仪制度研究》，华东师范大学出版社 2001 年版。

[61] 陈戍国著，《中国礼制史》（宋辽金夏卷），湖南教育出版社 2001 年版。

[62] 江帆、艾春华著，《中国历代孔庙雅乐》，中国国际广播出版社 2001 年版。

[63] 陈戍国著，《中国礼制史》（秦汉卷），湖南教育出版社 2002 年 2 月第 2 版。

[64] 陈戍国著，《中国礼制史》（魏晋南北朝卷），湖南教育出版社 2002 年 2 月第 2 版。

[65] 傅璇琮著，《唐代科举与文学》，陕西人民出版社 2003 年 5 月第 2 版。

[66] 王昆吾著，《从敦煌学到域外汉文学》，商务印书馆 2003 年版。

[67] ［台湾］高明士著，《东亚教育圈形成史论》，上海古籍出版社 2003 年版。

[68] 黄进兴著，《圣贤与圣徒》，北京大学出版社 2005 年版。

[69] 张毅著，《宋代文学思想史（修订本）》，中华书局 2006 年 6 月第 2 版。

[70] 邓小南著，《祖宗之法：北宋前期政治述略》，生活·读书·新知三联书店 2006 年版。

[71] 石明庆著，《理学文化与南宋诗学》，中国社会科学出版社 2006 年版。

[72] 祝尚书著，《宋代科举与文学》，中华书局 2008 年版。

[73] 曾枣庄著，《宋文通论》，上海人民出版社 2008 年版。

[74] ［台湾］高明士编，《东亚传统教育与学礼学规》，华东师范大学出版社 2008 年版。

[75] ［台湾］高明士著，《天下秩序与文化圈的探索：以东亚古代的政治与教育为中心》，上海古籍出版社 2008 年版。

[76] 陈来著，《古代宗教与伦理：儒家思想的根源》，生活·读书·新知三联书店 2009 年版。

[77] 雷闻著，《郊庙之外：隋唐国家祭祀与宗教》，生活·读书·新知

三联书店 2009 年版。

[78] 黄进兴著，《优入圣域：权力、信仰与正当性（修订版）》，中华书局 2010 年版。

[79] 林海极选编、标点，《献给神祇的诗歌》，国家图书馆出版社 2010 年版。

[80] 钱锺书著，《谈艺录》，商务印书馆 2011 年版。

[81] 余英时著，《朱熹的历史世界：宋代士大夫政治文化的研究》，生活·读书·新知三联书店 2011 年版。

[82] 程舜英编著，《中国古代教育制度史料》，北京师范大学出版社 2011 年版。

[83] 丰宗国著，《孔庙释奠制度研究》，华夏出版社 2011 年版。

[84] 汤勤福、王志跃著，《宋史礼志辨证》，上海三联书店 2011 年版。

[85] 余欣主编，《中古时代的礼仪、宗教与制度》，上海古籍出版社 2012 年版。

[86] 李申选编、标点，《释奠孔子文献与图说》，国家图书馆出版社 2012 年版。

[87] 邓洪波著，《中国书院史（增订版）》，武汉大学出版社 2012 年版。

[88] 陈戍国、陈冠梅著，《中国礼文学史（先秦秦汉卷）》，湖南大学出版社 2012 年版。

[89] 陈戍国、陈冠梅著，《中国礼文学史（魏晋南北朝卷）》，湖南大学出版社 2013 年版。

[90] ［台湾］郑丞良著，《南宋明州先贤祠研究》，上海古籍出版社 2013 年版。

[91] ［韩］柳银珠著，《国尚师位：历史中的儒家释奠礼》，宗教文化出版社 2013 年版。

[92] 黄进兴著，《皇帝、儒生与孔庙》，生活·读书·新知三联书店 2014 年版。

[93] 朱溢著，《事邦国之神祇——唐至北宋吉礼变迁研究》，上海古籍出版社 2014 年版。

[94] 董喜宁著，《孔庙祭祀研究》，中国社会科学出版社 2014 年版。

[95] 陈戍国、陈冠梅著，《中国礼文学史》（隋唐五代宋辽金卷），湖南大学出版社 2015 年版。

[96] 陈戍国、陈冠梅著，《中国礼文学史》（元明清卷），湖南大学出版

社 2015 年版。

[97] 刘续兵、房伟著，《文庙释奠礼仪研究》，中华书局 2017 年版。

[98] 葛兆光著，《中国思想史（三卷本）》，复旦大学出版社 2019 年 4 月第 2 版。

三、学术论文

[99] 陶希圣，《武庙之政治社会的演变——武成王庙、关帝庙、关岳庙》，《食货月刊》1972 年 8 月复刊第 2 卷第 5 期，第 229—247 页。

[100][台湾] 高明士，《唐代的释奠礼制及其在教育上的意义》，《大陆杂志》1980 年 11 月第 61 卷第 5 期，第 218—236 页。

[101][台湾] 高明士，《隋唐庙学制度的成立与道统的关系》，《台湾大学历史学报》1982 年 12 月第 9 期，第 93—122 页。

[102][台湾] 高明士，国际儒学联合会编，《书院祭祀空间的教育作用》，《国际儒学研究》（第 3 辑），中国社会科学出版社 1997 年版，第 197—213 页。

[103][台湾] 高明士，《唐研究》第十卷，荣新江主编，《庙学与东亚传统教育》，北京大学出版社 2004 年版，第 227—256 页。

[104] 盖金伟、孙钰华，《论"释奠礼"与唐代文化权威的构建》，《新疆大学学报（哲学人文社会科学版）》，2007 年第 1 期。

[105] 陈东，《国际儒学研究》（第十五辑），国际儒学联合会编，《释奠制度与孔子崇拜》，九州出版社 2007 年版，第 261—278 页。

[106] 盖金伟，《论"释奠礼"与唐代学校教育》，《新疆师范大学学报（哲学社会科学版）》2007 年第 4 期。

[107] 王洪军、李淑芳，《唐代尊祀孔子研究——祭孔祀奠礼乐研究》，《齐鲁文化研究》2007 年第 6 辑。

[108] 杨晓霭，《试论礼乐文学的文化传承价值——以宋代为范例的研究》，《西北师大学报（社会科学版）》2008 年第 6 期。

[109] 张海鸥、张振谦，《唐宋青词的文体形态和文学性》，《文学遗产》2009 年第 2 期。

[110] 钟涛，《魏晋南北朝的释奠礼与释奠诗》，《文史知识》2009 年第 4 期。

[111] 杨朝明，《礼制"损益"与"百世可知"——孔庙释奠礼仪时代性问题省察》，《济南大学学报（社会科学版）》2009 年第 5 期。

［112］董喜宁、陈戍国，《孔子谥号演变考》，《湖南大学学报（社会科学版）》2010 年第 3 期。

［113］殷慧，《朱熹道统观的形成与释奠仪的开展》，《湖南大学学报（社会科学版）》2010 年第 3 期。

［114］杨晓霭，《试论宋代礼乐文化建设的启示意义》，《贵州社会科学》2010 年第 7 期。

［115］［台湾］董金裕，《国际儒学研究》（第十七辑），国际儒学联合会编，《订定孔子释奠典礼仪节刍议》，九州出版社 2010 年版，第 138-149 页。

［116］朱溢，《唐代孔庙释奠礼仪新探——以其功能和类别归属的讨论为中心》，《史学月刊》2011 年第 1 期。

［117］孙豪，《清代平阳府实施国家祀典礼乐考述——以文庙释奠礼乐为例》，《中国音乐学》2011 年第 2 期。

［118］周保平，《书院的布局及释奠、释菜之礼——以河南书院庙学为视阈》，《首都师范大学学报（社会科学版）》2011 年第 3 期。

［119］杨晓霭，《试论礼乐诗歌的多重情景——以宋代郊祀诗为范例》，《西北师大学报（社会科学版）》2011 年第 3 期。

［120］孔喆，《孔子庙附享的历史演变》，《孔子研究》2011 年第 4 期。

［121］董喜宁，《孔庙孔像考》，《孔子研究》2011 年第 4 期。

［122］郭炳洁，《从释奠礼的演变看汉魏六朝"师"政治地位的变化》，《学术交流》2011 年第 7 期。

［123］王志跃，《唐宋祭礼变化及实施考论》，《广西社会科学》2011 年第 9 期。

［124］刘军，《北朝释奠礼考论》，《史学月刊》2012 年第 1 期。

［125］李纪祥，《前孔子时代的古释奠礼考释》，《文史哲》2012 年第 2 期。

［126］陈戍国，《礼文学正名、祛惑与有关原则》，《湖南大学学报（社会科学版）》2012 年第 6 期。

［127］杨晓霭，《试论唐、宋郊祀声诗所呈现的时代特质》，《西北师大学报（社会科学版）》2013 年第 5 期。

［128］张哲，《献给神祇的歌：释奠孔子文研究》，《文化遗产》2014 年第 6 期。

［129］张咏春，《与文庙释奠礼有关的"雅乐"和"俗乐"》，《人民音乐》2015 年第 1 期。

[130] 王霄冰，《祭孔礼仪的标准化与在地化》，《民俗研究》2015 年第 2 期。

[131] 刘砚月，《"文化惯性"与"雅俗冲突"：论元代地方儒学释奠雅乐的重建》，《湖南大学学报（社会科学版）》2016 年第 2 期。

[132] 董喜宁，《元代释奠乐章考论》，《史学月刊》2017 年第 1 期。

[133] 王志清、陈文敏，《"释奠"礼仪特征与精神内涵之变迁——兼论释奠古礼向新礼的演进》，《吉首大学学报（社会科学版）》2017 年第 5 期。

[134] 高震，《礼乐相成：宋代释奠孔子乐章与仪节》，《人民音乐》2017 年第 6 期。

[135] 蔡秉衡，《论文庙释奠奏乐图的流变》，《南京艺术学院学报（音乐与表演）》2018 年第 1 期。

[136] 高震，《北京大学中国古文献研究中心集刊》第十九辑，《据〈中州题咏集〉辑补宋金元诗 39 首》，北京大学出版社 2019 年版，第 232－241 页。

[137] 车延芬，《明代文庙佾舞舞谱的比较研究》，《北京舞蹈学院学报》2020 年第 2 期。

[138] 洪江，《儒化、俗化——清代庙学释奠礼乐与洞经音乐的相互影响》，《中国音乐学》2020 年第 2 期。

[139] 高震，《新见国图藏〈中州题咏集〉民国抄本及其文献价值》，《中国诗学》第三十一辑，人民文学出版社 2021 年版，第 1-7 页。

后　记

终于将书稿修订完毕了，而光阴也在悄然无声中由盛夏转入了初秋。子夜时分窗外的一阵虫鸣，于倏忽间将思绪引至西北陇原，令人不由地忆起2015年那个同样于子夜虫鸣声中斟酌文字的夏季：

　　曾多次幻想写此后记时的情形，那一刻将是怎样的场景？如何的心境？当时虽无法预先体验，但多少怀有憧憬……这几天，尽管故意将后记的写作时间一拖再拖，终究还是到了不得不落笔的时候。因为清晰地知道，这个小小的"句号"乃是对自己三年硕士研究生生涯即将结束之宣判。而早在三年前入学报到的那一刻，就曾郑重告诫自己："一定要珍惜时间！"这一声音虽时时萦系于心，但眼前的黄河之水照样无情地奔流到海，且不复回……

　　一碗面，品味着酸咸麻辣，体验了春夏秋冬。再一次翻阅学习笔记，课堂之外的四十余次"学习会"贯穿三载，日期的先后反映着我们的"释疑"道路，师生的对话诠释出晓霭师的一片苦心。三年来的耳提面命、当头棒喝，如晨钟暮鼓般警我懒散、戒我懈怠，晓霭师何其严也！四季中的悉心关照、应时指点，似号角铜钲般令我感奋、催我精进，晓霭师何其慈耶！师之热心热肠、快人快语，磊落学生精神；师之勤奋务实、豁达坚韧，沉潜学生心智。朝含英、暮咀华，三度冬夏；春赏花、秋玩月，师门一家。斯景历历，其乐融融，我何其幸也！

　　一本书，读出的是故事，感悟的是人生。三年中，伴随着师大的日升日落、花谢花开，诸位恩师传道授业、诲我不倦。忘不了单芳师那春风拂面般的授课风格，当日的"唐诗研究"课曾将我的思绪带至千年前的长安曲江而诗意徜徉，每每思来，心驰神往。忘不了郝润华师细雨润物般的授课方式，虽然作为古代文学专业的学生，但三年中我有意识地选修旁听了郝老师为古典文献学专业开设的全部课程：目录版本学、隋唐五代文学文献、古籍整理理论与实践；郝老师对我一视同仁，要求无异于文献学专业的其他同学。一路跟下来，所学知识在之后毕业论文的写作过程中甚有发挥。每念及此，侥幸窃喜。尹占华师虽因退休而未曾为我们授课，却同样是令我怀无比敬意之老师。先生虽年事已高，但为学生的事每每欣然出力。先生为人，朴实无华；高山仰止，长者之风。晚辈后学虽不能至，心向往之……三年来，得到同门、师兄、师姐、师妹等众人关心，尤其是师兄钱得运、杨晴、朱永明，师姐范爱荣对我学业、生活上的格外关照实在一言难尽，他们是我永远学习的榜样！同窗好友郑骥、杜康、钟浪生三人，以其各有的气魄、气质、气度营造了寝室三年室雅人和、比学赶帮的好气氛；同时也熔铸了我们远超这三载时光的深厚友谊。而这些可亲、可敬、可爱的人，无疑将凝结成我心中的母校情结，凝聚成我前行路上的精神力量。愿你们永远健康、快乐……

一条路，连接着家乡与游子，延伸着亲情和寄托。对于求学在外的学子来说，有一条路最熟悉不过，那就是连接学校与家乡的路。这条路不长，但每走一次至少就得半年。三年来，负笈求学的我曾五次往返于三晋和陇原之间。每一次回家，眼神里是必然是父母攒了大半年的期待；每一次返校，背影中无疑是父母放心不下的牵挂。年过半百的他们，头上是"雪"、鬓角是"霜"，起早贪黑、日复一日，春耕冬藏、年复一年，而那雪、那霜却一年胜过一年。作为家中长子却未能贡献丝毫，每每念及，愧疚万分。父母之恩，地厚天高，不知何日才能报得一二？然不肖子此刻该做的，似只有坚定继承他们的勤劳、正直、坚韧……

一条河，淘濯尽迫切光阴，涤荡出些许感慨。然而论文的写作不单是感慨，亦有几分"感愤"。早在第一学年结束之际，晓霭师即以她一贯负责的态度帮助我们确定了论文选题，对于我这只笨鸟来说，着手"先飞"之必要性不言而喻。在搜集论文材料、了解研究现状的过程中，深感"释奠"这一古老的礼仪文化现象本不该遭此冷落。因为在唐以后近千年的封建历程中，但凡有学校之处必定有孔庙；只要有孔庙，必定举行释奠之礼。因此，古代的学校也被冠以"庙学"之称。直至今日，释奠礼在中国台湾和韩国、日本、越南等地犹得以恭敬施行。针对释奠礼，近年来大陆虽相继有学者从制度史等角度审视这一传统文化现象，但是我国台湾，乃至日本、韩国学者在此领域早已做出斐然成绩。此外，还曾看到国内出版的某诗歌鉴赏辞典中选有朱熹《释奠斋居》一诗，竟将题目断句为"释奠斋/居"，且欣然把"释奠斋"解为寺庙名称。莫名如此，不禁自问："我是否该做些什么？"亦是怀着这分感愤，勉强完成了眼下行文。回想其间亦曾经历三更抱膝、五鼓难眠，而那种整日与圣贤为伍的感觉着实令人幸福。然资质驽钝、学力浅薄，文章错谬不足之处一定不少，真诚感激杨晓霭师为学生此文之完成倾注的心血；真诚感谢尹占华教授、王志鹏研究员、韩文奇教授、单芳教授、许琰副教授等答辩委员的批评意见；真诚感谢袁进宇、曹子轩同学分别从北京、台北为我复制相关文献资料。

一句话，感恩……

书山巍巍，知海茫茫，非日能之，愿学焉！

乙未暮春三月廿六于兰州

西北师大研究生公寓

这是我的第一部专著，系在此前硕士学位论文的基础上修改扩充而来。尽管距初稿之完成已历六载，然就当前学界于孔庙释奠此一课题的研究现状而言，拙作立足于礼乐文学对宋代孔庙释奠诗文进行的系列探讨似仍未过时，且笔者对昔日文中提出的"孔庙释奠之目的是政治的，但其效果却又是文化的"等观点结论犹坚持不渝。

此番修订，就行文表述和文字错讹多有补正，然文章基本框架未变，结论亦未变，篇幅则较以往增加了近三分之一。尤需说明的是，收在附录中的《新见国图藏〈中州题咏集〉民国抄本及其文献价值》《据〈中州题咏集〉辑补宋金元诗 39 首》两篇文章已分别刊载于《中国诗学》第三十一辑、《北京大学中国古文献研究中心集刊》第十九辑。以上二文虽非针对宋代孔庙释奠诗文所作之探讨，其写作缘起却与释奠诗文研究直接相关。昔日因硕士论文写作而涉及由清人厉鹗辑撰的《宋诗纪事》一书，又因《宋诗纪事》中厉鹗对《驾幸太学》诸诗来源的标注而知《中州题咏集》之书名；然是时遍寻此集而不获，甚至于该书的撰者姓名、成书年代等信息亦不得而知。之后负笈津门攻博，研究方向亦由唐宋文学转向明清文艺，但《中州题咏集》仍不时萦绕在心。所谓"念念不忘，必有回响"，因缘和合之下，终于在 2017 年冬发现了藏于国家图书馆的十卷本《中州题咏集》民国抄本，也因此有了上述二文的写成。求学与任教的数年间，由黄河之岸的兰州至渤海之滨的天津，再至如今的家乡大同，其间能够围绕某一学术问题而持续思考，这种经历是难得的，这种感觉无疑也是幸福的。

今不揣谫陋以示拙学界，虽不免敝帚自珍之嫌，然亦不无飞鸿踏雪之意。蹒跚于读书、读人生的路上，真诚期待学界前辈方家予以批评指正。

2021 年 8 月 7 日时值立秋，记于

山西大同大学同和苑傲舍